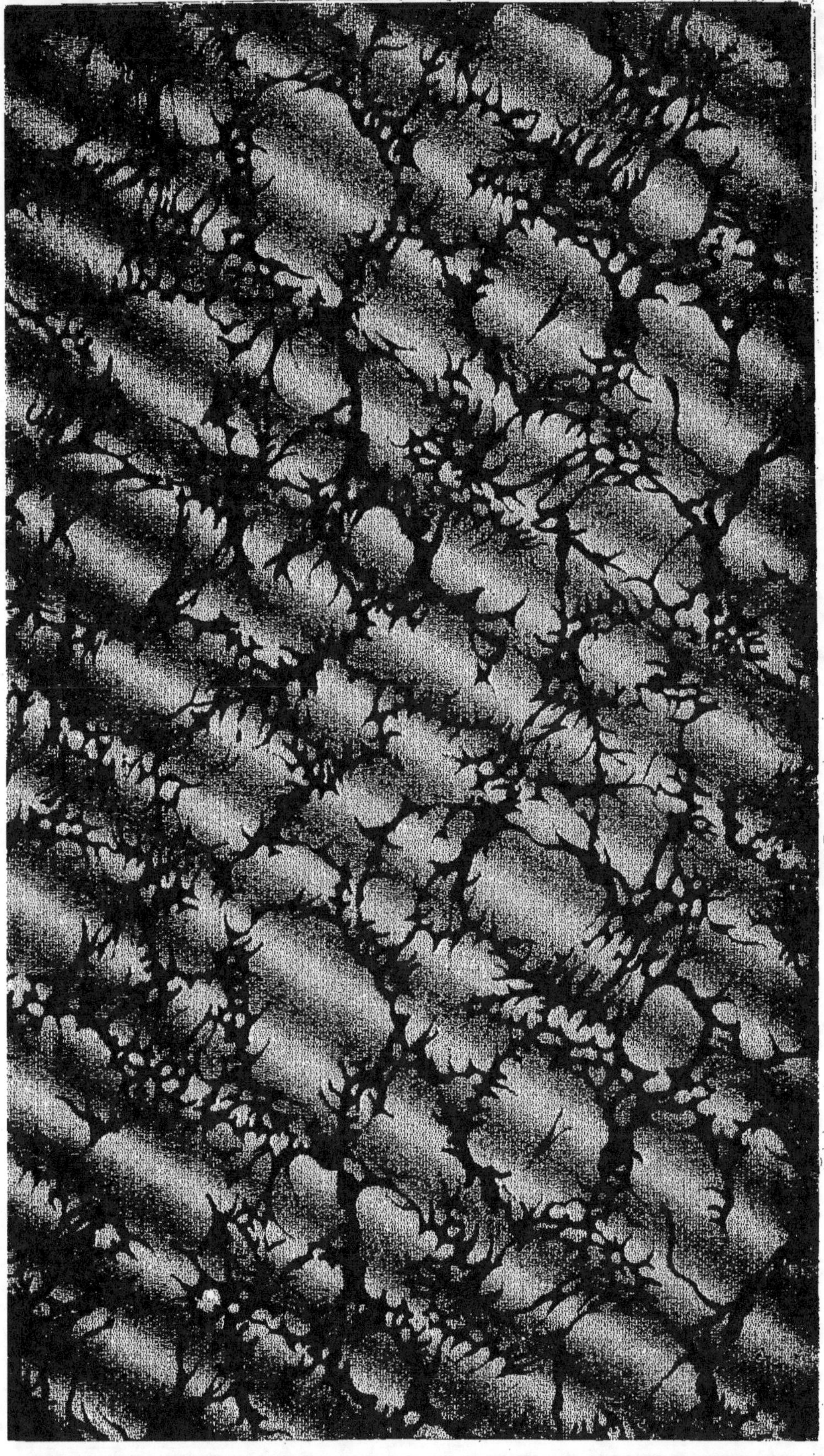

Charles LAPON

LIEUTENANT DE VAISSEAU, AVIATEUR-AÉRONAUTE

LAURÉAT DE L'INSTITUT

Les Armées Aériennes Modernes

FRANCE ET ÉTRANGER

PARIS

HENRI CHARLES-LAVAUZELLE

Éditeur militaire

124, Boulevard Saint-Germain, 124

MÊME MAISON À LIMOGES

1916

ARMÉES AÉRIENNES MODERNES

Avant le départ pour une reconnaissance.

CHARLES LAFON

Lieutenant de Vaisseau, Aviateur-Aéronaute
Lauréat de l'Institut

Les
Armées aériennes
MODERNES

FRANCE ET ÉTRANGER

Ouvrage suivi d'une étude sur l'action des flottes aériennes pendant la guerre 1914
avec 8 croquis ou gravures dans le texte.

PARIS
HENRI CHARLES-LAVAUZELLE
Éditeur militaire
124, Boulevard Saint-Germain, 124
MÊME MAISON A LIMOGES

1916

PRÉFACE DE L'AUTEUR

Le succès que les gens compétents ont bien voulu faire à mon récent volume sur l'Aéronautique navale (couronné et doté d'un prix par l'Académie des sciences, en 1914) m'encourage à présenter aux techniciens et aux amis des sciences une étude analogue en ce qui concerne les armées aériennes des différents pays.

La majeure partie de ce livre (chapitres I, II) a été écrite quelques mois avant la guerre. Je me suis proposé d'étudier ce qu'avaient fait les diverses nations militaires au point de vue aéronautique, et me suis donné la tâche de mettre les Français qui s'intéressent à l'aviation au courant des améliorations et réformes nécessaires pour faire de notre aéronautique une arme hors de pair, ce qui est possible avec les excellents constructeurs, pilotes, mécaniciens que nous possédons.

A propos de la construction des appareils, de l'établissement des aérodromes, du recrutement du personnel, etc., j'ai dévoilé certains défauts et proposé diverses améliorations. Une expérience de plusieurs années et des recherches techniques sur les principales causes des chutes d'aéronefs me permettent de parler de certaines réformes désirables, dont quelques-unes ont d'ailleurs été réalisées depuis le début de la guerre.

Sans en tirer aucune vanité, je me permets de faire remarquer au lecteur que j'ai insisté longuement dans les chapitres I et II sur l'attention, l'inquiétude même avec laquelle nous avons suivi, depuis trois ans, l'œuvre formidable accomplie EN SILENCE par l'aéronautique allemande.

En plusieurs passages, j'ai insisté, à dessein, sur la possibilité et la probabilité d'attaques aériennes des villes françaises et anglaises de la part des dirigeables et aéroplanes allemands.

Je ne me suis jamais illusionné sur la loyauté teutonne et j'ai toujours pensé qu'en cas de guerre leurs zeppelins et leurs avions bombarderaient n'importe où et n'importe quoi, pourvu qu'ils crussent impressionner l'adversaire.

Cette tactique d'attaque aérienne des villes et villages ouverts, cette destruction systématique de propriétés privées et de temples divins, ces meurtres prémédités de femmes et d'enfants, meurtres accueillis du haut des airs avec un lourd rire teuton par les aviateurs et aéronautes boches, tout cela démontre que, dès le temps de paix, les Français et les Anglais auraient dû créer de nombreuses escadrilles de combat destinées uniquement à donner la chasse aux pirates aériens.

Or, cette organisation n'a réellement commencé à fonctionner qu'après quelques mois de guerre. C'est peut-être parce que le personnel n'était pas assez nombreux et le matériel des usines pas assez important. Les constructeurs d'aéronautique n'ont pas toujours reçu leurs commandes avec une régularité suffisante pour développer leur outillage méthodiquement et instruire un personnel important nécessaire pour fournir une production intensive dès la déclaration de guerre.

Des miracles d'improvisation ont remédié à quelques défauts d'organisation, et, il faut le reconnaître, nos adversaires austro-allemands, tout en disposant d'un matériel aéronautique énorme, n'avaient pas leurs services aériens exempts de toute imperfection.

Tout en rattrapant rapidement l'avance que nous avions prise sur eux il y a quatre ans, ils ont eu le tort de s'attacher un peu trop à quelques types d'aéronefs trop lourds et encombrants. Ils ont dépensé là des sommes énormes et sans grand rendement.

Néanmoins, il faut reconnaître que les recherches aéronautiques des ennemis que nous terrasserons à jamais pendant cette année ont été faites discrètement et habilement. Je suis un des rares auteurs aéronautiques qui aient osé affirmer que l'Allemagne disposait, depuis deux ans, d'autant de bons pilotes et d'autant de bons appareils que la France.

Certains journaux français affirmaient que l'Allemagne pourrait construire des appareils, mais ne trouverait jamais beaucoup de pilotes capables de les conduire.

Or, depuis le début de la guerre, les Français et les Anglais ont abattu un nombre énorme de « tauben », et cependant il y en a toujours et plus que jamais dans les airs.

Je termine ces quelques lignes en souhaitant la disparition totale des vilains oiseaux germaniques. Dans ce but, on doit faire appel largement, aussi bien en France qu'en Angleterre, à tous les pilotes, mécaniciens, ouvriers en bois, civils ou militaires, vieux ou jeunes, susceptibles de développer l'importance de la défense aérienne.

Jamais nos forces naviguant dans l'azur ne seront trop considérables.

L'Allemagne agit par masses aussi bien dans l'air

que sur terre. Et ce n'est qu'en opposant masse à masse qu'on obtient le succès : la valeur individuelle peut triompher de forces quelque peu supérieures, mais non de forces écrasantes : la triste expérience de 1870 nous l'a appris.

Et ce qui est vrai sur terre, à cet égard, l'est également sur la mer et dans l'air.

ARMÉES AÉRIENNES MODERNES

Généralités sur l'aéronautique militaire.

Depuis trois ans j'entends dire, tantôt que notre aviation est la première du monde, tantôt qu'elle ne vaut rien.

Il serait évidemment commode de prendre la moyenne des deux appréciations et de déclarer qu'elle est passable. J'ai préféré étudier l'état de l'aéronautique dans les autres nations, afin de me rendre compte, après une étude aussi complète qu'ingrate, de ce que font les autres pays et de notre situation par rapport à eux.

Le monde officiel français répond aux critiques de quelques pessimistes que, malgré bien des fautes commises, l'aéronautique française est la première du monde.

Cette question est à l'ordre du jour. Il est heureux qu'on se décide enfin à la poser. Aujourd'hui, certains esprits clairvoyants, comme les de la Vaux, estiment que la situation mérite d'être examinée sérieusement. Parmi les personnalités aéronautiques, nous ne connaissons guère que le Dr Loisel qui, depuis le début de l'aviation, ait osé prétendre que les appareils actuels étaient insuffisants pour établir d'une façon certaine notre suprématie aérienne.

En 1910, nous avons cru, comme tout le monde, que les aéroplanes, ayant fait en un an des progrès géants, allaient devenir de plus en plus pratiques, et que les constructeurs allaient, en diminuant, en annulant presque la vitesse horizontale au départ et à l'atterrissage, s'efforcer de réduire, dans de grandes proportions, ce qui était et ce qui reste encore le grand risque de l'aviation, c'est-à-dire le décollement et le retour au sol.

Malheureusement, sous l'inspiration de certains pilotes qui, très remarquables à leur volant, n'ont cependant pas qualité, faute d'études antérieures suffisantes, pour indiquer les caractéristiques de l'avion futur, plusieurs constructeurs n'ont cherché qu'à augmenter la vitesse au détriment de la sécurité.

Ce ne sont certes pas les pilotes-ingénieurs comme les Wright, les Curtiss, les Farman, etc..., qui ont poussé dans cette voie.

Ce sont plutôt les pilotes désireux d'acquérir les records de vitesse, chose intéressante au point de vue sportif, mais absolument insignifiante au point de vue militaire.

En voulant aller vite, certains constructeurs ont absolument négligé la question de solidité. On a vu mettre des moteurs de 80 HP sur des avions construits pour 50 HP ! On ne s'est même pas donné la peine de renforcer les ailes et de mettre des haubans supplémentaires !

Nous appelons cela de l'homicide par imprudence et nous aimerions qu'on menaçât des rigueurs de la loi ces imprudents, et non les rares aviateurs qui prennent plaisir à survoler Paris ou Londres (1) ! Ceux-ci sont, en effet, encore trop peu nombreux pour entraver la circulation ! Ils sont autrement moins menaçants, pour les passants, que les véhicules de toutes sortes qui obstruent les carrefours des boulevards des capitales.

---

(1) Rappelons que ce chapitre a été écrit avant la guerre européenne.

Nous disons donc que, malheureusement, la question vitesse prime tout, à l'heure actuelle, en aviation.

Aussi, le pour-cent des accidents reste-t-il stationnaire, chose qui ne s'est jamais vue dans aucun sport mécanique.

Cinq ans après l'apparition de l'automobile, le pour-cent des accidents était descendu de 5 à 0,5. Cinq ans après le début de l'aviation, le pour-cent ne varie guère autour de 10.

C'est là une constatation navrante et susceptible d'entraver sérieusement l'essor futur du nouveau moyen de locomotion.

Le pour-cent d'accidents dus au défaut de stabilité des appareils a certainement baissé de moitié; mais le pour-cent dû aux brusques atterrissages, aux capotages au départ, etc., a beaucoup augmenté, et plus la vitesse ira en croissant, plus ces accidents seront nombreux et graves.

Dans ces conditions, il est certain que l'armée doit se préoccuper d'avoir d'autres engins de reconnaissance aérienne que les avions.

C'est ce que, depuis plus d'un an, nous n'avons cessé de répéter, après avoir constaté que l'aéroplane ne devenait pas plus pratique au point de vue de la facilité du départ en terrains variés et au point de vue du poids transporté.

Ces affirmations, que nous avons répétées en maintes causeries faites aux officiers stagiaires dans certains camps d'aviation, ont heurté le sentiment de beaucoup de personnes distinguées qui, ayant crié à la faillite du dirigeable, souhaitaient vivement que l'Etat ne fît plus construire d'aéronat.

On n'a pas voulu cependant entrer dans cette voie radicale, mais on a diminué de beaucoup l'importance des commandes de croiseurs aériens.

Aujourd'hui, on commence à s'apercevoir qu'on a fait fausse route et que la locution favorite de certains aviateurs civils : « L'oiseau a grillé la saucisse », n'est pas si exacte qu'on l'avait cru tout d'abord.

Certaines personnalités aéronautiques se demandent si les railleries continuelles dont nous couvrons depuis trois ans les *Zeppelin* ne sont pas quelque peu maladroites. Les Allemands nous ont laissé rire, et, au lieu de nous rendre la pareille (car nos aéroplanes ont, eux aussi, leurs accidents quotidiens), ils ont construit sans répit de nouveaux dirigeables jusqu'à l'obtention d'un type qui semble certainement bien au point.

On a déclaré qu'en temps de guerre les aéroplanes survoleraient les aéronats et les crèveraient comme des vessies. Aujourd'hui que les dirigeables montent à 3.000 mètres, de pareilles utopies ne sont plus admissibles. Quant à aborder un dirigeable, il faut compter avec les remous que crée le déplacement d'une masse de 10.000 mètres cubes dans l'air, pour tenter cette manœuvre désespérée. Le remous qui se trouve dans le sillage d'un dirigeable, et qui s'étend à 500 mètres au moins derrière l'aéronat, peut être fatal à la stabilité des avions (1).

Il faut remarquer, d'ailleurs, qu'à l'heure actuelle les derniers dirigeables (pas les nôtres malheureusement) font du 80 à l'heure. Les avions militaires ne dépassent guère le 100 (2). Cette différence de vitesse n'est pas suffisante pour atteindre rapidement l'adversaire.

---

(1) Le vaillant capitaine aviateur russe Nesteroff a réussi à aborder un avion allemand au début de la guerre (armées de Pologne). Cette manœuvre héroïque a évidemment causé la mort des deux aviateurs. S'il s'était agi d'un dirigeable Zeppelin à combattre, la manœuvre, qui semble plus simple *a priori*, eût été, au contraire, plus délicate, à cause des remous énormes créés par le gros aéronat.

(2) Rappelons que ce chapitre a été écrit avant la guerre.

Lors des grandes manœuvres navales, qui se sont déroulées récemment dans la Manche et l'Océan, nous avons constaté qu'une escadre rapide ennemie filant 20 nœuds, chassant une escadre amie lente, filant 12 nœuds, n'a jamais pu arriver à portée de tir avant que celle-ci ne fût rendue dans les eaux françaises. Il est vrai que notre escadre se livrait à des manœuvres de dérobement.

Par analogie, on peut supposer que s'il plaît à un dirigeable de se dérober devant un avion faisant 20 kilomètres à l'heure de plus que lui, il ne lui sera pas difficile de regagner son parti avant d'être rejoint. Mais nous sommes convaincu que le dirigeable ne se dérobera pas, il combattra.

Un grand croiseur aérien du type rigide, bien cloisonné, muni de mitrailleuses par-dessous et *par-dessus* sa carène, ayant une bonne vitesse propre, pouvant emporter 2.000 kilogrammes d'explosifs, sera, à notre avis, une arme terrible qui ne pourra être remplacée par aucune escadrille d'avions.

A propos du cloisonnement, déclarons qu'il est aussi choquant, aujourd'hui, de voir des aéronats non cloisonnés que de voir des navires sans compartiments étanches.

Avec un ballon cloisonné, on n'eût pas eu à déplorer la mort des cinq braves de la *République*.

En effet, prenons le cas d'un dirigeable divisé en une dizaine de compartiments (cloisonnement analogue à celui d'un torpilleur) (fig. 1). Si une pale d'hé-

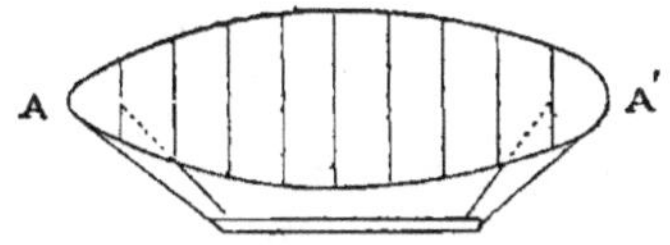

Fig. 1. — Dirigeable cloisonné.

lice vient frapper la carène, cette pale déchirera l'enveloppe sur la longueur d'un ballonnet, de deux au maximum; cela représente, pour un ballon de 10.000 mètres cubes, une perte de 2.000 mètres cubes tout au plus.

Mais cette perte ne sera pas instantanée. En effet, en jetant tout leur lest solide et liquide, les aéronautes pourront réduire fortement la vitesse de descente, et l'accident se traduira par un atterrissage brusque non suivi de catastrophe. Quant au cas de déchirures faites par des projectiles, il est évident que ces trous de dimensions modestes n'obligeraient à une descente précipitée que des ballons non cloisonnés.

Faisons maintenant une autre hypothèse. Si nous considérons le cas d'un ballon piquant fortement du nez dans un violent coup de tangage (fig. 2), nous

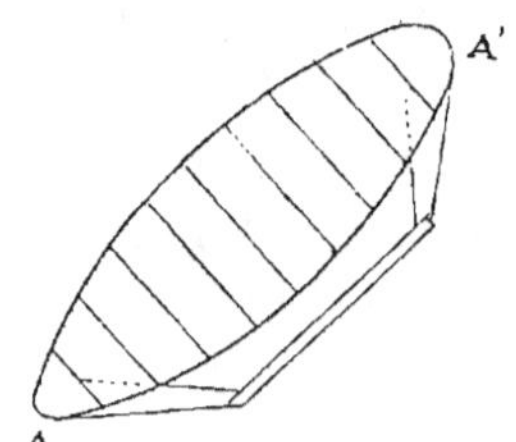

Fig. 2 — Aéronat piquant du nez.

voyons que, si l'aéronat n'est pas compartimenté, la majeure partie de la pression du gaz s'exerce à la pointe arrière, vers A' (ou vers A si le ballon cabre). Dans ces conditions, l'enveloppe, qui n'a guère qu'une résistance de 80 kilogrammes au mètre carré, et qui en supporte 10 en temps ordinaire, peut crever si la projection horizontale de la surface sur laquelle s'exerce la poussée verticale du gaz est réduite des 7/8. En prenant le cas limite où la carène se mâterait verticalement, on verrait à coup sûr le ballon non cloisonné éclater, puisque sa pointe supporterait un effort de près de 10.000 kilogrammes, tandis qu'un ballon compartimenté résisterait probablement, la pointe ne portant que 1.000 kilogrammes et cette pointe ayant une surface d'au moins 150 mètres carrés (en considérant comme pointe l'enveloppe du dernier cloisonnement). Dans un cas, chaque mètre carré de la pointe supporterait 700 kilogrammes; dans l'autre cas, 70. Dans ce dernier cas, 9.000 kilogrammes seraient répartis entre les cloisons étanches. Chacune de ces cloisons, pour résister, devrait donc avoir 120 ou 130 mètres carrés de surface, ce qui ne semble pas impossible.

Donc l'aéronat cloisonné offre infiniment plus de sécurité que le dirigeable non compartimenté. Si nous nous en tenons a ce dernier type, c'est parce que nous ne voulons pas du dirigeable rigide, à cause des difficultés de campement dans la campagne, et aussi à cause des difficultés de transport de l'enveloppe par route ou par voie ferrée; il ne nous paraît pas impossible, cependant, de mettre au point un dirigeable souple et cloisonné. Les difficultés de gonflement et de renflouement seront peut-être un peu plus grandes. Il y aura également à étudier la manière de soupaper en vol sans altérer la forme de la carène. Mais tous ces problèmes peuvent être résolus et nous estimons qu'aujourd'hui un aéronat non cloisonné ne peut être considéré comme un engin militaire de valeur. En tout cas, il ne peut être opposé aux *Zeppelin*.

Nous souhaitons donc vivement que nous rattrapions le plus tôt possible notre retard an aérostation, car nous sommes convaincu que le dirigeable peut, en ce moment, rendre des services pour lesquels l'aéroplane n'est pas fait. Il y a tout d'abord à considérer comme une chose capitale la faculté qu'ont les aéronats de survoler pendant la nuit et d'empêcher ainsi l'ennemi de se reposer, en le tenant sur un qui-vive perpétuel et en laissant pleuvoir de temps à autre des bombes sur ses campements. Or, une armée qui ne dort pas est une armée vaincue.

En ce qui concerne le tir, nous sommes convaincu que le jet de projectiles peut être plus facilement réglé en aéronat qu'en avion, et nous regrettons vivement que les dirigeables ne puissent prendre part au concours de l'aérocible Michelin : les résultats acquis auraient été certainement des plus instructifs.

En ce qui concerne les services que les dirigeables peuvent rendre sur mer au point de vue de la défense des côtes, de la reconnaissance des forces ennemies (navires de ligne, torpilleurs, sous-marins) s'apprêtant à tenter quelque attaque nocturne contre nos escadres ou nos ports, nous avons longuement étudié ces points-là dans nos *Conférences sur l'aviation militaire et navale* (1911).

Voici ce que nous disions à ce sujet à la page 78 de ces *Conférences* :

« Nous verrions très bien (et c'est là une expérience à effectuer dès le temps de paix) un grand dirigeable partant du littoral méditerranéen, allant survoler la Sardaigne et revenant au port après avoir exploré les îles et les côtes où l'ennemi peut concentrer des navires et des troupes pour attaquer, soit la Corse, soit notre littoral.

» Pendant toute cette croisière, l'aéronat serait en communication avec un de nos postes de T. S. F.

» Voilà des services qu'on peut attendre du croiseur aérien qui vivra de longues années (1). Ajoutons d'ailleurs que le dirigeable est le seul appareil *pouvant effectuer des reconnaissances de nuit.*

» Muni de projecteurs puissants (les aéroplanes n'en sont pas encore là), il pourra prévenir des catastrophes en survolant les passes des ports attaqués et en dévoilant l'imminence d'une attaque de torpilleurs, ou bien en prévenant le commandement du mouillage ou de l'appareillage direct de navires suspects.

» Ajoutons encore, pour terminer cette courte étude, qu'à bord d'un dirigeable on peut arrêter les moteurs *et écouter les bruits suspects.* La nuit, le croiseur aérien n'aura pas besoin de voler très haut. En planant au-dessus des navires dont on redoute l'attaque, les observateurs aériens entendront les ordres donnés, sous la seule condition qu'on ait à bord un officier parlant la langue de l'adversaire. »

Nous ne pouvons citer d'autres extraits qui dépasseraient le cadre de ces généralités, mais ceci suffit à montrer que, depuis dix-huit mois, nous n'avons cessé de pousser le cri d'alarme.

Nous sommes convaincu, en effet, que ce ne sont pas les 150 avions bien montés dont nous pourrons disposer le jour de la mobilisation qui viendront à bout des 25 *Zeppelin* rapides et bien armés que l'Allemagne aura à nous opposer.

Peut-être que si nous avions pu réussir à organiser l'immense flottille de 2.000 ou 3.000 aéroplanes qu'on entrevoyait comme réalisable au moment du

---

(1) Les dirigeables italiens, bien au point, ont confirmé en partie les hypothèses faites dans ce chapitre, écrit avant la guerre. De beaux raids ont été accomplis sur l'Adriatique (destruction de chantiers de Montfalcone, etc.) par les croiseurs aériens de nos alliés d'Italie.

circuit de l'Est, il eût été possible d'être les maîtres de l'air sans recourir au dirigeable. Mais l'aviation n'a pas fait les progrès qu'on espérait, la sécurité n'a pas été suffisamment étudiée, on n'a pas voulu entrer dans la voie des plans porteurs mobiles que prônent le Dr Loisel et quelques rares personnalités aéronautiques, bref, on n'a pas su rendre l'avion suffisamment pratique pour que la France ait vu se lever une phalange de plusieurs milliers d'aviateurs.

Faisons remarquer à ce sujet que, si l'on en croit le *Tægliche Rundschau*, cette dernière question ne laisse pas les Allemands indifférents et que, le 14 août dernier, un avion à ailes battantes, susceptible de rester immobile dans l'air, de s'élever et d'atterrir normalement au sol, aurait fait ses premiers essais près de Berlin.

Il est certain que si les appareils de ce type donnaient jamais des résultats satisfaisants, le dirigeable aurait vécu.

A ce sujet, nous déclarions, l'an dernier, dans nos *Conférences* (p. 113) :

« En temps de guerre, l'ornithoptère permettrait à nos officiers aviateurs de prendre les ordres du commandant en chef et de partir immédiatement en reconnaissance, de l'endroit où se trouve cet officier général, c'est-à-dire d'une clairière, d'un monticule, d'une cour de ferme, etc...

» De même pour l'atterrissage. Aura-t-on un renseignement à communiquer à un officier dont on apercevra les troupes, on pourra descendre tout près de lui, *en quelque endroit qu'il se trouve*, et ainsi, sans perdre une minute, on pourra lui communiquer le résultat des observations faites ou lui porter les ordres reçus. On repartira de même sans perte de temps.

» Les manœuvres aériennes de 1910 et 1911 ont, au

contraire, prouvé qu'avec les engins actuels l'officier observateur d'avion a quelquefois de grandes distances à parcourir à pied ou à cheval avant de pouvoir communiquer avec ses chefs et leur donner le résultat de ses observations... »

L'avion à ailes battantes serait évidemment l'appareil idéal. Malheureusement, nous doutons que cet appareil puisse, d'ici longtemps, non pas être réalisé, mais être apte à transporter beaucoup de poids. Aussi est-il de notre devoir patriotique de ramener, dans les limites de nos moyens, les gens compétents du domaine du rêve à celui de la réalité, et de leur dire :

« En temps de guerre, les Allemands auront 25 aéronats puissants et 50 aéroplanes à mettre en ligne (1). Nous aurons 150 avions à leur opposer. Nos dirigeables actuels, du type souple, sans compartimentage, sont des engins sportifs très intéressants, mais ne sont pas des engins de guerre. Dotez-nous donc au plus tôt d'une flotte de 40 grands croiseurs aériens rigides, doués d'une grande vitesse. Pour cela, il faut environ 150 pilotes, et on pourra les avoir très rapidement, le dirigeable étant beaucoup moins dangereux que l'avion. »

Cette théorie, que nous soutenons depuis trois ans, n'a pas été sans nous susciter quelques ennuis. On nous a accusé de vouloir grever le budget, et on nous a fait remarquer qu'avec le prix d'un dirigeable, on a 25 avions. A cela, nous avons répondu qu'un grand aéronat peut, nous le croyons, rendre, sur terre, plus de services que 25 avions. Sur mer, nous en sommes certain.

---

(1) Nous nous étions trompé par défaut en ce qui concerne l'Allemagne. *Au début de la guerre* (car plus tard nous avons repris l'avantage), elle avait autant de *bons avions* que nous.

Nous avons maintenant le plaisir de voir le nombre des adversaires de notre théorie diminuer peu à peu, et de voir également des gens plus compétents que nous se ranger de notre côté.

La question de dépense, en effet, ne nous semble pas devoir être envisagée. Quarante aéronats coûteront 20 millions, soit 40 millions avec les dépenses que l'on devra faire pour l'établissement de nouveaux ports d'attache (sur la frontière et dans les principaux ports militaires, notamment à Toulon et Bizerte).

Or, un cuirassé coûte 65 millions et personne, je pense, ne s'élève contre cette dépense, après la terrible leçon que nous avons reçue de 1902 à 1906, quand l'arrêt des mises en chantier des grands bâtiments nous a fait passer du deuxième au quatrième rang en tant que puissance navale.

Quand une dépense doit être faite, en ce qui concerne la défense nationale, la suppression de cette dépense est loin d'être une économie et entraîne toujours une déchéance plus ou moins forte au point de vue de la puissance militaire.

On ne doit donc pas nous objecter que si l'on construit des dirigeables, on ne pourra plus construire d'aéroplanes.

Il faut construire et armer convenablement les uns et les autres.

Quand, après avoir cru, par une inconcevable aberration, qu'on pouvait remplacer les cuirassés de haut bord par des flottilles de torpilleurs et de sous-marins, on s'est aperçu que nous marchions rapidement à la déchéance navale, on s'est mis à construire des dreadnoughts, mais on n'a pas cessé de construire pour cela des torpilleurs d'escadre et des sous-marins. Chacun de ces types de navires si différents a son domaine propre, et la tactique navale prévoit l'emploi des uns et des autres pour des missions très diverses.

De même, aéronats et avions devront-ils être employés, les uns pour les longues reconnaissances stratégiques et les sorties de nuit, les autres comme éclaireurs et instruments de réglage des tirs, mais tous deux comme engins de guerre indispensables.

Nous demanderons donc sans répit que des crédits suffisants soient alloués pour que nous ayons, avant la fin de l'année prochaine :

30 grands dirigeables pour l'armée;

10 dirigeables plus spécialement affectés à la défense des côtes et aux reconnaissances d'escadres;

300 avions de ligne toujours prêts à faire campagne, ce qui exige au moins 600 appareils. (Malheureusement, nous doutons que les pilotes soient formés complètement à cette époque);

100 avions de réserve (appareils civils réquisitionnés avec leurs pilotes).

Nous 'avons dit, au début de cet avant-propos, que tout le monde était d'accord pour reconnaître qu'il y avait eu des fautes commises dans l'organisation de l'aéronautique militaire française.

Sans examiner les nombreux griefs qui ont été articulés au sujet d'achats d'appareils démodés ou d'expéditions inopportunes d'avions ou de hangars (ce sont des sujets qui ne peuvent être traités sans une documentation précise que je n'ai pas), il est bien permis, sans attaquer personne, de dire que l'aéronautique a peut-être été un peu trop inféodée à une arme spéciale (le génie) au début de son organisation.

Le progrès n'est possible, dans une science militaire si intimement liée au sport, qu'avec une large et égale collaboration de *tous les corps* de l'armée française.

Pour cela, l'aéronautique *doit être indépendante*, et nous croyons devoir, avant d'étudier la façon dont les Etats ont organisé leurs services aériens, dire quelques mots de la façon dont sont recrutés les nôtres.

Le recrutement des pilotes militaires.

Les officiers aviateurs n'ont cessé, depuis trois ans, de demander l'indépendance du service auquel ils appartiennent.

Ce n'est pas qu'ils tiennent à constituer un corps spécial dans l'armée. Non ! Il serait évidemment impossible, si l'on ne pouvait entrer dans l'aéronautique que comme simple soldat ou jeune officier sortant des écoles, de donner à chacun l'avancement qui lui revient pour les beaux exploits qu'il réalise chaque jour.

Il est donc nécessaire que l'aviation militaire puisse se recruter largement, et dans tous les grades, parmi les différentes armes de notre armée nationale.

Il est indispensable de même que les officiers qui ont fondé une famille ou qui se trouvent trop âgés pour continuer à voler puissent rentrer quand ils le veulent dans leur corps d'origine.

Mais, quand nous revendiquons l'indépendance de l'aéronautique, nous demandons qu'elle ne soit la propriété d'aucune arme et qu'elle se recrute *dans toutes les armes.*

Cela veut dire, en bon français, que chaque arme doit alimenter l'aviation proportionnellement au nombre d'officiers qu'elle possède.

Si un corps qui comprend un personnel relativement faible fournit à l'aviation une proportion très forte de ses membres, et cela au détriment des autres armes, on peut dire sans exagérer que ce corps a une tendance à monopoliser l'aéronautique : c'est ce qu'on a reproché au Génie.

L'aviation ne sera réellement indépendante, nous le répétons, que le jour où chaque corps fournira, au prorata du nombre de ses membres, une proportion équivalente d'officiers aviateurs. On peut faire une légère exception et forcer quelque peu la proportion pour des corps comme la cavalerie, dont les membres semblent avoir des dispositions extraordinaires pour l'aviation.

N'appartenant pas à cette arme, je ne puis être suspect de bienveillance exagérée pour elle. Toutefois, je dois reconnaître que certains monoplans légers, souples, rapides, se comportent dans l'air quelque peu comme un pur sang à demi dompté, et que ces avions ont des ruades, des fantaisies qu'on corrige tantôt avec le pied, tantôt avec la main, et même par des mouvements de corps avec lesquels nos cavaliers semblent parfaitement familiarisés.

Il n'y a pas à dire le contraire, nos officiers et sous-officiers de cavalerie, qui ont monté en course, semblent parfaitement *à leur affaire* sur ces aéroplanes !

A notre avis, on devrait donc accepter dans l'aéronautique un contingent de cavaliers légèrement supérieur au nombre de places qui reviendraient à cette arme d'après une répartition proportionnelle à l'importance numérique de l'effectif de chaque corps.

En tout cas, sans admettre une représentation mathématique de chaque arme dans l'aviation, il faudrait éviter de trop fortes disproportions entre l'importance réelle d'un corps et le nombre de sujets affectés dans ce corps à nos services aéronautiques.

Voyons si ces diverses conditions sont observées à l'heure actuelle.

Le génie comprend 227 officiers supérieurs, 713 subalternes.

L'artillerie comprend 752 officiers supérieurs, 3.296 subalternes.

L'infanterie comprend 1.725 officiers supérieurs, 10.589 subalternes.

La cavalerie comprend 498 officiers supérieurs, 2.962 subalternes.

L'infanterie coloniale comprend 320 officiers supérieurs, 1.957 subalternes.

L'artillerie coloniale comprend 104 officiers supérieurs, 541 subalternes.

Si l'aéronautique était vraiment indépendante, c'est-à-dire si chaque arme avait le droit d'y être représentée suivant son importance réelle dans l'armée, voici approximativement quel devrait être le nombre d'officiers supérieurs et subalternes des différents corps admis dans l'aviation, en nous rappelant qu'au début de cette année nos services aéronautiques comprenaient 15 officiers supérieurs et 259 officiers subalternes (sans compter les élèves).

Le génie devrait avoir 1 officier supérieur et 10 officiers subalternes.

L'infanterie devrait avoir 6 officiers supérieurs et 44 officiers subalternes.

L'infanterie devrait avoir 6 officiers supérieurs et 120 officiers subalternes.

La cavalerie devrait avoir 3 officiers supérieurs et 53 officiers subalternes.

L'infanterie coloniale devrait avoir 1 officier supérieur et 25 officiers subalternes.

L'artillerie coloniale devrait avoir 1 officier supérieur et 7 officiers subalternes.

Cela représente bien un total de 15 officiers supérieurs pour 259 officiers subalternes.

On remarquera d'ailleurs que, dans les proportions indiquées ci-dessus, nous avons légèrement favorisé les armes savantes, c'est-à-dire le génie, l'artillerie et l'artillerie coloniale.

Or, en pratique, on trouve, affectés à l'aéronautique (temps de paix) :

7 officiers supérieurs et 42 officiers subalternes du génie;

4 officiers supérieurs et 45 officiers subalternes de l'artillerie;

3 officiers supérieurs et 133 officiers subalternes de l'infanterie;

1 officier supérieur et 39 officiers subalternes de la cavalerie;

0 officier supérieur et 16 officiers subalternes de l'infanterie coloniale;

1 officier supérieur et 11 officiers subalternes de l'artillerie coloniale.

Il en résulte que le génie a, dans l'aéronautique, *sept fois* plus d'officiers supérieurs et *quatre fois* plus d'officiers subalternes qu'il ne lui en revient. C'est ce qui a fait dire à bien des parlementaires que le génie avait accaparé l'aéronautique.

D'ailleurs, si nous étudions plus particulièrement l'aérostation militaire, nous constaterons que, *jusqu'en 1911*, seuls les officiers du génie ont été exercés au maniement des ballons dirigeables.

A l'heure actuelle même, *très rares* sont les officiers des autres armes qui ont pu pénétrer dans les hangars de l'aérostation, et leur admission au début n'a pas été sans engendrer des luttes sournoises de la part du génie.

En ce qui concerne l'artillerie, elle a un officier supérieur de plus qu'il ne lui en reviendrait (4 au lieu de 3).

L'infanterie, par contre, n'a que la moitié du nombre de ces officiers qui devraient être admis, en bonne justice, dans l'aéronautique (3 au lieu de 6). Le nombre d'officiers subalternes est satisfaisant.

La cavalerie ne possède, dans l'aviation, qu'un officier supérieur au lieu de 3, et que 39 officiers subalternes au lieu de 53. Cela est lamentable, car, nous l'avons dit, ce sont nos cavaliers qui ont les meilleures dispositions pour l'aviation militaire.

L'infanterie coloniale n'a pas d'officiers supérieurs dans l'aéronautique : il lui en reviendrait un, étant donnée l'importance de ce corps. De même on ne lui a pris que 16 officiers subalternes au lieu de 25.

Quant à l'artillerie coloniale, elle a à peu près la représentation qui lui revient.

Comme on le voit, d'après les données très précises que nous avons fournies ci-dessus, c'est le génie qui a pris, de beaucoup, la part du lion.

Encore, faut-il noter qu'un effort sérieux a été tenté, à la suite d'une campagne de presse, pour ouvrir plus grandes les portes de l'aéronautique aux armes autres que le génie.

Il y a quelques années encore, toutes les recherches aéronautiques intéressant l'armée étaient centralisées au laboratoire de Chalais-Meudon, qui dépendait du génie.

C'est là qu'en 1883 le colonel Renard, alors capitaine, fit ses premières expériences avec le ballon dirigeable *la France*.

Beaucoup de gens crurent à cette époque que les officiers de Chalais-Meudon avaient inventé le dirigeable. Cela n'est pas exact. Bien avant eux, et dès 1783, le général Meunier, alors lieutenant, avait présenté au roi Louis XVI un projet complet d'aéronats, dans lequel on retrouvait les principes caractéristiques de nos ballons souples actuels.

Plus tard, et sans parler des expériences de Giffard, le savant ingénieur de la marine Dupuy de Lôme construisit, en 1871, un aéronat souple où le rôle du ballonnet était des mieux étudiés, et où la suspension était, pour la première fois, réalisée d'une façon tout à fait indéformable.

Enfin, en 1873, le Français Spiess présenta au ministère de la guerre les plans de son merveilleux dirigeable *Spiess*, que les Allemands ont copié en 1890, dès que les brevets furent tombés dans le domaine public.

Spiess ne put réussir, en 1873, à obtenir le moindre encouragement des bureaux auxquels il proposa son invention. Si, à cette époque-là, nous avions commencé à nous occuper du rigide, nous aurions aujourd'hui une avance colossale sur l'Allemagne, alors que c'est l'inverse qui se produit actuellement.

Depuis 1880 jusqu'à nos jours, l'établissement du génie de Chalais-Meudon, qui, sous la savante impulsion du regretté colonel Renard a, non pas créé, mais beaucoup perfectionné le dirigeable souple, tenait beaucoup à ce système de construction d'aéronats et estimait qu'il y avait lieu de poursuivre les recherches avec une certaine discrétion, de façon à ne pas en faire bénéficier les nations rivales.

De là à constituer pour le génie une sorte de monopole englobant les services aérostatiques, il n'y avait qu'un pas, et beaucoup ont estimé que ce pas avait été franchi pendant quelques années.

Actuellement il y a un léger retour en arrière, c'est incontestable, puisque des officiers de toutes armes pénètrent dans l'aéronautique. Mais on aurait le plus grand tort de réserver la majorité des places, dans l'aérostation même, aux militaires appartenant aux armes savantes.

Outre les connaissances techniques, il faut d'excellentes aptitudes sportives pour les services aéronautiques, et les armes savantes ne peuvent avoir la prétention d'être supérieures aux autres corps à cet égard.

D'ailleurs, aujourd'hui, des officiers de toutes armes suivent les cours de l'Ecole supérieure d'aéronautique, et personne n'a pu constater que ceux qui appartiennent à l'infanterie ou à la cavalerie eussent plus de difficultés que les autres à obtenir leur diplôme d'ingénieur.

Toutes ces raisons militent donc pour une juste représentation proportionnelle des diverses armes dans l'aéronautique militaire.

Il est navrant notamment de voir que la cavalerie, qui, à notre avis, devrait fournir une bonne partie du haut personnel de l'aéronautique, à cause des aptitudes sportives spéciales dont nous avons parlé, ne possède dans l'aviation qu'un officier supérieur et 39 officiers subalternes. Si nous avions (sans compter les élèves toujours) une soixantaine de bons cavaliers pilotes et quelques chefs d'escadrons comme commandants de centres aéronautiques, on verrait que l'entraînement de nos escadrilles doublerait en peu de temps (1).

Mais, pour le début, si chaque arme avait simplement, dans l'aéronautique, la délégation qui lui revient, bien des mesquines jalousies seraient évitées. On ne pourrait plus accuser aucun corps d'avoir mis la main sur notre magnifique aviation française, et, en ce qui concerne l'aérostation, on peut affirmer que les progrès de nos dirigeables seraient plus rapides.

---

(1) Rappelons que ce chapitre a été écrit avant la guerre.

Les officiers du génie de Chalais-Meudon ont en effet une légitime tendance à respecter les formules et traditions laissées par le colonel Renard.

Ces formules ont fait leurs preuves et ont permis au savant colonel de trouver, en 1883, le moteur le plus léger qui fût au monde pour l'époque, ce qui amena l'officier aérostier à réaliser le record de vitesse en dirigeable au moment de ses essais.

Mais depuis, il y a eu de nombreux progrès réalisés soit par l'industrie privée, soit par les armées étrangères.

Et l'on a reproché au génie d'avoir un peu négligé de se tenir au courant des progrès réalisés par les autres nations, et d'avoir continué avec obstination ses recherches dans la voie tracée par le colonel Renard, sans s'écarter suffisamment du type de dirigeable que lui-même avait créé. Des types très différents donnent maintenant, on le sait, des résultats bien meilleurs au point de vue vitesse et au point de vue armement militaire.

Cela montre que l'unité d'idée n'est pas des plus favorables dans une science aussi neuve que l'aéronautique.

On doit s'intéresser à toutes les recherches des esprits originaux et compétents en cette matière.

Pour cela, le seul moyen est d'ouvrir toutes grandes, sans exclusion d'aucune sorte, et même sans préférence, les portes de l'aéronautique aux différents corps de l'armée française, et même d'admettre, pour des périodes limitées, dans nos services d'aviation, les civils qui ont fait leurs preuves et qui seraient désireux de jouir pendant deux ou trois ans des prérogatives des officiers ou sous-officiers aviateurs.

Cela se pratique couramment en Belgique, où, dans

chaque escadrille, se trouvent 6 civils militarisés. Les résultats obtenus ont, paraît-il, été satisfaisants (1).

Les procédés que nous indiquons ainsi ont tous le même but : supprimer tout esprit de caste ou de chapelle dans l'aviation et l'aérostation, et réaliser ainsi une *aéronautique indépendante*.

D'ailleurs, l'influence trop grande prise par une arme spéciale dans nos services aériens a découragé plusieurs officiers de valeur, peu satisfaits d'ailleurs (et avec juste raison) de voir que l'indemnité de vol couvre à peine les dépenses occasionnées par les raids militaires.

Il est rigoureux en effet d'empêcher les braves qui risquent leur vie d'une manière toute particulière d'améliorer leur vie matérielle par un traitement large, comparable à celui que les autres nations attribuent à leurs aviateurs.

Les plus méritants, à notre avis, sont ceux de nos officiers qui initient leurs camarades à l'art difficile du pilotage.

Rendant des services exceptionnels, puisqu'ils facilitent le recrutement de notre cinquième arme, ils devraient toucher une forte indemnité comme professeurs.

Un brevet spécial devrait leur donner droit à cette indemnité.

En ce moment (2), nos meilleurs pilotes quittent la navigation aérienne, après avoir obtenu les légitimes récompenses auxquelles ils ont droit.

Les uns demandent à rentrer dans leurs corps, et les autres à aller dans les bureaux.

---

(1) Pendant la guerre, la toute petite aviation belge a fait merveille.

(2) Rappelons que ce chapitre a été écrit avant la guerre.

Bref, au moment où ces officiers formeraient une élite parmi les instructeurs, et seraient des conseillers précieux pour les élèves aviateurs, ils quittent les aérodromes.

Voilà un symptôme très grave pour la vitalité et le développement de notre armée aérienne.

Le mal est dévoilé et connu par tous les aviateurs. Comment y porter remède ?

Avant de répondre à cette question angoissante, recherchons très brièvement *pourquoi* cet exode d'officiers aviateurs ?

Ceux-ci ont fait leurs preuves, sont munis de tous les diplômes aéronautiques, sont enfin spécialisés complètement dans cette intéressante branche militaire.

Dans ces conditions, pourquoi beaucoup d'entre eux la quittent-ils ?

Voyons d'abord quels avantages peuvent rechercher, *en temps de paix*, les officiers aviateurs, en échange des risques énormes qu'ils assument pour le service de la patrie ?

Ce sont : une promotion au grade supérieur et une décoration.

Presque tous les aviateurs qui ne se sont pas tués au bout de deux ou trois ans d'aviation obtiennent l'une ou l'autre de ces récompenses, et souvent les deux.

Alors, quel stimulant, quel but immédiat donne-t-on à l'activité de nos hommes-oiseaux ?

L'intérêt de la défense nationale d'abord, celui du développement d'une industrie française ensuite.

Mais cela n'est pas suffisant pour obliger un homme à encourir indéfiniment un risque de mort très grand, à subir pendant de longues années une tension nerveuse incessante qui, à la longue, devient un grave péril pour la santé, même si l'accident, toujours à redouter, ne se produit pas.

Un officier qui a frôlé la mort pendant deux ou trois ans a bien le droit de reprendre sa vie ordinaire de garnison en déclarant que, si chacun de ses camarades sait se dévouer comme lui et faire ce qu'il a fait, l'aéronautique militaire ne manquera jamais de membres.

Pour inciter cet officier à ne pas se retirer, on doit faire en sorte qu'un avantage *immédiat* et *personnel* lui dicte une décision justement conforme à l'intérêt de l'armée.

N'oublions pas que le grand mobile des actes humains sera toujours l'intérêt personnel, et, dans les questions graves comme celle-ci, lorsque se trouve en jeu une question d'intérêt général, tâchons que ce dernier ne soit pas en opposition avec l'intérêt particulier des hommes chargés de prendre en mains les intérêts de la patrie.

Quand on a donné aux officiers aviateurs le grade et la croix, disons-le sans fausse honte, il faut leur donner, si on veut les garder, une solde convenable et surtout *permanente*.

N'oublions pas que beaucoup de ces excellents serviteurs sont peu fortunés, et font un métier aussi pénible et aussi dangereux, non seulement par goût, mais aussi pour élever leur famille en profitant des légères indemnités accordées aux aviateurs.

Cette indemnité est d'ailleurs suffisante pour les premières années d'aviation. Et nous trouvons très logique et très raisonnable que cette indemnité ne soit maintenue, à chaque semestre, que si l'intéressé réalise deux performances déterminées par les règlements.

Cette réglementation peut durer avantageusement

trois années, pendant lesquelles l'aviateur sera disponible à chaque instant pour toutes les reconnaissances militaires, tous les essais d'aviation, toutes les manœuvres.

Il devra également apprendre son métier d'instructeur et former quelques élèves.

Mais ensuite, quand, au bout de trois ans d'aviation, le pilote aura acquis d'immenses connaissances, tant pratiques que théoriques, l'armée aura-t-elle toujours intérêt à risquer la vie de ce pilote pour la moindre petite manœuvre de garnison, ou pour essayer un nouvel appareil destiné à l'armement des avions ou à l'observation ? Nous ne le croyons pas.

Au bout d'un certain temps d'ancienneté, le pilote devra être admis dans la phalange d'élite qui conduit les destinées de l'aéronautique militaire. Son expérience fera de lui un conseiller précieux, et l'on devra rémunérer cette expérience par une large indemnité.

Pour avoir droit à cette indemnité, qui devra être d'au moins 20 francs par jour, sans conditions de vol, il faudra avoir trois années au moins de service *actif* à l'aéronautique, être titulaire des divers diplômes délivrés par l'inspecteur permanent, et avoir, en outre, formé *vingt élèves* au moins.

De plus, les candidats devront subir un examen sérieux, non seulement sur les moteurs, mais aussi sur la construction et le montage des appareils les plus connus.

L'officier remplissant ces conditions serait nommé chef instructeur d'aviation.

Il ne pourrait être désigné que pour l'un des postes suivants :

a) Commandement d'un centre aéronautique ou d'une escadrille ou direction du pilotage;

b) Laboratoires aéronautiques;

c) Commissions de surveillance des avions en construction, réception des appareils, commissions d'enquête sur les accidents.

De plus, le monopole de toutes ces commissions serait réservé aux officiers brevetés chefs instructeurs.

On aurait ainsi des comités composés de gens compétents, qui agiraient énergiquement pour le bien de leurs camarades et de l'aviation en général et qui ne se borneraient pas à apposer des labels sur les pièces que les constructeurs leur présenteraient.

En adoptant la solution indiquée ci-dessus, on réaliserait le principe rationnel suivant :

« Ceux qui montent les appareils (et qui les connaissent) doivent les recevoir. »

La création des chefs instructeurs donnerait une impulsion nouvelle à l'entraînement des élèves dans les aérodromes.

En effet, ces chefs pilotes empêcheraient bien des accidents de se produire. Voici les principaux arguments qu'on peut faire valoir à l'appui de cette thèse :

1° Ces officiers, qui n'auront pas à rechercher de récompense, et qui seront sûrs de toucher leur indemnité, ne risqueront pas inutilement leur vie.

Il serait déplorable, en effet, que l'Etat, après avoir dépensé beaucoup d'argent pendant plusieurs années pour former, entraîner un chef instructeur, en fût privé dans le cas où cet officier aurait la fantaisie de sortir un jour où le temps empêcherait toute tentative raisonnable de vol.

Il est certain, en effet, que bien des instructeurs actuels, qui n'ont pas été récompensés de leurs labeurs aéronautiques, n'hésitent pas à tenter des performances de plus en plus difficiles pour attirer sur eux la juste bienveillance de leurs chefs.

Bien mieux, on voit des jeunes pilotes *qui veulent aller plus vite que les autres*, se lancer dans des tentatives d'une hardiesse exagérée, alors que, manifestement, ils ne sont pas *prêts* pour de telles envolées.

On dit qu'un pilote est *prêt* pour une performance, lorsqu'il a 99 chances sur 100 de réussir.

Au contraire, nous avons tous entendu de jeunes aviateurs dire :

« Je sais que j'ai au moins 50 chances sur 100 de me casser la figure, mais si j'ai la veine de réussir, ce sera épatant ! »

De pareils raisonnements, s'ils étaient généralisés, empêcheraient certainement l'aviation d'acquérir jamais un caractère d'utilité pratique en tant que service public.

Dans ces conditions, on a, aujourd'hui, un pilote qui donne de grandes espérances, à qui l'on a confié la formation de jeunes élèves, et, d'un jour à l'autre, on perd inutilement cet instructeur, qui se tue en voulant accélérer son propre entraînement.

Ceci suffit à démontrer qu'il faut séparer nettement les deux choses; ceux qui forment les élèves et qui dirigent les destinées de la cinquième arme doivent être des gens très compétents, mais ne doivent pas s'exposer inutilement.

Les chefs instructeurs devront donc faire bénéficier leurs élèves de l'expérience acquise pendant les périls quotidiens, mais ils devront s'efforcer (sauf en temps de guerre bien entendu) d'éviter désormais le danger inutile.

Ayant volé par tous les temps, les chefs instructeurs sauront mettre leurs élèves en garde contre les tenta-

tives d'ascension faites par des temps douteux, alors-
que l'apprenti pilote n'a pas encore une grande habi-
tude de l'air.

On ne verra plus, comme nous l'avons constaté, des
élèves pilotes voler trois heures à leur quatrième sortie, et s'aventurer dans la campagne sans avoir jamais rencontré auparavant le moindre remous sur la
piste.

Neuf fois sur dix d'ailleurs, ces tentatives réussissent, car, *dans les circonstances normales*, il n'est pas
plus difficile de voler pendant trois heures à 3.000 mètres, si l'appareil le permet, que pendant trois minutes à 3 mètres.

Celui qui a le cœur et les poumons solides, et qui
n'est pas sujet au vertige, peut, dès qu'il a trouvé la
position moyenne de son levier, tenir l'air tant qu'il
lui plaît, à condition que l'appareil soit solide et que
l'air soit serein.

De même, le vol plané, dans les *circonstances normales*, est ce qu'il y a de plus facile au monde. Quant
à l'altitude, c'est une affaire de moteur si l'on a un
appareil à grand excédent de puissance. Le pilote
n'intervient que pour bien peu de chose.

C'est ainsi que des débutants, ravis de voir l'appareil monter seul, se laissent grimper à mille mètres,
puis coupent l'allumage et descendent impeccable-
ment en vol plané.

S'il s'agit d'un monoplan, par exemple, on peut,
lorsque le temps est serein, descendre sans avoir aucune manœuvre à faire, sous la simple condition de-
tenir le sommet de la cabane grossièrement dans la
direction de l'horizon.

Les chefs instructeurs empêcheront toutes ces tentatives prématurées qui, en réussissant fréquemment,
donnent au pilote une confiance exagérée en lui-même-

et lui font croire qu'il se tirera toujours aussi facilement d'affaire. Au bout de six mois de vols de plus en plus audacieux, le jeune pilote se croit invulnérable. Il forme déjà des élèves sans avoir cependant la vieille expérience nécessaire au professorat, et c'est ainsi qu'aujourd'hui on a un instructeur et que demain on ne l'a plus, par suite d'un accident banal.

Tout cela ne vaut rien pour le développement rationnel des écoles d'aviation.

Il faut que l'instructeur ait beaucoup volé, beaucoup étudié, beaucoup risqué. Mais, le jour où il est chargé de l'instruction, le seul risque qu'il doit assumer est celui d'être « embarqué » par un élève maladroit.

A lui, instructeur, de se débrouiller et de ne lâcher le levier qu'à bon escient, et en prenant les précautions nécessaires.

Son intervention empêchera, avons-nous dit, bien des imprudences, et notamment les cross-countries prématurés. Parfois, en effet, un débutant réussit une longue randonnée. En rentrant sur l'aérodrome, il est tout étonné de voir son appareil, qui, généralement, se met de lui-même en vol plané, se « cabrer » au contraire. C'est que, depuis le départ du jeune aviateur, le temps, qui était magnifique sur l'aérodrome, a changé.

A grande hauteur, l'air est resté serein; mais, à la descente, le pilote rencontre de forts remous qui le secouent de la belle façon. Si un remous malencontreux survient au moment où l'aviateur coupe l'allumage, l'appareil peut aussi bien se mater que se piquer dangereusement, suivant que le remous est ascendant ou descendant. C'est là que la pratique du vieux pilote intervient pour lui faire, suivant le cas, pousser à fond son levier ou le tirer au contraire, et cela avec une grande rapidité, tandis que, dans les circonstances normales, il peut descendre les mains dans les poches. La question du redressement après vol plané ne préoccupe pas suffisamment beaucoup de débutants, et les chefs instructeurs auront à veiller à ce sujet. Quand il fait très beau, en effet, on peut descendre sans moteur avec une très faible inclinaison négative, et, dans ce cas, le débutant peut redresser à peu près quand il veut. Son appareil rebondit souvent beaucoup, mais le choc n'est pas suffisant pour qu'il y ait de la casse.

Beaucoup de monoplans, peu sujets à capoter, supportent bien l'arrivée au sol, après vol plané très doux sans redressement : ce sont les amortisseurs qui encaissent tout le choc.

Il est loin d'en être ainsi, quand, rencontrant de forts remous au voisinage du sol, le pilote doit piquer rapidement pour ne pas perdre sa vitesse et redresser ensuite non moins vivement pour atterrir normalement. Un défaut de doigté dans ces deux dernières manœuvres peut vous emboutir radicalement dans le sol, et c'est là la pierre d'achoppement de bien des débutants qui ont voulu aller trop vite et n'ont pas suivi la progression lente et méthodique que, seuls, les chefs instructeurs anciens pourront les obliger à observer.

Enfin, bien des jeunes gens *impatients d'arriver* enfourchent un avion après un camarade qui vient de faire un atterrissage épouvantable : l'appareil a rebondi à 3 mètres, puis est venu se planter dans le sol avec une pression égale au moins à trois fois le poids de l'avion, pression qui a arrêté net l'élan.

Extérieurement, l'appareil est intact : mais, gare aux poutres d'ailes fêlées, aux traverses qui vont travailler à la torsion au lieu de travailler à la compression, aux haubans supérieurs qui ont commencé à se cisailler dans leurs boucles !

Voilà bien des sources d'accident !

2° Les chefs instructeurs feront partie de droit des commissions de réception des avions destinés à leurs centres.

Ils continueront donc à *suivre leurs appareils* à mesure que ceux-ci travailleront.

Ils ordonneront de fréquents essais de charge surtout *après les mauvais atterrissages*.

On ne fait pratiquement jamais ces essais qui seraient exécutés en quelques minutes si les aérodromes étaient munis d'un portique et de palans *ad hoc*.

Les chefs instructeurs vérifieraient également chaque jour si les ailes de leurs avions se déforment, si les hélices se décollent, si les fuselages sont déréglés, si les queues forment de faux angles avec le plan des ailes.

Au moindre soupçon de danger, ils interdiraient formellement de monter tel ou tel appareil, et en demanderaient la réparation. S'il faut arrêter le fonctionnement de l'école, ils l'arrêteront sans hésiter et fourniront seulement un rapport à ce sujet.

N'ayant rien à attendre pour eux-mêmes, assurés par le règlement de la stabilité de leur situation, ils auront vis-à-vis des chefs l'indépendance respectueuse qui est *indispensable* dans un tel service.

Nous avons passé sommairement en revue le rôle précieux que pourront remplir les chefs instructeurs d'aviation. Il y a actuellement plus de 30 officiers aptes à être chargés de ces importantes fonctions. Si, dans quelques années, il y a pléthore de candidats, on transformera simplement l'examen en concours, et le brevet de chef instructeur n'en sera que plus recherché.

D'autre part, les fonctions confiées à ces officiers n'étant pas très nombreuses, le nombre d'indemnités à accorder sera loin d'être exagéré, et le budget de l'Etat sera grevé d'une dépense supplémentaire absolument insignifiante.

Chefs instructeurs d'aérostation. — En ce qui concerne l'aérostation, il semble que tous les pilotes militaires de dirigeables (ils sont, hélas! peu nombreux) devraient de même, après trois ans de navigation aérienne et un examen théorique suffisant, être nommés chefs instructeurs de dirigeables.

Les fonctions qui leur seraient attribuées seraient analogues à celles que l'on réserverait aux chefs instructeurs d'aviation.

On les nommerait ainsi, suivant leur grade ou leur ancienneté : commandants de parcs aérostatiques, chefs pilotes de ces parcs ou membres des laboratoires aéronautiques. De plus, eux seuls feraient partie des commissions chargées de recevoir les ballons.

On appliquerait ainsi toujours le même principe qui, seul, peut nous permettre de développer notre aéronautique et de reprendre l'avantage sur des rivaux qui nous dépassent : « Ceux qui montent les engins aéronautiques doivent en surveiller la construction et les recevoir. »

En outre, tous les officiers brevetés pilotes de dirigeables pourraient être nommés pilotes ou commandants des aéronats de moins de 10.000 mètres cubes.

Mais, pour favoriser les officiers chefs instructeurs, on devrait leur réserver le monopole du commandement des ballons de plus fort tonnage.

Nous espérons ainsi qu'on arrivera rapidement, sous l'intelligente impulsion de ces spécialistes, à avoir, en fait de dirigeables, une majorité de « gros cubes », seuls ballons intéressants à notre avis.

Depuis deux ans, nous n'avons cessé, chaque fois que l'occasion s'est présentée, de montrer la similitude des efforts que nous devons faire pour notre marine et pour notre armée aérienne.

De même qu'on classe, aujourd'hui, les flottes d'après le nombre de leurs dreadnoughts, on doit classer *a priori* les flottes aériennes d'après le nombre des dirigeables offensifs. Ce n'est, ni dans un cas ni dans l'autre, un criterium absolu, mais, tant qu'on ne se bat pas, on en est réduit aux conjectures, et c'est encore le mode de comparaison ci-dessus qui fournit les données les plus vraisemblables.

De même que les torpilleurs et les sous-marins peuvent, dans un combat naval, modifier beaucoup l'allure de la bataille, de même les avions pourront peut-être jouer, par-ci par-là, un rôle plus important que les aéronats, mais c'est peu probable, car il semble que les uns et les autres ne pourront guère faire de besogne utile que la nuit ou du moins aux approches de la nuit, puisque la guerre des Balkans démontre qu'à 1.200 mètres un avion est parfaitement vulnérable. *A fortiori*, bien entendu, un aéronat sera vulnérable, mais celui-ci pourra rendre des services de nuit, ce que ne pourra faire l'avion.

On peut d'ailleurs pousser assez loin la comparaison entre notre flotte aquatique et notre flotte aérienne.

De même que nous n'avons en service que quatre dreadnoughts (1) (l'amiral Mahon et tous les écrivains maritimes définissent en effet le dreadnought comme un cuirassé armé de dix 300^{mm} au moins, cas du vrai dreadnought, et nos 18.500 tonnes n'ont que des

---

(1) Rappelons que ce chapitre a été écrit avant la guerre.

240^{mm}; quant aux navires plus puissants, ils sont loin d'être tous prêts à entrer en escadre); de même, nous n'avons pas un seul aéronat de gros cubage vraiment offensif.

Nous avons quelques bons croiseurs aériens, très bien commandés et équipés, mais ils n'ont *aucun armement*, et de plus, ils ne sont doués que de vitesses insuffisantes.

Ils font à peine du 50 ou 55 à l'heure, tandis que les aéronats allemands, tous armés de mitrailleuses et de lance-bombes, font du 80 ou du 85 !

Nous estimons que la création des chefs instructeurs d'aviation et d'aérostation, seuls chargés de la commande et de la réception des engins aéronautiques, seuls qualifiés pour apprécier les qualités et les défauts de tel ou tel appareil, nous conduira rapidement à l'adoption d'aéronats de combats vraiment pratiques et d'une construction impeccable. On obtiendra ce résultat en éliminant les constructeurs de second ordre, et, finalement, cette création d'une élite de spécialistes influera de la façon la plus heureuse sur le progrès de notre aéronautique militaire qui peut et doit rapidement dépasser toutes ses rivales de l'étranger.

Mais, pour cela, de même que nous avons des troupes actives et des réserves, nous devons avoir des pilotes civils doublant les pilotes militaires, surtout si ceux-ci sont trop peu nombreux, ce qui est le cas actuel. Et la grande presse quotidienne commence à s'alarmer des difficultés rencontrées par l'aéronautique militaire dans le recrutement de ses pilotes.

Cette crise n'est pas nouvelle. On la constate seulement maintenant qu'elle a atteint un caractère de gravité incontestable.

Mais *il y a déjà un an* que la *Revue Aérienne* signalait, sous la rubrique « Gardons nos pilotes », les symptômes du malaise qui règne dans le personnel et qui pousse des aviateurs remarquables à regagner leurs régiments.

Les nouvelles recrues, malgré l'abondance des demandes d'affectation à l'aéronautique, donnent un déchet considérable et l'on n'a pas la certitude d'avoir uniquement des *convaincus* comme l'étaient les premiers aviateurs militaires.

Ceux-ci, en effet, ont lutté pour la conquête de l'air à une époque où il n'y avait *aucun avantage pécuniaire* à risquer ainsi sa vie, et où, même, on pouvait dire sans exagération *qu'on y était de sa poche.*

L'intérêt militaire et sportif dominait tout.

Maintenant, à côté d'un grand nombre de gens épris de science et de sport, se glissent, surtout parmi les jeunes soldats, les embusqués (1) qui ne s'étaient jamais intéressés à l'aéronautique avant que ce service eût pris le développement actuel. Ces faux sportsmen espèrent *tirer* plusieurs années en toute tranquillité, sans s'occuper parfois ni des questions de construction ni de celles de pilotage.

On cite même le cas d'officiers ou de sous-officiers qui, impotents et redoutant la non-activité ou la réforme pour infirmités, se seraient fait affecter à l'aviation !

Bien qu'il n'y ait là que deux ou trois cas exceptionnels, cela nous explique que l'on arrive difficilement, avec les nouvelles recrues, à combler les vides causés par les retraites volontaires et aussi, hélas ! les accidents.

Le Conseil supérieur de la guerre, en fixant les bases de nos effectifs, demande *un minimum* de 360 pilotes

---

(1) Rappelons que ce chapitre a été écrit avant la guerre.

brevetés (60 escadrilles) *rien que pour le service de reconnaissance.*

Et les instructeurs ? Et les pilotes d'avions de forteresse ? Et les pilotes de batteries ? Et les bombardiers ? (1).

Parmi les remèdes indiqués à cette situation, les uns préconisent l'adjonction des aviateurs civils aux aviateurs militaires.

Je suis, en effet, d'avis de considérer les quelques civils pourvus du brevet militaire comme des hommes mobilisables *immédiatement* et, en temps de paix, de les convoquer pour des périodes *très fréquentes*, en les payant, bien entendu, d'une façon convenable.

Mais cette petite phalange de 30 hommes d'élite nous permettra tout juste d'atteindre le total de 200 aviateurs tant civils que militaires, chiffre ridiculement insuffisant.

Les autres aviateurs, non titulaires du brevet militaire, sont, en effet, considérés, au point de vue des règlements, comme en instruction.

La vraie solution consiste donc à faire voter une loi, dont le premier article édictera que tout Français ayant plus de 18 et moins de 45 ans, qui sera titulaire du brevet supérieur militaire, sera admis, sur sa simple demande, dans l'aéronautique, et *recevra une prime.*

La loi ne concernera évidemment que les personnes ne faisant pas partie des services aéronautiques.

Aucune distinction ne sera faite, au point de vue de l'admission pure et simple, entre fonctionnaires, non-fonctionnaires, civils ou militaires.

Le deuxième article de la loi déclarera que, si le breveté est fonctionnaire, il sera immédiatement *placé hors cadres, en gardant son ancienneté et ses droits*

______

(1) Rappelons que ce chapitre a été écrit avant la guerre.

à *l'avancement au choix* parmi les fonctionnaires de son grade ou de sa classe.

Si j'ai de bons pilotes ainsi, il m'est indifférent qu'ils viennent des gradés officiers ou non, ou bien des rats-de-cave, des conservateurs des hypothèques, de la magistrature, des capitaines au long cours, des docteurs en médecine ou bien encore de la corporation des porteurs en tricar !

L'aviation est une famille qui ne connaît ni riches ni pauvres !

Tous auront les mêmes avantages, tous toucheront la *même prime* qui devra être de 5.000 francs au moins.

En effet, ce prix représenterait un total de trois sommes *certainement dépensées* par le pilote breveté, soit :

1° 1.500 francs (chiffre moyen, casse comprise) pour prendre le brevet de l'Aéro-Club;

2° 2.000 francs pour frais d'entretien du pilote pendant son instruction;

3° 1.500 francs (à forfait) pour prendre le brevet militaire.

Comme l'a très bien expliqué mon collègue, l'Officier de semaine, dans l'*Aéro* du 6 mai dernier, les élèves-pilotes riches n'auront aucune difficulté pour avancer les frais nécessaires à leur instruction, et les aviateurs pauvres ne manqueront pas de trouver des *combinaisons* avec les constructeurs ou les sociétés sportives, les prêteurs pouvant stipuler, dans leur contrat de commandite, qu'ils toucheront eux-mêmes, *par délégation de l'intéressé*, tout ou partie de la prime versée par l'Etat aux aviateurs militaires.

Les journaux s'occupant d'aviation ont demandé, depuis plusieurs mois, des avantages pour les jeunes gens possédant le brevet militaire avant l'entrée au service.

Nous considérons que cette mesure seule ne nous donnerait pas le nombre de pilotes nécessaires, et, comme nous l'avons expliqué ci-dessus, nous allons *beaucoup plus loin.*

Nous demandons la prime et l'affectation aux compagnies d'aéronautique ou aux escadrilles pour tous les Français en âge d'être mobilisés, sous la seule condition qu'ils soient brevetés !

Des hommes de trente à quarante ans, qui ont un esprit pondéré et une instruction souvent développée, pourront rendre au moins autant de services que de tout jeunes gens.

L'affectation à l'aéronautique, dans les conditions expliquées plus haut, durerait trois ans, par analogie avec la durée des congés sans solde et hors cadre accordés par les diverses administrations aux fonctionnaires.

Il est hors de doute, en effet, que ces derniers fourniront un important contingent de pilotes brevetés.

Après les trois ans de stage, le pilote pourra, s'il a rendu de réels services, être maintenu d'année en année, sans limite, aux services aéronautiques, par une décision ministérielle prise au début de chaque nouvelle année.

Une fois versés dans le contingent de l'aéronautique, les pilotes brevetés, âgés de 18 a 45 ans, seront répartis entre les diverses branches du service *suivant leurs aptitudes.*

Il est bien certain qu'un ancien coureur cycliste, jeune et vigoureux, sera affecté à nos escadrilles de l'Est dont le service est particulièrement actif; mais on évitera de le fourrer dans les comités techniques chargés des commandes, des vérifications ou des recettes d'appareils.

Par contre, un pilote d'une quarantaine d'années, ancien élève d'une grande école ou spécialiste depuis longtemps des questions techniques concernant l'aéronautique, sera affecté de préférence aux commissions chargées d'élaborer les règlements ou mandatées par le Ministre pour les relations avec les fournisseurs (commandes, réparations, épreuves de réception, essais, etc.).

Il faut séparer nettement les « pratiques » des « techniciens » au point de vue utilisation militaire, tout en donnant aux uns et aux autres toute facilité pour acquérir les connaissances qui leur manquent.

Mais il faut bien se dire qu'à part quelques privilégiés universellement doués, les très bons techniciens sont des pilotes moyens, et les excellents pilotes des techniciens médiocres.

Un aviateur de mes amis, qui a à son actif des performances retentissantes, me disait un jour :

« Je ne sais pas pourquoi, sur mon monoplan, les ailes sont devant au lieu d'être derrière, et, franchement, je te dirai que ça m'est égal ! Tout ce qu'il faut, c'est *que ça rende* quand on est en l'air ! »

De tels hommes, habiles et courageux, sont précieux pour l'armée, à condition de leur adjoindre des spécialistes versés dans les questions de construction et d'organisation.

Inversement, d'ailleurs, les techniciens n'arriveraient à rien s'ils n'étaient secondés par d'excellents pilotes comme celui dont nous venons de citer l'opinion.

C'est donc à l'autorité militaire de répartir les uns et les autres dans les divers services aéronautiques, d'après la compétence particulière que ces pilotes ont acquise au cours de leur profession ou de leurs études antérieures à leur incorporation.

En terminant, qu'il me soit permis de faire remarquer que l'incorporation de civils, *quel que soit leur âge*, dans les services d'aviation militaire existe déjà à l'étranger.

Il y a un an, le roi de Suède a signé un décret affectant *six civils* militarisés à chaque escadrille d'aéroplanes. Les résultats ont, paraît-il, été très bons.

Nous allons d'ailleurs commencer immédiatement l'étude de ce que les nations étrangères ont réalisé au point de vue organisation aéronautique, et nous apprécierons les résultats obtenus.

Ces derniers sont nettement dévoilés par le rôle des avions et des dirigeables aux grandes manœuvres annuelles.

C'est là le critérium des progrès réalisés en matière d'aviation militaire.

Le succès que le public instruit a bien voulu faire à mon récent volume sur l'*Aéronautique navale* (couronné et doté d'un prix important par l'Académie des sciences, en 1914) m'encourage à présenter aux techniciens et aux amis des sciences une étude analogue en ce qui concerne les armées aériennes des différents pays.

CHAPITRE PREMIER

Organisation aéronautique des différents Etats

ALLEMAGNE

On connaît l'avance que l'Allemagne a prise sur la France dans la construction des dirigeables.

Nos aéronats sont moins puissants que ceux des Teutons et ne sont pas armés, alors que, maintenant, *tous les croiseurs aériens* d'outre-Rhin possèdent des mitrailleuses et des lance-bombes.

A nombre égal d'aérostats, nous sommes donc en état d'infériorité.

Mais il y a plus : les Allemands possèdent au moins quatre dirigeables de plus que nous, et, en 1914, cet écart sera porté à *vingt*.

Il y a là une situation très grave, que j'ai soulignée, depuis quatre ans, dans je ne sais combien d'études aéronautiques.

De même qu'on classe les armées de mer d'après le nombre des dreadnoughts, on doit classer *a priori* les flottes aériennes d'après le nombre des dirigeables offensifs, dits *dreadnoughts de l'air*.

Dans un cas comme dans l'autre, les petites unités (torpilleurs et sous-marins sur mer, avions dans l'air) sont des adjuvants des plus utiles, mais ne sont que des adjuvants.

Les nefs minuscules de l'air ou de la mer peuvent tout au plus compenser, par leur action militaire, des différences de 20 p. 100 dans le nombre des unités de combat (dirigeables ou cuirassés).

A fortiori serait-ce une erreur que de vouloir remplacer une flotte de « gros cubes » absente par des centaines d'avions, sauf si l'on trouve un avion de combat très fortement armé et par conséquent très lourd. Il y a presque tout à créer dans cette voie.

A l'heure actuelle, la supériorité de l'Allemagne sur nous, au point de vue dirigeables, est de 50 p. 100. Nos avions de type courant ne pourraient déjà plus parfaire l'égalité.

L'an prochain la différence sera de 80 p. 100.

Puissent les dirigeants de notre aéronautique entendre notre cri d'alarme avant qu'il soit trop tard !

Principaux constructeurs d'aéronautique.

Nous trouvons en Allemagne :

1° La Société Zeppelin, une des plus connues, qui possède les établissements de Friedrichshafen et de Manzell, près du lac de Constance ;

2° La Société Parseval (*Luftfuhrzeug-Gesellschaft*), qui dispose du chantier de Bitterfeld et des terrains de Tegel ;

3° Les usines de Mannheim, qui ont construit le dirigeable allemand *Schutte-Lanz*, d'une conception très originale et dont nous parlerons plus loin ;

4° La maison Siemens-Schuckert ;

5° La Société rhénane de navigation ;

6° Les établissements Clouth ;

7° La maison Ruthenberg ;

8° La fabrique Vech ;

9° Les établissements Suchart ;

10° Les établissements militaires d'aérostation.

On sait que le major Gross, chef de bataillon des aérostiers, a établi, il y a quelques années, le type de dirigeable M (militaire), qui a la préférence du monde militaire allemand ;

11° La maison Rumpler (aviation) ;

12° La célèbre Société Albatros (aviation);

13° La maison Aviatik (aviation);

14° La firme Horlau (aviation);

15° La maison Dorner (aviation);

16° La Société Euler (aviation);

17° La fabrique Laftverkehrsgesellschaft (aviation).

Voici maintenant quelques indications sur le dirigeable *Schutte-Lanz*, qui a fait de brillants essais en février 1912, et qui est le seul type d'aéronat ayant une carcasse rigide en bois.

L'enveloppe affecte la forme d'un poisson. Elle mesure 128 mètres de long, et la largeur est de 18^m,40 au maître-couple.

La carcasse est recouverte d'étoffe jaune. A l'intérieur se trouvent sept ballonnets dont la capacité totale est de *19.500* mètres cubes.

Il y a trois nacelles : celles de l'avant et de l'arrière contiennent les machines, et celle du centre est réservée aux passagers.

Les suspentes sont fixées à la fois à l'enveloppe extérieure et à la carcasse en bois.

Le système de suspension n'a pas ainsi la rigidité absolue qui a été la cause de tant d'avaries sur les *Zeppelin*.

Deux moteurs Daimler de 8 cylindres et 250 chevaux actionnent *directement* chacun une hélice fixée sur l'arbre moteur.

On a supprimé tous les renvois de mouvements.

A signaler, comme autres dirigeables particulièrement intéressants, le *Hansa*, le *Victoria-Luisa* et le *L-1*, qui ont chacun couvert 1.850 kilomètres sans escale, en emportant tout leur équipement militaire, mitrailleuses, bombes, etc., plus un poste de T. S. F. d'une portée de 300 kilomètres.

Nous donnerons d'ailleurs plus loin la liste complète des dirigeables allemands au 1er mai 1913.

A ce propos, notons une fois pour toutes que nous retrouvons en service, lors de chaque manœuvre allemande, des aéronats annoncés comme *entièrement détruits* ces derniers mois.

Cela prouve que les *Zeppelin* et les *Parseval* ne sont pas aussi difficiles à réparer que l'affirme une certaine presse en France.

Avant de donner la liste des croiseurs aériens de l'Allemagne, disons tout de suite que les principaux centres aéronautiques de nos voisins de l'Est sont ainsi répartis :

Frontière française : Cologne, Mayence, Strasbourg, Metz, Darmstadt, Carlsruhe, Francfort, Dusseldorf.

Frontière russe : Kœnigsberg, Posen, Thorn, Breslau.

Il y a en outre de nombreux champs d'expériences (Friedrichshafen, Potsdam, etc.) situés à l'intérieur du pays et admirablement outillés au point de vue de la construction et des essais aéronautiques.

Mais au point de vue militaire, le seul qui nous occupe, ces centres n'offrent pas d'intérêt.

Signalons enfin, sans y insister, puisque nous avons longuement traité ce point-là dans notre ouvrage spécial sur l'*Aviation navale à l'étranger*, que le *front de mer* de l'Allemagne va être également puissamment protégé par les deux espèces d'aéronefs (avions et ballons).

Sur la mer du Nord, nous trouvons les stations d'Emden et Wilhemshaven.

Sur la Baltique, les centres aéro-marins de Kiel, Putzig et Kœnigsberg (près de la frontière russe).

Indiquons encore que l'Allemagne possède 18 hangars de plus de 138 mètres de long, alors que la France en a à peine 10 !

Le nombre total des hangars disponibles est de 26 pour l'Allemagne et de 17 pour la France.

Voici l'emplacement des principaux hangars appartenant à nos voisins de l'Est :

Berlin, Blesdorf, Potsdam, Kœnigsberg, Posen, Kiel, Hambourg, Dusseldorf, Leichlingen, Cologne, Metz, Francfort, Mannheim, Bade, Strasbourg, Gotha, Friedrichshafen.

Voici maintenant la liste des dirigeables allemands, classés en *rigides*, *semi-rigides* et *souples*.

Rigides. — Six gros cubes variant de 17.000 à 20.000 mètres cubes.

Les *Z-1*, *Z-2*, *Z-3*, *L-1*, sont des *Zeppelin* militaires. Le *Schutte-Lanz*, que nous avons décrit plus haut, est construit par la fabrique Lanz.

Enfin, le *Victoria-Luisa* et le *Hansa*, qui appartiennent encore aux sociétés privées, ne tarderont pas à être acquis par l'Etat.

Tous ces ballons font plus de 75 kilomètres à l'heure.

Semi-rigides. — L'armée possède trois *Gross*, le *M-1*, le *M-2* et le *M-3*.

Il y a en outre trois ballons semi-rigides, de faible tonnage et de médiocre vitesse, à réquisitionner : ce sont deux *Ruthenberg* et un *Vech*.

Souples. — Quatre *Parseval*, les *P-1*, *P-2*, *P-3*, *P-4* et un *Siemens-Schuckert*.

En outre, il faut ajouter 7 dirigeables à réquisitionner, 5 *Parseval*, les *P-L-1*, *P-L-6*, *P-L-9*, *P-L-10*, *P-L-12* (de 6.000 à 15.000 mètres cubes) et 2 petits aéronats, le *Clouth* et le *Suchart*, ces deux derniers n'ayant pas de valeur militaire.

Le total de la flotte aérienne allemande est donc de 25 dirigeables, parmi lesquels 17 aéronats de plus de 6.000 mètres cubes et dotés d'une vitesse de 50 à 80 kilomètres à l'heure.

En France, 13 ballons seulement répondent à ces conditions.

Mais les 17 croiseurs allemands sont très supérieurs en vitesse et en volume aux dirigeables français.

Les aéronats allemands de 1912 cubent 20.000 mètres et filent 78 kilomètres.

Les ballons français de 1912 cubent 9.000 mètres et filent 55 kilomètres.

Seuls, les dirigeables allemands ont 3 mitrailleuses, dont une au moins au sommet de la carcasse. Ils sont en outre munis de lance-bombes.

Comme on le voit, la comparaison est, de toute manière, à notre détriment.

Répartition des troupes d'aéronautique.

AVIATION.

Il y a quatre bataillons d'aviation, ainsi répartis :

Deux compagnies à Dœberitz;

Une compagnie à Zeithain;

Une compagnie à Posen;

Une compagnie à Graudenz;

Une compagnie à Kœnigsberg;

Une compagnie à Cologne;

Une compagnie à Hanovre;

Une compagnie à Darmstadt;

Une compagnie à Strasbourg;

Une compagnie à Metz;

Une compagnie à Fribourg-en-Brisgau.

AÉROSTATION.

Il y a cinq bataillons d'aérostiers, ainsi répartis

Un bataillon et une compagnie à Johannisthal;

Une compagnie à Hanovre;

Une compagnie à Dresde;

Une compagnie à Cologne;

Une compagnie à Dusseldorf ;

Une compagnie à Friedrichshaven ;

Une compagnie à Darmstadt ;

Une compagnie à Mannheim ;

Une compagnie à Metz ;

Une compagnie à Lahr ;

Une compagnie à Kœnigsberg ;

Une compagnie à Graudenz ;

Une compagnie à Scheidemueht.

Matériel.

AÉROSTATION.

Voici maintenant la liste des ballons allemands au début de cette année, ainsi que leur affectation :

1) *Zeppelin III* (14.000 mètres cubes), au génie, à Metz.

2) *Zeppelin IV* (16.000 mètres cubes), au génie, à Cologne.

3) *Parseval 1* (3.300 mètres cubes), au génie, à Metz.

4) *Parseval II* (4.500 mètres cubes), au génie, à Cologne.

5) *Parseval III* (3.300 mètres cubes), à l'Aéro-Club impérial.

6) *Parseval VI* (7.000 mètres cubes), dirigeable de publicité.

7) *Parseval VIII* (5.600 mètres cubes), dirigeable particulier.

8) *Parseval IX* (7.500 mètres cubes), dirigeable particulier.

9) *Parseval X* (1.500 mètres cubes), dirigeable particulier.

10) *Parseval XI* (1.500 mètres cubes), dirigeable particulier.

11) *Parseval XII* (10.000 mètres cubes), au génie, à Berlin.

12) *Parseval XIII* (10.000 mètres cubes), au génie, à Metz.

13) *Militaire III* (type créé par le major Gross) (6.000 mètres cubes), au génie, à Berlin.

14) *Militaire IV* (Gross) (6.000 mètres cubes), au génie, à Berlin.

15) *Militaire V* (Gross) (6.000 mètres cubes), au génie, à Berlin.

16) *Militaire VI* (Gross) (6.000 mètres cubes), au génie, à Berlin.

17) *Clouth* (1.800 mètres cubes), dirigeable particulier.

18) *Siemens-Schuckert* (15.000 mètres cubes), près Berlin.

19) *Forsmann* (600 mètres cubes), à Augsbourg.

20) *Steffen* (900 mètres cubes), à Kiel.

21) *Schwaben* (zeppelin de 18.000 mètres cubes), à Frankfürt ou à Oos, près Baden-Baden.

Cet aéronat a transporté, en cent jours, 2.053 personnes et parcouru 12.460 kilomètres.

22) *Ruthenberg I* (1.500 mètres cubes), à Berlin.

23) *Ruthenberg II* (1.500 mètres cubes), à Berlin.

24) *Ruthenberg III* (1.500 mètres cubes), à Berlin.

25) *Schutte-Lanz* (16.000 mètres cubes), à Mannheim.

26) *Vech*, à München.

27) *Suchard* (7.500 mètres cubes), à Kiel.

28) *L-Z-IX* (zeppelin de 16.000 mètres cubes), Dusseldorf.

Cet aéronat a 132 mètres de long et possède 3 moteurs de 150 chevaux. Il a tenu l'air vingt heures, accomplissant 1.400 kilomètres sans escale.

Tous les croiseurs de ce type peuvent en faire autant, et il ne s'agit pas là de performances sensationnelles qui font crier au miracle, comme lorsqu'un aviateur accomplit, chez nous, 1.000 kilomètres sans escale.

29) *Militaire II* (gross de 6.500 mètres cubes), au génie de Cologne.

30) Le *Deutschland*, de 19.000 mètres cubes. Ce dreadnought de l'air a 146 mètres de longueur et 14 mètres de largeur. Il emporte aisément, à la vitesse de 75 kilomètres à l'heure, 30 personnes et 1.000 kilogrammes de lest.

31 à 40) Dix unités de 26.000 mètres cubes, en construction.

Au mois d'octobre 1913, l'Allemagne disposera donc de 40 aéronats, et la France n'en aura que 13 anciens et 5 nouveaux, soit 18.

Mais il faut remarquer que le ballon français a 9.000 mètres cubes en moyenne et file 55 kilomètres à l'heure, tandis que le ballon allemand a 20.000 mètres cubes et file 75 kilomètres !

Ceci montre d'une façon péremptoire, et notre faiblesse en ce qui concerne les croiseurs aériens, et l'importance de l'effort à accomplir pour rattraper l'avance colossale qu'a prise l'Allemagne.

Essai de notation de la puissance aérienne.

On a proposé, pour avoir une idée assez exacte de la valeur de la flotte aérienne d'un pays, d'affecter les aéronefs des coefficients suivants :

1 point par 1.000 mètres cubes pour les dirigeables;
1 point pour les avions monoplaces;
2 points pour les aéroplanes polyplaces.

Dans ces conditions, et en nous référant à ce qui a été dit plus haut, on trouve qu'au mois d'octobre 1913 :

a) *L'Allemagne*, ayant 40 aéronats de 20:000 mètres cubes en moyenne, aura droit à 800 points, plus 300 points pour 150 avions multiplaces et 150 points pour 150 avions monoplaces.

Soit un total de 1.250 points.

b) *La France*, ayant 18 aéronats de 9.000 mètres cubes en moyenne, aura droit à 162 points, plus 500 points pour 250 avions multiplaces et 250 points pour 250 avions monoplaces.

Soit un total de 912 points.

Ajoutons qu'il y a lieu de faire de sérieuses réserves sur cette façon par trop simpliste d'apprécier la puissance aérienne d'un pays.

Hangars.

L'Allemagne possède 25 hangars, qui, presque tous, peuvent contenir plusieurs dirigeables. Tous ont des usines d'hydrogène.

Les principaux hangars sont à Dusseldorf, Cologne, Lüchlingen, Mannheim, Baden-Baden, Metz, Strasbourg, Berlin, Kiel, Kœnigsberg, Francfort.

Ecoles d'aérostation pour le personnel mécanicien.

La ligue aérienne allemande a créé à Adlershof, à proximité des aérodromes de Johannisthal, une école d'aérostation pour préparer le personnel de mécaniciens, chauffeurs, monteurs nécessaires aux dirigeables.

Les cours durent cinq trimestres et sont dirigés par le lieutenant Neumann.

Monoplan *Etrich* (taube) qui a permis à l'aviateur allemand Stauffer de parcourir 2.200 kilomètres en 24 heures.

Les candidats doivent sortir d'une école des arts et métiers, avoir déjà deux ans de pratique dans leur métier et être âgés de moins de 24 ans.

MANŒUVRES AÉRIENNES ALLEMANDES

C'est aux grandes manœuvres de 1911 que l'état-major allemand commença à utiliser réellement ses sections d'aviation.

En septembre 1911, le parti Nord (rouge) se composait de deux armées supposées et d'une réelle, placée sous les ordres du prince Léopold de Prusse.

Cette armée, dite IIIᵉ armée, comprenait le 2ᵉ et le 9ᵉ corps, ainsi que la 18ᵉ brigade de cavalerie.

La IIIᵉ armée, qui était supposée venir de Stralsund, sur la Baltique, devait se porter vers le sud.

Le parti Sud (bleu) était représenté (outre les armées supposées) par la Iʳᵉ armée, commandée par le maréchal von der Goltz, et composée du corps de la garde et d'un 20ᵉ corps provisoire.

Le parti rouge avait 12 batteries de plus et 7 escadrons de moins que le parti bleu.

Chaque parti possédait un dirigeable, quatre aéroplanes et quelques canons destinés à tirer sur les aéronefs.

Le 10 septembre au soir, les gros du parti rouge sont autour d'Anklam et de Treptow. La cavalerie de ce parti menace le flanc gauche ennemi.

La 41ᵉ division bleue, au contraire, très dispersée sur la Dutze et le Landgraben, ne peut compter que sur l'appui de la division de cavalerie de la garde, arrivée à Strasbourg le 10 au soir.

Le quartier général rouge (prince Frédéric-Léopold) est à Jarmen ; les hangars d'aviation sont à Gültz.

Le quartier général bleu (maréchal von der Goltz) est à Angermünde ; les hangars, à Prenzlau.

Le lieutenant Mackenthun passa la nuit du 10 au 11 à Friedland, où son appareil fut garé sous une tente. Le 11, à 6 h. 45, le lieutenant Mackenthun prit son vol, emmenant le lieutenant Roneberg comme observateur.

L'aéroplane arriva de bonne heure au-dessus de l'ennemi, distant de 45 kilomètres, et les aviateurs purent déterminer le front et la gauche des avant-postes du 9e corps et la formation derrière eux de 3 colonnes.

A l'atterrissage, à Wolfshagen, Mackenthun éprouva une petite avarie.

Pendant ce temps, le ballon *M-2* (type Gross) agissait à l'aile est et reconnaissait la colonne du 2e corps. Il avertissait aussitôt le quartier général d'Angermünde par T. S. F.

L'équipe Mackenthun-Roneberg avait donc décelé le danger que courait la gauche du parti bleu, menacée par le 9e corps, disposé sur trois colonnes.

Le maréchal von der Goltz avait donc habilement manœuvré en envoyant, dès le 10 au soir, un avion à Friedland, ce qui faisait gagner à l'appareil le trajet Prezlau-Friedland.

Cet exemple montre l'importance qu'il y a à doter les troupes de couverture de nombreux avions à portée immédiate.

Au parti rouge, les aéroplanes avaient signalé que les « bleus » occupaient faiblement les passages du Landgraben, entre Brünn et Neddemin.

Grandes manœuvres de 1912.

Le principal parc d'aviation avait été installé à Sonnewalde; un autre parc existait à Oschatz.

Le 10 septembre, 3 aéroplanes Taube, du parti rouge (Sonnewalde), vont reconnaître Leisnig et Oschatz. Le lieutenant Siebert tombe et se tue : son passager est blessé.

Le 12 septembre, en faisant une reconnaissance aux environs du bois de Polm, les capitaines von Rundstadt et Hofer se blessent grièvement.

Bref, le 23 septembre, des chutes moins graves et des pannes s'étant produites, il ne reste plus qu'un avion dans chaque camp.

Par contre, le *Zeppelin* et le *Parseval*, affectés chacun à un parti (bleu et rouge), ont fait des sorties très réussies.

On peut dire que, du 11 au 17 septembre, c'est-à-dire pendant la durée des manœuvres, eux seuls ont renseigné constamment (par T. S. F.) leur armée sur les mouvements de l'ennemi.

Préparation des manœuvres de 1913.

Le premier jour des manœuvres, en Prusse rhénane, a été marqué par un terrible accident d'aéroplane.

Deux officiers montant un *taube* ont eu leur avion jeté au sol par un remous et ont tué ou blessé 15 personnes dans leur chute. Eux-mêmes ont eu seulement de légères contusions.

La veille, 11 septembre, aux manœuvres navales, le grand aéronat marin *L-1*, de 20.000 mètres cubes, a subi une effroyable tempête de neige et, étant beaucoup trop chargé (28 passagers avaient été pris), n'a pu disposer d'assez de lest pour enrayer la terrible vitesse verticale de 20 mètres causée par l'alourdissement dû à la neige.

Ce magnifique aéronat, qui, parti d'Hambourg, était allé surveiller les mouvements d'une flotte menaçant l'île d'Héligoland, a été précipité dans les flots, et 15 personnes ont péri.

Disons d'ailleurs que, dès le lendemain, les Allemands, dont la ténacité est admirable, faisaient partir pour un grand raid (du lac de Constance à la mer) le *L-2*, autre dirigeable marin nouvellement construit.

Cet aéronat a 160 mètres de long, jauge 20.000 mètres

cubes, est propulsé par deux moteurs de 300 chevaux et peut donner 80 kilomètres à l'heure par temps calme.

Il est en outre armé de 2 mitrailleuses et muni d'un poste de T. S. F. portant à 500 kilomètres.

On voit donc que les Allemands *n'ont pas tous leurs ballons anéantis*, comme se plaît à le répéter une certaine presse en France.

Il est même extraordinaire que plus il y a d'accidents et plus la flotte aérienne teutonne devient importante! Cela tient à ce que l'industrie aérostatique a une telle vitalité chez nos voisins qu'elle peut fournir *plus de ballons qu'il ne s'en perd*.

Il est donc faux et dangereux de croire que l'aérostation militaire allemande n'existe plus. En temps de guerre, nous pourrions nous apercevoir que, malgré les accidents, la flotte aérienne de nos adversaires est très puissante et très redoutable (1). En dépit des catastrophes, nous le répétons, *elle s'accroît de jour en jour*. Cette année, il y a 25 croiseurs aériens de réelle valeur militaire. L'an dernier, il y en avait moins de 20. En outre, plusieurs ballons que nous croyions anéantis ont été réparés, et ce ne sont certes pas les journaux allemands, très discrets en ce qui concerne les questions de défense nationale, qui nous en donnèrent la liste! Nous pouvons être certains que les chiffres officiels donnés par les Allemands, en ce qui concerne l'importance de leur matériel aéronautique, sont toujours au-dessous de la vérité. C'est là un reproche qu'on ne saurait nous faire à nous autres Français.

L'accident du *L-1* prouve qu'il faut savoir prendre certaines précautions dans le maniement des rigides. Mais il ne prouve nullement que le rigide est un mauvais ballon militaire.

---

(1) Ce chapitre a été écrit un an avant la guerre.

La preuve en a été fournie par le *L-2*, magnifique aéronat de 27.000 mètres cubes et de 740 HP, qui a accompli, huit ours après la catastrophe, le trajet de Johannisthal à Berlin (700 kilomètres) à une vitesse de 70 à l'heure.

La plupart des journaux français, qui avaient consacré plusieurs colonnes au récit de l'accident du *L-1*, ont à peu près passé sous silence la performance du *L-2*. Nous protesons contre cette attitude, qui empêche le public français de juger en toute connaissance de cause ce que font nos voisins dans le domaine aéronautique.

Les manœuvres de 1913 en Allemagne.

Ces manœuvres ont eu lieu en Silésie, au sud-ouest de Breslau. Chaque parti disposait de 1 dirigeable et 18 avions.

Le parti rouge avait le *Z-IV*, venu de Kœnigsberg, et 3 escadrilles.

Le dirigeable avait son parc à Posen, à 225 kilomètres du centre des opérations. Les escadrilles étaient au nombre de 3. Deux d'entre elles comprenaient 8 avions, et la troisième 4 appareils.

Parmi les 18 avions, 10 étaient des biplans et 8 des monoplans. Les chefs d'escadrilles étaient les capitaines Wagenfishr, von Poser, von Œrtzen.

Le parti bleu disposait du dirigeable *Z-1*, venu de Gotha et stationné à Liegnitz, à 150 kilomètres du quartier général.

Les escadrilles, également au nombre de 3, comprenaient en tout 18 avions. 8 appareils étaient biplans et les 10 autres monoplans. Deux escadrilles comprenaient chacune 8 avions et la troisième 4 appareils. Les biplans appartenaient aux marques *Albatros*, *Aviatik*, *L-V-G*.

Les monoplans étaient des *Tauben*, *Rumpler*, *Albatros*, *Jeannin*.

Les moteurs étaient des Mercédès et des Argus. Les

biplans *L-V-G*, au nombre de 8, formaient une escadrille attachée à une station fixe.

Les 5 autres escadrilles étaient des échelons volants.

Un chariot à quatre roues, remorqué par un tracteur automobile de trois tonnes, portait la tente-abri, l'essence, l'huile et les rechanges nécessaires au logement ou à l'entretien de l'appareil.

Chaque avion disposait donc d'un chariot spécial permettant le campement rapide en tel ou tel point désigné par le commandement des services aéronautiques.

Ç'est là une organisation parfaite et qu'on ne saurait trop admirer.

Nous sommes encore très loin, en France, de posséder le nombre de camions automobiles nécessaires au fonctionnement d'un système d'échelons volants aussi perfectionné.

Chacune des escadrilles volantes possédait en outre un camion-atelier « Büssing », contenant des pièces de rechange, des moteurs, un appareil de soudure autogène, un tour et une perceuse.

Dans le parti bleu comme dans le parti rouge, l'escadrille de 4 avions était affectée à l'artillerie et, disposant des camions les plus rapides, était la plus mobile.

Les aviateurs ont montré une grande activité, et beaucoup d'entre eux ont fait 2 et 3 reconnaissances par jour.

Les canons contre aéronefs n'ont pas fonctionné avec moins d'ardeur, et, si ces engins avaient été chargés, plusieurs appareils qui volaient à une altitude insuffisante n'auraient pas tardé à tomber.

Le zeppelin *Z-IV* fit une belle reconnaissance, le premier jour des manœuvres, et se tint à bonne hauteur (1.500 mètres).

Le *Z-1* du parti bleu lança de nombreuses bombes sur le centre d'aviation rouge, qui eût certainement été détruit si les projectiles avaient été de véritables bombes de combat et non de faux projectiles d'exercice.

Poursuivi par une escadrille d'avions, le *Z-1* se cacha dans les nuages, manœuvre très intéressante à noter. Les aéroplanes furent dépistés, ou peut-être n'osèrent-ils pas s'aventurer dans les nuées épaisses à cause des violents remous qui s'y trouvent et à cause de la difficulté pour l'aviateur de maintenir sa stabilité et sa route, alors qu'il ne dispose d'aucun repère.

Le *Z-IV* et le *Z-I* n'ont cessé, pendant les manœuvres, de tenir leur chef de parti au courant de leurs observations, grâce à leurs postes de T. S. F., dont le fonctionnement fut parfait.

ANGLETERRE

Le major Bannermann affirmait, dans un article sensationnel publié par l'*United service magazine*, en décembre 1911, que toutes les armées modernes devaient posséder à la fois des aéroplanes et des dirigeables.

Le major assigne aux aéronefs un double but : effectuer des reconnaissances et observer les effets du feu.

Cette étude eut un grand succès en Angleterre, et comme ce pays ne possédait pas à ce moment-là de centres d'aviation exclusivement militaires, le gouvernement britannique, sentant la nécessité d'un effort aéronautique sérieux, décida de créer l'importante réserve de l' « Army Air Battalion ».

Cette organisation a l'avantage de ne pas distraire de leur service un trop grand nombre d'officiers, tout en leur permettant de s'entraîner à la conduite des aéronefs et à leur utilisation militaire, *sans que l'Etat ait à se préoccuper* de fournir des avions d'école, des hangars, des instructeurs, etc., et *sans que les officiers aient à faire des dépenses personnelles* pour leur entraînement.

Quand on voit les millions que l'aéronautique militaire dépense chaque année, en France, pour former des pilotes, on se demande si le système anglais ne devrait pas être appliqué chez nous, au moins en grande partie.

Voici par quel procédé très simple les Anglais se sont affranchis de la nécessité d'avoir à multiplier leurs écoles d'aviation en proportion de l'importance croissante du personnel :

Les officiers de l'armée régulière anglaise qui remplissent certaines conditions sont affectés, *en cas de mobilisation*, à des travaux aéronautiques militaires.

Les candidats doivent avoir plus de deux ans de service, être bien notés et avoir une santé excellente.

Autant que possible, on choisit les candidats célibataires.

Les officiers n'obtiennent une lettre de mobilisation pour l' « Army Air Battalion » qu'après avoir passé le brevet de pilote *à leurs frais*.

Cette mesure n'a rien d'antidémocratique, car une expérience de dix-huit mois prouve qu'un grand nombre d'officiers ont fait aisément des « combinaisons » avec les constructeurs, et n'ont en réalité rien déboursé pour leur instruction.

En effet, le War-Office verse une prime de 1.975 francs à chaque officier pourvu du brevet. Dans ces conditions, plusieurs constructeurs ont trouvé qu'il était de leur intérêt d'instruire gratuitement les militaires désireux d'entrer dans l'aéronautique et de toucher la prime à leur place, par une délégation en bonne et due forme.

Ce système pourrait, croyons-nous, être avantageusement appliqué en France et cela permettrait d'augmenter l'importance du personnel et du matériel destinés exclusivement à la navigation aérienne militaire (service des escadrilles).

D'importantes réformes pourraient être accomplies grâce aux crédits rendus disponibles par la suppression ou tout au moins la diminution des appareils, instructeurs, hangars, etc., pour débutants.

L'armée prendrait des pilotes déjà brevetés et les entraînerait simplement aux épreuves supérieures militaires.

Il en est ainsi en Angleterre.

Les officiers aviateurs acceptés par le War-Office sont obligés d'accomplir chaque année une épreuve spéciale réglée par le commandant de l' « Air Battalion ».

Quelques-uns d'entre eux sont spécialisés, *dès le temps de paix*, à des essais aéronautiques et distraits de tout autre service.

Les autres officiers aviateurs restent dans leurs corps et sont convoqués pour les manœuvres de l' « Air Battalion ».

Expériences du temps de paix.

En février 1912, l'Angleterre possédait 17 avions.

12 d'entre eux, de marques non connues, n'ont pas grande valeur. Ces aéroplanes manquent de vitesse et de stabilité.

Par contre, les pilotes en service actif à l' « Air Battalion » disposaient d'un Bristol, un Deperdussin, un Nieuport, un Blériot et un Bréguet qui leur donnaient toute satisfaction.

Le quartier général de l' « Air Battalion » est à « *Salisbury-plain Fornborough* ».

C'est là que les capitaines Fulton et Burtte et les lieutenants Barrington, Rennet, Hynes, Reynolds, Conner s'entraînent aux reconnaissances aériennes depuis deux ans.

Il y avait, dès 1912, une trentaine d'autres officiers en service actif à l'aéronautique, mais ils n'ont pas encore fait leurs preuves comme ceux dont nous mentionnons les noms.

On prétend même que, parmi ces trente officiers, plusieurs n'ont pas le brevet de la Fédération aéronautique internationale et sont cependant incorporés dans *le service actif* de l' « Air Battalion », tandis que des pilotes éprouvés et même célèbres seraient conservés, malgré leurs demandes, dans la *réserve* aéronautique, service dont nous avons parlé plus haut.

Il y aurait donc, dans l' « Air Battalion », des questions de favoritisme qu'on rencontre inévitablement dans toutes les organisations à leur début.

Les plus méritants n'ont pas toujours la place qui leur revient, et cela tient souvent à des motifs de jalousie.

Les crédits alloués à l'aéronautique anglaise en 1912 ont été de 3.400.000 francs.

Une grande partie de cette somme, qui aurait pu plus judicieusement être affectée à l'achat de bons appareils français, a été allouée à la manufacture aéronautique de Farnborough, qui a construit un hangar à dirigeables et quelques avions d'essais, qui ont donné des résultats médiocres.

Au début de 1913, l' « Air Battalion » a admis 60 aviateurs nouveaux et commandé 25 appareils à Deperdussin, Farman, Nieuport, Bristol, Roc, Howard-Flanders.

Bien que les crédits de 1913 ne soient pas encore très élevés, on compte avoir, à la fin de cette année, une section de dirigeables et sept sections d'avions comprenant chacune 12 appareils.

Ecoles.

Le colonel Seely, sous-secrétaire d'Etat au War-Office, a fait paraître un règlement portant organisation du centre d'aviation de Salisbury.

Ce centre sera désormais entretenu à frais communs par la guerre et la marine.

Les officiers admis dans l' « Air Battalion » sans brevet acquerront à Salisbury le diplôme de pilote. Les aviateurs brevetés seront ensuite versés dans les escadrilles.

Les pilotes civils pourront également être incorporés, dans une certaine proportion, dans les échelons volants.

Ils recevront dans ce cas une lettre de service et toucheront, comme les aviateurs militaires, une indemnité annuelle de 18.750 francs.

Au bout de quatre ans de service actif, les officiers (ou civils) des échelons volants sont versés dans la réserve de l' « Air Battalion ».

La première réserve, *qui participe aux manœuvres les plus*

importantes, ne comprend que des pilotes ayant volé neuf heures (dont une heure au moins à travers la campagne), pendant le trimestre précédent.

Tout aviateur de la *première réserve* qui cesse de s'entrainer est classé d'office dans la *deuxième réserve*. Celle-ci n'est appelée qu'en temps de guerre.

Le centre de Salisbury sera le siège d'un comité technique chargé d'étudier les perfectionnements à apporter aux appareils.

Au War-Office, le colonel Seely a constitué un *Comité de l'Air*, rattaché au comité de défense impériale et chargé d'étudier toute les questions d'aviation se rapportant à la guerre ou à la marine.

Cours théoriques.

Si le War-Office préfère voir ses pilotes d'avions faire leur apprentissage dans les écoles civiles plutôt qu'à ses frais (exception faite, nous l'avons dit, pour quelques privilégiés), il n'en est pas de même en ce qui concerne les cours théoriques, qu'on ne peut évidemment organiser d'une façon satisfaisante que dans les écoles militaires.

C'est ainsi qu'à Salisbury il y a trois cours par an. Chaque cours dure trois mois.

On y enseigne :

1º Les connaissances générales de mécanique et les éléments de construction aéronautique ;

2º La météorologie ;

3º L'emploi de la boussole, les théories de la régulation et de la compensation ;

4º L'observation aérienne ;

5º La photographie à bord des aéronefs ;

6º Les diverses méthodes de signalisation ;

7º L'étude des navires de guerre de toutes les nations. Cette dernière partie est particulièrement importante pour les aviateurs militaires anglais.

En effet, ceux-ci doivent s'engager à accepter de voler dans *n'importe quelle colonie anglaise*.

Ils peuvent donc, en temps de guerre, avoir à défendre un territoire anglais bloqué par une escadre ennemie, et ils doivent être en mesure de rapporter de leurs reconnaissances aériennes tous les renseignements nécessaires.

Service des escadrilles.

L'entraînement, dans les 7 escadrilles anglaises, portera plus particulièrement sur les exercices suivants :

a) Reconnaissances ;
b) Chasse aux engins ennemis ;
c) Communication entre les divers corps ;
d) Observation du tir de l'artillerie ;
e) Destructions chez l'ennemi.

Chaque escadrille comprendra, comme nous l'avons dit, 12 appareils.

Il sera prévu deux pilotes par avion, à savoir un officier et un sous-officier.

En admettant une proportion de 100 p. 100 de remplaçants dans la première réserve, on arrive à un total de 182 officiers et 182 sous-officiers nécessaires à l' « Air Battalion », qui possède à peine, à l'heure actuelle, un quart de cet effectif.

Commandement.

L'école centrale d'aviation militaire anglaise a comme directeur le commandant Taine, de la marine, et comme sous-directeur le capitaine Cook, du génie. On voit que l'aviation n'est la propriété d'aucune arme, mais que toutes concourent à ce service.

Défense contre les aéronefs.

Cette question passionne les Anglais qui redoutent, non sans quelque raison, de voir, en temps de guerre, les flottilles aériennes ennemies venir bombarder leur ile (1).

On sait que les Britanniques ont violemment protesté contre les incursions des dirigeables allemands au-dessus de la Tamise en février et mars 1913, et l'on sait aussi que, malgré tous les démentis officiels, ces incursions s'étaient bien réellement produites.

En effet, à cette époque-là, la maison Zeppelin présentait au gouvernement allemand des croiseurs aériens qui devaient, lors de leurs essais, accomplir 1.500 kilomètres sans escale, et l'on sait que la distance d'Hambourg (le grand centre aéro-marin de l'Allemagne) à Londres n'est que de 700 kilomètres.

Comme, pendant les mois de février et mars 1913, l'Angleterre ni la France n'avaient aucun aéronat gonflé capable de faire de grands voyages, il n'y a pas de doute, à notre avis, sur la nationalité des immenses vaisseaux aériens aperçus à la tombée du jour par des milliers d'Anglais, qui ne peuvent avoir été tous victimes d'une hallucination.

Les Anglais chargent donc leurs services aéronautiques de rechercher, avec l'aide des spécialistes, un canon capable de détruire les aéronefs, et cela à de grandes distances.

En août 1912, la maison Vickers a inventé un canon à tir rapide qu'on peut installer, soit à terre, soit à bord des dirigeables et aéroplanes. On a installé plusieurs de ces engins sur la côte de Cumberland, et on les essaie, avec grand succès, parait-il, sur des cerfs-volants ou des ballons.

---

(1) L'expérience de la guerre a vérifié durement cette hypothèse. (*Note de l'auteur.*)

L'appareil, extrêmement léger, a l'aspect d'un télescope et pèse à peine 50 kilogrammes.

Le 10 novembre 1912, de très intéressantes expériences de mitrailleuse aérienne ont eu lieu au parc d'aviation du « Royal Flying Corps », à Aldershot.

La mitrailleuse était montée sur l'avion militaire *B-E* et le tir était dirigé contre une cible placée sur le sol.

Les résultats ont été tenus secrets.

Répartition des escadrilles.

Nous avons dit que le War-Office avait décidé la création, pour la fin de cette année, de 7 escadrilles.

Chacune d'elles comprendra 12 appareils qui seront garés dans les centres suivants (sans compter les écoles) : Dublin-Bay, Belfast, Loil-Foyle, Galway-Bay, Berchaven, Queenstown-Harbor et Waterford-Bay.

Il y a déjà une escadrille à Furnborough, au quartier général du « Royal Flying Corps ». Une autre escadrille se trouve à Montrose.

Mais, pour réaliser ce grand développement aéronautique, il faut beaucoup d'argent, et le budget anglais de 1913 comprend pour l'aviation des dépenses inférieures à celui de 1912 !

Aussi le duc d'Argyll, lord Methuen, les amiraux sir E. R. Freemantte, lord Charles Beresford, ont envoyé au premier ministre un message à ce sujet.

Les signataires signalent l'avance prise par la France et l'Allemagne, et réclament comme indispensable une somme de 25 millions (un million de livres sterling) pour l'installation des aérodromes, des ateliers et des appareils.

Les rédacteurs du message déclarent que la *sécurité du pays* exige une action immédiate et efficace.

Le colonel Seely, à la suite de la campagne menée par cette ligue de spécialistes, a décidé, en effet, de demander au

Parlement 25 millions en plus des 10 millions figurant déjà pour l'aéronautique au budget de 1913. Le colonel escompte que ces crédits seront accordés et qu'il possédera, à la fin de cette année, 123 officiers pilotes et 1.000 hommes aptes au service de l'aéronautique.

Manœuvres aériennes.

Au mois de mars dernier, une escadrille de cinq aviateurs du centre de Farnborough a reçu l'ordre de se rendre en Ecosse par étapes militaires de 200 kilomètres.

L'escadrille se composait de trois Maurice Farman et deux biplans *B-E* (construction militaire anglaise).

Les pilotes étaient les capitaines Becke, Dawis, Longeroff, et les lieutenants Waldron et Herbert.

Le raid militaire a réussi admirablement.

Pendant tout le voyage, les observateurs ont recueilli des renseignements fort intéressants au point de vue militaire.

Aviation maritime.

Bien que cette question ait été traitée avec plus de détails dans mon ouvrage sur l'*Aéronautique navale*, il y a lieu d'en dire un mot ici.

Outre les aérodromes d'Eastchurch et de Wight, qui fonctionnent depuis de longs mois, il y a lieu de mentionner la création nouvelle des aéroparcs maritimes de :

L'ile de Grain, à l'embouchure de la Medway ;
Calshot, à l'embouchure de la rivière de Southampton ;
Yarmouth ;
Hurwich ;
Cleethorpen, à l'estuaire de l'Humber ;
Leven, à l'estuaire du Forth ;
Filey, près du cap Flamborough ;
Kirkwall, dans les iles Orcades.

Le nombre des officiers pilotes est actuellement de 75.

Le nombre des matelots spécialistes est de près de 300.

En France, nous n'avons que 15 pilotes, dont 7 seulement sont utilisés, sous prétexte qu'au début la marine ne veut employer que les *très bons*.

Si l'Amirauté anglaise opérait ainsi, nous sommes en mesure d'affirmer qu'elle ne garderait, sur 75 pilotes, que *2* ou *3* aviateurs, qui, seuls, ont fait de grands raids.

Ce n'est certainement pas ce nombre minuscule de pilotes qui auraient fondé, en quelques mois, *huit aérodromes marins !*

Les qualités de conducteur ne sont d'ailleurs pas seules à considérer.

Les 3 pilotes hors ligne de l'Amirauté anglaise ne sont pas les 3 meilleurs techniciens.

Les qualités de culture scientifique, d'ingéniosité, voire même d'administration, ne sont pas à dédaigner.

Nul plus que moi n'est partisan d'une élimination sévère.

Mais encore faut-il laisser à l'aéronautique navale le temps de se fonder. Au début, on a besoin de toutes les compétences, surtout lorsque le nombre des spécialistes est très restreint, comme en France.

Une fois le service organisé sur des bases sérieuses et réellement militaires, il faut créer des épreuves sévères d'admission et d'élimination, mais il faut éviter de mettre la charrue avant les bœufs et de vouloir sélectionner le recrutement quand ce recrutement n'est même pas assuré. Rappelons que l'Amirauté anglaise a trois petits dirigeables, l'*Alpha*, le *Béta*, le *Gamma*, plus un *Parseval* de 8.500 mètres cubes, doué d'une vitesse de 75 kilomètres et ayant une véritable valeur militaire, et enfin un *Astra-Torrès* français, magnifique croiseur aérien de 9.000 mètres cubes, ayant battu le record de vitesse du dirigeable (83 kilomètres à l'heure).

RÉPUBLIQUE ARGENTINE

L'Aéro-Club argentin, dirigé par M. Jorge Newberry, a ouvert une souscription nationale pour la création de l'aviation militaire.

Les fonds recueillis ont permis d'acheter :

3 Blériot
1 Nieuport } monoplans.
1 Antoinette
1 Henry Farman (biplan).

Un aérodrome militaire a été ouvert à Palomar et le ministre de la guerre est venu l'inaugurer lui-même.

L'instruction des officiers a été confiée à l'aviateur don Castaibert, Argentin d'origine française.

L'Aéro-Club argentin a en outre fondé un parc aérostatique à Belgrano.

De nombreux officiers, et aussi des civils, y font des ascensions périodiques en ballon.

AUTRICHE-HONGRIE

Le corps de l'aéronautique (dirigeables et aéroplanes) a été créé en 1911 par le général baron Conrad, chef d'état-major général de l'armée.

Celui-ci a dû démissionner ensuite, car le gouvernement estimait que ses conceptions stratégiques menaçaient la paix européenne.

Cependant, la lecture des journaux autrichiens montre que cet officier général jouissait d'une grande sympathie et que l'activité qu'il déploya dans l'organisation de l'aéronautique militaire l'a rendu célèbre.

D'après les règlements élaborés par le baron Conrad, chaque corps d'armée austro-hongrois doit être muni d'un parc d'aviation comprenant quatre appareils.

Les officiers et les volontaires qui désirent être attachés à ces parcs doivent effectuer une épreuve de 160 kilomètres à 500 mètres de hauteur.

Cette distance doit être couverte dans la même journée.

C'est l'état-major qui a la haute main sur tous les services aéronautiques.

La direction des troupes des voies de communication, section de l'état-major, a un contrôle complet sur le détachement d'aérostiers, qui forme un corps à part.

Ce détachement est chargé :

1º De l'étude et de l'examen des progrès de la navigation aérienne ;

2º De l'instruction du personnel nécessaire et de la tenue des contrôles de ce personnel ;

3º De la commande, des essais et de la réception du matériel de navigation aérienne nécessaire à l'armée, et, en partie, de la fabrication de ce matériel et de l'entretien et de l'administration de ce matériel ;

4° De coopérer à l'élaboration des instructions réglementant la navigation aérienne ;

5° Du contrôle des ballons et aéroplanes militaires et civils ;

6° De la réunion des renseignements sur l'aéronautique à l'étranger.

Le corps d'aérostiers comprend : le commandement, la section d'instruction, la section technique.

Le commandant du détachement d'aérostiers est un officier supérieur. Il surveille tous les services et répartit le personnel suivant les aptitudes de chacun.

Deux officiers sont adjoints au commandant du corps. L'un de ces officiers tient les contrôles du personnel, et l'autre s'occupe du matériel (ballons et aéroplanes).

La section d'instruction s'occupe de l'entraînement du personnel. Elle se compose d'un cadre de ballonniers et d'un cadre d'aviateurs.

La section technique assure les commandes, l'entretien, l'administration et la comptabilité du matériel technique.

Pour chaque ballon ou avion, on établit, tant au détachement d'aérostiers que dans les détachements de place, un feuillet spécial.

Les parcs d'aviation envoient chaque année, au chef de corps, leurs feuillets, au début du mois de janvier.

Les officiers et les hommes de troupe du cadre de l'aéronautique sont recrutés parmi les troupes de toutes armes.

Les officiers portent tous au collet l'insigne des aérostiers.

Les réservistes proviennent des volontaires ou du cadre normal. Ils sont appelés au détachement d'aérostiers, pour des exercices, sur ordre du ministre.

Aucun soldat ne peut être affecté à l'aviation s'il n'a préalablement suivi, dans une garnison, l'instruction des jeunes recrues.

Manœuvres aériennes.

Dès le mois d'août 1911, les aviateurs militaires autri-chiens, munis d'une dizaine de monoplans Etrich ou Pis-choff (tous biplaces), commencèrent à faire d'importantes reconnaissances et à rendre les plus signalés services au moment des manœuvres.

Le 22 août, le lieutenant Blaschke, ayant le lieutenant Nittner comme passager, prit une part active aux manœu-vres de cavalerie effectuées entre la Save et la Drave.

L'officier aviateur, qui montait un Etrich biplace, partit de *Kaposvar*, où se trouvait le parc d'aviation du parti Nord, dont la mission consistait à franchir la Drave.

A 6 h. 20, le 22 août, l'équipe Blaschke-Nittner prend son vol.

A 6 h. 40, l'avion se trouve au-dessus de Velikopoljé-Pusta, localité située sur la Drave, à l'est de Barcs.

L'observateur note 12 bateaux franchissant la Drave.

A 6 h. 45, l'avion survole Drava-Tamassi et voit 6 à 8 bateaux en mouvement.

A 6 h. 52, les aviateurs observent 10 bateaux à l'est de Tot-Ujfalu.

A 7 h. 08, à Visnyca-Puszta, l'observateur découvre 20 voitures non attelées.

A 7 h. 43, le parc d'aéroplanes ennemi est aperçu à 2 ki-lomètres est de Spizic.

A 7 h. 45, un escadron de cavalerie, en marche sur Spizic et faisant tête à la lisière sud de Lozan, est découvert par l'avion.

A 7 h. 53, l'observateur aperçoit une compagnie d'infan-terie en marche de Gradac sur Lozan, et deux escadrons à Gradac.

La rivière était libre de navires entre Strugki et Barcs.

Le même jour, l'ingénieur Warchalowski, du parti Sud,

sortit avec un biplan très rapide et fit deux belles reconnaissances en partant de *Virovitica*, où se trouvait le parc du parti Nord. Il alla jusqu'au-dessus du parti ennemi reconnaître l'offensive du gros des troupes de cavalerie.

Ces reconnaissances étaient d'ailleurs simples et n'exigeaient pas une grande instruction tactique de la part des observateurs.

Il n'en est pas moins vrai que, le premier jour des manœuvres, une reconnaissance de 150 kilomètres fut accomplie par un vent de 15 mètres.

Le parcours suivi par le pilote von Blaschke et son passager, un capitaine d'état-major, fut le suivant :

Kaposvar (parc d'aviation), traversée aérienne de la Drave, exploration de la rive sud et de la région avoisinante, retour et atterrissage au quartier général d'Homok-Saint-Georgy.

Cette performance, accomplie dans des conditions de temps épouvantables, est égale aux meilleures reconnaissances de nos vaillants aviateurs militaires.

A noter la précision avec laquelle tout ce qui se trouvait sur le fleuve (Drave) a été relevé.

Cela corrobore bien l'opinion que nous ne cessons de soutenir depuis trois ans, à savoir que l'observation faite du haut des aéronefs donnera des résultats encore plus précieux sur terre que sur mer.

Manœuvres du 5ᵉ corps d'armée.

Voici d'abord le thème :

Le parti rouge investit la place de Komorn qui appartient au parti bleu.

Une armée bleue est *supposée* en marche pour délivrer la place. Une division d'infanterie (la 37ᵉ) est *réellement* en marche de Budapest sur Gran et s'efforce de passer le Danube.

La 33e division d'infanterie (rouge), placée à 25 kilomè·
tres au nord de Gran, à Szalnock, s'oppose au mouvement
de la 37e division bleue.

Le parti bleu dispose à Komorn de :

Un dirigeable Parseval ;

Un biplan Farman à deux places, piloté par l'ingénieur
Warchalowski ;

Un Etrich monoplace, piloté par l'ingénieur Illner ;

Un monoplan Pïschoff biplace, piloté par l'ingénieur
Szekely.

Ces aviateurs mirent en relief, pour la première fois au
monde, les services que peuvent rendre les avions à une
place investie, en établissant une liaison permanente entre
la place et l'armée de secours, et en leur permettant d'agir
de connivence contre l'ennemi assaillant.

Le parti rouge disposait, au nord de Gran, de quatre
monoplans Etrich biplaces. Les pilotes étaient le capitaine
Umlauff et les lieutenants Blaschke, Miller et Stohanzi.

Le 3 septembre 1911, à 18 heures, les avions rouges furent
envoyés, les uns sur la ligne Gran, Kost, Pilisvorosvar,
Pomaz, et les autres sur la ligne Leanyvar, Tinnye, Perbal,
Scambey, Bayno.

Le lieutenant von Blaschke traversa à 1.000 mètres la
chaîne boisée du Pilisberg, passa au-dessus de Gran, puis,
se dirigeant vers l'est, explora la chaussée de Pilis-Czaba
et alla jusqu'à Budapest, afin de voir si des forces du parti
bleu s'avançaient de ce côté.

Blaschke accomplit son retour au clair de lune, la nuit
étant tombée. Il termina heureusement sa magnifique reconnaissance de 180 kilomètres et put déterminer avec exacti-
tude le gros du parti bleu et ses avant-postes.

Les autres pilotes firent des reconnaissances dans l'ouest
et explorèrent les environs de Kirva et Perball.

Le 4 septembre, le dirigeable bleu sortit de Komorn et se
dirigea sur Gran à l'altitude de 600 mètres.

L'avion rouge du capitaine von Umlauff passa au-dessus de l'aéronat (qui, en temps de guerre, aurait volé beaucoup plus haut) et alla reconnaître la division bleue.

Trois autres reconnaissances furent faites par les rouges ce jour-là.

Le 5 septembre, le lieutenant Stohanzi, emmenant un officier d'état-major, survola Nana, Gran, Kecztolcz, Kirva, Uny, Dorog, et revint sur Nana, après avoir observé que les hauteurs de Kecztolcz et Kirva étaient libres de troupes bleues.

Les autres avions rouges furent détachés par le commandement pour repérer exactement la ligne des tirailleurs et le gros de leur propre parti. Ils trouvèrent leur gros à Zolnok et déterminèrent de la façon la plus précise les positions demandées.

Du côté des bleus, il y a lieu de citer principalement la reconnaissance faite par l'ingénieur *Székely*, sur biplace Pischoff.

L'excellent pilote descendit le Danube et reconnut, vers Gran, la disposition des forces ennemies. Il atterrit alors à Pilis-Czaba, tout près de l'état-major de la 37e division d'infanterie bleue, et communiqua un véritable plan de la répartition des troupes rouges. Il fut vivement félicité par le général.

BELGIQUE

Le général Hellebaut, alors ministre de la guerre en Belgique, eut le mérite de reconnaître dès 1910, même avant les manœuvres françaises de Picardie, combien les aéroplanes seraient de précieux auxiliaires pour l'état-major et aussi pour les batteries d'artillerie, en temps de guerre.

Le général Hellebaut avait vu voler le chevalier de Lanusine à l'aérodrome de Kiewit et lui avait demandé de rapporter quelques renseignements, que l'aviateur obtint avec la plus grande facilité.

Le ministre choisit alors le lieutenant Nelis pour piloter le premier biplan de l'armée : c'était un Henry Farman, biplace, type militaire français.

Nelis alla faire son apprentissage en France, au camp de Châlons. Puis il rentra en Belgique, et, après avoir volé à Kiewit, il fut appelé, avec le commandant Mathieu et le lieutenant Lebon, à créer l'école d'aviation militaire de Brasschaët, qui s'ouvrit le 1er mai 1911.

Ce centre d'aviation, qui est au moins égal à nos meilleures écoles de pilotage françaises, a commencé par prendre 12 élèves.

Ce sont les lieutenants Sarteel, Rochet et Demanet, de l'artillerie; Moulin et Deschamps, du génie; Bronne, de la cavalerie; Soumoy, Stellingwerff, Van Loo, Wahis, Shmit et Hagemans, de l'infanterie.

Ces officiers sont tous brevetés aujourd'hui.

Outre les cours pratiques de pilotage, il y a, à l'école de Brasschaët, des cours très importants de *tactique* et *d'application militaires de l'aéroplane*, professés par le lieutenant de cavalerie Dhanis.

La Belgique est, comme on le sait, le pays de l'ordre et

de l'organisation méthodique. C'est en outre un pays sportif.

Ces qualités devaient assurer à nos voisins une réussite complète dans la création de leur service d'aéronautique militaire.

Aussi, nous le répétons, l'école d'aviation de Brasschaët est au moins égale à tous points de vue (pour ne pas dire supérieure) à nos centres àéronautiques les mieux outillés de France.

Le gouvernement s'ingénie d'ailleurs à faire appel à toutes les personnes susceptibles de rendre des services à l'organisation nouvelle.

C'est ainsi qu'au mois de mai 1913, le roi a signé un décret affectant à chaque escadrille d'aéroplanes *six civils militarisés*, choisis parmi les ingénieurs ou mécaniciens les plus compétents en matière aéronautique.

Les principaux vols effectués à l'école de Brasschaët sont les suivants :

Anvers-Liège et retour, par les lieutenants Nelis et Lebon, ayant comme passagers les lieutenants Dhanis et Sarleel. Ce raid, effectué par vent dépassant 10 mètres, représente un trajet de 250 kilomètres.

Brasschaët-Anvers-Lierre et retour, soit 100 kilomètres, vol de 2 h. 40, contrarié par le vent. Le lieutenant Nelis était pilote.

Cours.

L'enseignement se divise en cours théoriques, cours pratiques et exercices variés.

Les cours théoriques comprennent :

1° La météorologie ;

2° La méthode d'orientation en aéroplane ;

3° Moteurs d'aviation ;

4° Description et montage des aéroplanes ;

5º Applications militaires de l'avion, reconnaissance, observation, notions de tactique aérienne.

Chaque cours comprend une quinzaine de leçons d'une heure. De nombreuses projections lumineuses permettent au maître de donner aux élèves une idée exacte des appareils ou des expériences dont il leur parle.

Les cours pratiques comprennent :

1º L'utilisation des instruments employés en aviation ;

2º Le montage, le démontage, l'entretien et la réparation des moteurs, des avions, des hangars, des tentes ;

3º La photographie en aéroplane.

Tous ces cours sont remarquablement conçus et professés.

Les élèves sont exercés alternativement aux fonctions de pilote et à celles d'observateur.

Organisation de l'école d'aviation.

L'aérodrome a 90 hectares environ de superficie. Le terrain est à proximité de l'Escaut, dans le périmètre des forts d'Anvers. C'est une plaine d'aspect sauvage, entourée de bois.

Au début de 1911, un bataillon du génie fut chargé d'aménager la plaine en àérodrome. On nivela tant bien que mal le sol, et l'on coupa les hautes fougères et les arbustes qui garnissaient le champ de manœuvres.

Brasschaët était réservé aux exercices de tir avant l'apparition de l'aviation militaire, et les troupes d'Anvers y font encore d'importantes manœuvres à certaines époques.

Le 1er mai 1911, à l'ouverture de l'école d'aviation, l'école comprenait, outre les officiers dont nous avons donné les noms, 1 sous-officier, 2 caporaux, 14 soldats et 1 mécanicien civil. L'unique appareil, un Farman, fut garé sous un hangar en toile amené de Kiewit. Cet avion fut cassé, le 5 mai, par le lieutenant Bronne, qui se blessa grièvement.

Le lieutenant Nélis, chef d'école, songea alors à utiliser

un aéroplane Aviatic, moteur Argus, offert à l'armée depuis longtemps déjà.

Mais il fut toujours impossible de voler assez longtemps, avec cet appareil, pour passer le brevet de la Fédération aéronautique internationale, car le moteur s'arrêtait au bout de 1 ou 2 kilomètres !

Un mois plus tard, Henri Farman livrait un autre avion à l'armée belge.

Ce biplan fut avarié le 25 juillet et ne fut réparé qu'un mois plus tard.

Dans l'intervalle, l'école reçut un nouveau Farman, et cela permit aux aviateurs militaires de s'exercer sérieusement pendant les mois de septembre, octobre, novembre 1911.

A la fin de l'année, l'école compta huit officiers brevetés et bien entraînés.

Le lieutenant Stellinguœrff fut un des meilleurs élèves et égala bientôt ses maîtres.

Les lieutenants Nélis et Lebon prennent part aux manœuvres de forteresse d'Anvers et effectuent le raid Brasschaët-Liège et retour.

En novembre 1911, l'école fut licenciée.

Les cours reprirent le 1er avril 1912. Pendant l'hiver, trois hangars nouveaux avaient été construits.

Cinq appareils nouveaux furent achetés, et le lieutenant Nélis fit don à l'armée d'un avion.

Brasschaët disposa dès lors de 8 avions, savoir : 3 d'école, 1 de transition, 4 de campagne.

Quatorze aviateurs militaires furent ainsi formés pendant l'année 1912.

Ils firent de nombreux essais de moteurs et d'hélices, et étudièrent particulièrement la question, si nouvelle encore, du tir en vol avec mitrailleuse.

Ils munirent également leurs appareils de dispositifs permettant de photographier rapidement les positions ennemies.

Enfin des essais de signalisation entre la terre et l'aéroplane et des essais de T. S. F. furent tentés avec succès.

De nombreux lancements de bombes furent exécutés également.

A noter que six civils militarisés (mécaniciens ou pilotes) sont adjoints à l'école d'aviation.

Raids principaux.

Les pilotes militaires belges ont accompli, au cours de l'année 1912, les raids suivants :

Brasschaët-Ostende-Blankenberge;   Brasschaët Ciergnon; Brasschaët-Louvain; Brasschaët-Bruxelles; Brasschaët-Beverloo; Brasschaët- Gand; Brasschaët-Bruges.

On voit, d'après l'étude ci-dessus, que la Belgique possède une école d'aviation dont elle peut être fière.

Aucun de nos centres aéronautiques n'a un fonctionnement plus parfait et ne montre plus d'activité.

Doctrine de l'aéronautique militaire belge.

Le lieutenant Nélis est un de ces officiers aviateurs d'élite, qui ne se contentent pas de survoler au moyen de l'aéroplane qu'on leur donne, mais qui, reconnaissant que l'aviation militaire est encore à ses débuts, et que la tactique aérienne est à peine ébauchée, essaient de répandre dans leur pays les principes vrais destinés à instruire l'opinion publique et à lui inspirer le désir d'une organisation rationnelle et toujours perfectionnée des services aéronautiques.

Les officiers comme le lieutenant Nélis sont de grands patriotes.

Voici les idées qu'il a préconisées dans une série de conférences remarquables :

1º Il faut développer l'aviation au fur et à mesure que de nouvelles utilisations pratiques paraissent pouvoir être réalisées.

Il est donc indispensable de se tenir au courant de toute nouveauté, et le seul moyen pour cela est de suivre attentivement tout ce que font les armées étrangères.

2º Les renseignements recueillis par les avions sont d'ordre général et n'intéressent que les commandants des grandes unités.

On ne doit pas plier les appareils volants aux mouvements des petites unités, car la mobilité des escadrilles est trop grande.

Il faudrait d'ailleurs faire suivre les troupes de première ligne de voitures porte-avions, ce qui serait une source d'impedimenta continuels.

3º Les avions doivent survoler le champ de bataille à 1.000 mètres.

Sur ce point, je ne suis pas tout à fait de l'avis de l'éminent officier aviateur belge. J'estime qu'il n'y a, comme hauteur à fixer, que celle permettant de recueillir des renseignements importants pour l'observateur ou le pilote (si celui-ci est seul). En se tenant à la hauteur de 1.000 mètres, si l'atmosphère n'est pas très pure ou si les troupes ennemies cheminent dans des sentiers quelque peu boisés, bien des détails importants échapperont aux investigations de l'aviateur, qui pourra commettre de grosses erreurs en appréciant l'importance des effectifs de l'adversaire.

Dans ce cas, la hauteur d'observation doit être vers 800 mètres ; parfois même, il faudra descendre à 300 mètres si le temps est très nuageux, les cumulus se tenant souvent en dessous de 500 mètres (1).

---

(1) Dans la guerre actuelle, le soldat aviateur Robinet a vu un schrapnell éclater à quelques mètres de ses ailes, alors qu'il se trouvait à 3.000 mètres d'altitude. Il n'y a donc pas de hauteur qui permette à l'aviateur d'observer tout en étant à l'abri du canon.

A cette hauteur, l'aéroplane est évidemment très vulnérable, et l'ascension est fort dangereuse. Mais, pendant la guerre de Tripolitaine, l'enseigne Rossi a bien été blessé par une balle de fusil à 1.200 mètres.

Si l'atmosphère est pure, il est bon de monter à 1.500 ou 1.800 mètres pour observer. Avec de bonnes jumelles, on peut, si le temps est clair, abattre de la besogne et repérer l'ennemi. Mais, à partir de 2.000 mètres, les détails ne sont plus apparents, même avec une longue-vue, même par temps exceptionnel.

D'autre part, il semble que, dans la zone de 2.000 à 3.000 mètres, des éclatements fréquents de schrapnells ennemis se produisent, éclatements plus rares dans les régions moins élevées.

A 1.500 mètres, les balles de fusil ont un tir trop court, et les obus éclatent souvent beaucoup plus haut.

Cette hauteur de 1.500 mètres semble donc la plus favorable, mais, nous le répétons, il est assez rare, notamment en hiver, que les nuages ne soient pas au-dessous de cette zone, ce qui force à voler très bas ou à ne pas « sortir ».

Donc, il est impossible, à l'heure actuelle, d'observer l'ennemi du haut d'un avion, tout en se rendant invulnérable.

Il faudrait, pour cela, trouver l'aéroplane invisible, et c'est ce que cherchent, sans succès d'ailleurs, les Américains.

4° Le lieutenant Nélis prône la séparation absolue de l'aviation et de l'aérostation.

Il va beaucoup trop loin dans cette voie, et je trouve indispensable de faire monter les élèves-aviateurs en ballon libre avant de les autoriser à faire de l'altitude. Ils sauront au moins si la grande hauteur leur donne le vertige ou des troubles organiques quelconques.

D'autre part, les moteurs fixes d'aéroplanes devenant de plus en plus nombreux, dans les stations aéronautiques comprenant avions et dirigeables, les mécaniciens des ballons peuvent parfaitement rendre des services pour *dépanner* (1) éventuellement un aéroplane et réparer un moteur.

D'ailleurs, en entrant dans cette voie, comme nous l'avons dit plus haut, l'aviation elle-même ne tarderait pas à se scinder en deux groupes : les avions légers qui n'emportent pas d'observateurs, et dans lesquels le pilote est son seul maître, et les avions multiplaces où l'observateur, souvent plus gradé que le pilote, dicte parfois ses ordres.

On aura donc les pilotes indépendants et les pilotes en sous-ordre, qu'on ne tardera pas à assimiler aux conducteurs de taxis!

Il faut donc éviter toutes les petites castes, les petites chapelles.

Mais il faut éviter de *confondre* l'aviation et l'aérostation et de donner à un même *personnel subalterne* autorité sur l'un et l'autre service.

Voilà la tare dénoncée, voilà l'explication de la mainmise exagérée d'une seule arme sur ces services si différents.

Ceux qui sont aérostiers doivent rester aérostiers, ou se faire aviateurs, mais en résiliant, dans ce cas, leurs fonctions dans le service d'aérostation.

Il doit y avoir, de même, dans chaque centre aéronautique, comme à la direction centrale, un bureau de l'aviation et un bureau de l'aérostation.

Mais les deux bureaux doivent dépendre du même chef, qui ne devra, dans aucun cas, être officier subalterne.

En un mot, seul le *haut commandement* de l'aéronautique doit avoir autorité sur les deux services.

Dans quelques années, on pourra exiger que les officiers supérieurs chefs de centres aéronautiques comprenant dirigeables et aéroplanes aient pratiqué le ballon et l'avion.

---

(1) Cette expression de *dépanner* est courante dans le langage aéronautique, et même dans le langage des automobilistes.

5º Le lieutenant Nélis ne prévoit pas d'avions pour les places fortes. Il prétend que le gouverneur d'une place investie ne pourra rien changer à la partie fixe de la défense, quels que soient les avis reçus par les avions envoyés en reconnaissance.

C'est très exact, mais il y a aussi une partie mobile dans la défense, et les troupes chargées d'effectuer les sorties et les contre-attaques pourront être employées judicieusement le jour où les avions annonceront qu'une fraction des ennemis (non visible de la ville évidemment) a quitté momentanément le siège pour aider à telle ou telle opération de son parti opérant contre une armée ou une place voisine.

En Belgique, certaines places de la Meuse auront, en temps de guerre, à subir une attaque brusquée, mais les assaillants ne s'immobiliseront pas autour de la ville si celle-ci résiste, et leur nombre sera très variable, en attendant les troupes de seconde ligne, car l'armée d'invasion de première ligne aura intérêt à avancer le plus rapidement possible dans l'intérieur du pays (1).

Le lieutenant Nélis tient compte également de ce que les places sont munies de ballons captifs et de cerfs-volants.

Il réclame donc la constitution de 6 escadrilles d'avions seulement.

Chacune des quatre divisions belges recevra une escadrille. Deux escadrilles seront en réserve, et, éventuellement, serviront pour les liaisons entre les places fortes et les troupes, ainsi que pour les liaisons entre divisions.

Nous ne croyons pas beaucoup à l'efficacité de l'avion comme instrument de liaison et nous voudrions le voir employé de préférence, tant qu'il sera construit d'après les principes actuels, aux opérations de reconnaissance et au contrôle des tirs.

---

(1) L'expérience de la guerre a confirmé d'une façon remarquable toutes ces hypothèses.

En avril 1913, le lieutenant Stellëngwerff fut appelé au ministère pour s'occuper des questions d'aéronautique. L'école d'aviation de Brasschaët, dont il était un des meilleurs pilotes, regretta vivement son départ. L'absence de Stellëngwerff n'est d'ailleurs que temporaire, croyons-nous, et il obtiendra certainement l'autorisation de faire de temps à autre un peu d'entrainement, tout en s'occupant activement des hautes fonctions qui lui ont été conférées dans les bureaux du ministère.

Les manœuvres belges en 1913.

Le parti rouge (service aéronautique) avait établi son camp à Leignon, entre Marche et Dinant, sur la rive droite de la Meuse.

L'escadrille rouge comprenait quatre biplans Farman : les pilotes étaient les lieutenants Wahis, Demanet, Soumoy et Moulin.

Les observateurs étaient les lieutenants Hagemans, Jacquet, Taproge, Richard.

Le lieutenant Wahis, un des meilleurs pilotes de l'armée belge, remplissait les fonctions de chef de l'escadrille rouge.

Cinq hangars Bessonneau abritaient les appareils.

Dès le 26 août, l'escadrille Wahis, arrivée à Leignon seulement depuis la veille, commença ses vols au-dessus de Dinant et de Marche.

Mais les manœuvres ne commencèrent réellement que le 28. On décida que *deux aviateurs* effectueraient chaque jour *toutes les reconnaissances*. Ils auraient toute la journée du lendemain pour se reposer de leur fatigue très grande et recommenceraient le jour suivant. Chaque pilote était ainsi de service un jour sur deux.

Ce système donna d'excellents résultats.

Le **28** août, le lieutenant Demanet va explorer la région

de Thérin et fait ainsi une reconnaissance de plus de 150 kilomètres.

Le lieutenant Soumoy fait deux belles randonnées et observe à fond toute la région de Namur.

A mesure que les aviateurs reviennent d'effectuer leurs reconnaissances, les observateurs (lieutenants Jacquet et Taproge) se précipitent à l'intérieur d'un des hangars Bessonneau transformé en bureau et, *par téléphone*, transmettent à l'état-major le résultat de leurs observations. Tout se passe avec un ordre et une célérité parfaits.

Le thème des manœuvres était très net et très précis, et chacun savait parfaitement ce qu'il avait à faire. Dans beaucoup d'armées plus importantes que l'armée belge, les ordres n'ont pas été donnés, pendant les manœuvres de 1913, avec la même sobriété ni la même précision.

Voici d'ailleurs le résumé du thème des manœuvres :

L'ennemi (parti rouge), venant du Luxembourg, a traversé la Meuse le 29 août et envahi la Belgique.

L'armée belge (parti bleu) est campée dans le Hainaut, près de la frontière française, et n'a pu, malgré de nombreuses attaques, débusquer l'ennemi de la rive gauche de la Meuse.

Le parti rouge, commandé par le comte de Tserclaes, et solidement retranché sur ses positions, tente, le 30 août, de gagner la frontière française.

L'armée belge (parti bleu), retranchée derrière un affluent de la Meuse, dessina, le 30 août, un grand mouvement tournant sur la gauche de l'ennemi.

Mais les avions du parti rouge, grâce aux excellentes reconnaissances des lieutenants Wahis et Demanet, découvrirent le mouvement tenté par l'armée bleue.

Le chef du parti rouge déploya ses réserves et força, par une contre-attaque énergique, les « Belges » à reculer.

Par contre, une attaque des « rouges » sur l'aile droite des « bleus » échoua.

Les avions observèrent l'ennemi à grande hauteur, peut-être même un peu trop haut (de 1.000 à 1.400 mètres). Certains détails ont échappé aux observateurs.

Par contre, l'invulnérabilité des appareils était à peu près certaine, les Belges ne disposant pas d'armes spéciales contre les aéronefs.

Les pilotes n'hésitèrent pas à sortir par un vent dépassant 15 mètres à la seconde.

On ne peut qu'admirer l'activité de l'aéronautique militaire belge aux grandes manœuvres de 1913.

BRÉSIL

Le gouvernement brésilien a déposé sur la tribune du Parlement un projet de loi demandant l'acquisition :

1° De trois dirigeables ;

2° De deux avions ;

3° D'un hydroplane ;

4° D'une batterie de canons contre aéronefs.

Tout ce matériel aéronautique serait destiné à former des aviateurs et des aéronautes militaires, et la direction de l'instruction serait confiée à deux pilotes français (un pilote d'avion et un pilote de ballon).

Ce projet nous semble très raisonnable.

Le Brésil est en effet un pays riche comme sol et comme sous-sol. Le premier produit le café, le tabac, la canne à sucre, la vanille, les céréales, le caoutchouc, etc. Le sous-sol fournit l'or, l'argent, l'étain, le cuivre, le plomb, le mercure et les pierres précieuses. Tout le monde a entendu parler des célèbres mines de l'Etat de Minas-Geraes

D'autre part, le Brésil comprend 14 millions d'habitants. Bien que relativement peu peuplé, c'est le plus vaste et plus important Etat de l'Amérique du Sud. Dans ces conditions, les pays voisins, tels que l'Argentine, le Chili, le Pérou, l'Equateur, etc., peuvent craindre que la République brésilienne ne songe à jouer dans la péninsule méridionale le rôle que les Etats-Unis jouent dans l'Amérique du Nord.

Pour notre part, ayant visité ces différents pays, nous avons la conviction que, lorsque le Brésil, dont la population s'accroit constamment, sera plus peuplé et pourvu d'une bonne armée et d'une forte marine, il exercera l'hégémonie dans l'Amérique du Sud.

Ce danger est pressenti plus particulièrement par la

République argentine, voisine du Brésil, et qui se prépare sérieusement à un conflit qu'elle considère comme inévitable.

Le Brésil a donc le devoir strict d'avoir, de son côté, une armée prête à toute éventualité, et c'est pour cela qu'il a fait appel, il y a quelques années, à une mission militaire française.

Il est donc très légitime de procéder de la même manière pour l'aviation, science éminemment française.

On sait, en effet, que le premier homme qui ait survolé est un français (Ader) et que l'inventeur du gauchissement, base de la stabilité des avions, est également un français (Mouillard).

Cela n'empêche pas les tribunaux américains de considérer tous les avions français comme des contrefaçons des Wright, mais les interdictions fantaisistes de l'inénarrable justice des Etats-Unis tomberont tôt ou tard sous le ridicule.

Nous avons dit que le Brésil avait l'intention de commander 3 aéroplanes et 3 dirigeables, malgré l'énorme différence de prix entre les deux genres d'aéronefs.

Cela vient de ce que le gouvernement brésilien, considérant que l'art du pilotage des avions comporte une part d'acrobatie, estime qu'il lui faudra du temps pour former de bons pilotes, et que ceux-ci, s'ils se tuent, seront difficiles à remplacer.

Au contraire, les officiers ayant une culture scientifique élevée font de bons pilotes d'aéronats, et l'on en trouvera autant qu'on voudra, les aptitudes physiques n'ayant aucune importance pour le pilotage des ballons. En France, en effet, les meilleurs pilotes de dirigeable ont une cinquantaine d'années.

En deuxième lieu, le Brésil veut des hydroplanes. Depuis trois ans, je ne cesse de proclamer que l'hydravion est un appareil côtier, et non un aéronef de haute mer.

Aussi faut-il reconnaître que le Brésil est spécialement qualifié, à cause de son énorme étendue de côtes et de ses immenses fleuves navigables, pour utiliser l'hydroplane.

En troisième lieu, le gouvernement brésilien veut exercer son armée à tirer, au moyen de canons spéciaux, sur les avions.

C'est là une excellente précaution, car l'Argentine est disposée, elle aussi, à faire un gros effort pour l'aéronautique. Et la République argentine, qui est un pays fort riche, est aussi, nous l'avons dit, l'ennemie héréditaire du Brésil.

Il est donc de toute nécessité que les soldats brésiliens soient prêts à combattre les aéronefs argentins, qui, avant deux ans, seront nombreux.

Nous avons dit que le Brésil comptait confier l'organisation première de ses services aéronautiques à des instructeurs français, et nous avons donné les raisons sportives de cette décision.

Il y a aussi des raisons économiques qui justifient la reconnaissance du Brésil : non seulement nos grands ports français du nord sont les entrepôts de l'exportation brésilienne, mais encore les emprunts brésiliens ont toujours été accueillis avec faveur sur la place de Paris.

BULGARIE

Le ministre de la guerre bulgare a commandé à l'Autriche 8 aéroplanes.

Ces appareils ont été livrés dernièrement, et deux officiers aviateurs autrichiens ont accompagné les appareils, afin d'en expliquer le montage et le fonctionnement à leurs frères d'armes.

Les officiers autrichiens formeront également les premiers pilotes bulgares, dont quelques-uns ont déjà commencé leur instruction (1).

---

(1) La faveur que la Bulgarie témoignait, en temps de paix (et notamment au moment où fut écrit ce chapitre). à l'enseignement militaire austro-allemand pouvait faire craindre que le gouvernement bulgare ne se rangeât, en cas de conflit, du côté de nos ennemis; c'est ce qui s'est produit dans la guerre actuelle.

CHILI

On sait combien ce pays est inféodé à l'Allemagne. Alors que le Brésil, le Pérou, l'Equateur, reconnaissant la supériorité de notre armée, se sont adressés à la France pour organiser solidement leurs différentes armes, le Chili, depuis de longues années, entretient une importante mission d'officiers et de fonctionnaires allemands qui dirigent tous les grands services de ce pays.

Il était donc intéressant de savoir si, pour organiser son aéronautique militaire, le gouvernement chilien allait consulter son propre intérêt, qui était de s'adresser à la France, où sont les maîtres constructeurs d'avions du monde entier, ou à l'Allemagne, copiste de la France, mais créancière morale du Chili.

Le chef d'état-major de l'armée chilienne a demandé à son ministre une somme de 3.500.000 francs, destinée à la création d'un aérodrome national et à l'achat de dirigeables et d'aéroplanes.

Cette somme a été votée par le Parlement. Le gouvernement chilien a donc adopté la solution suivante, afin de ne pas trop contrarier l'Allemagne et, d'autre part, afin d'avoir, au moins en partie, du bon matériel :

Les ministres du Chili à Paris et Berlin ont reçu l'ordre de commander chacun la moitié du matériel aéronautique prévu.

Ce matériel, commandé depuis un an environ, a commencé à être expédié à Santiago.

Le centre aéronautique militaire chilien commencera à fonctionner au début de l'année 1914.

CHINE

C'est au début de l'année 1913 que le président Yuan-Chi-Kaï de la République chinoise décida, sur la proposition du lieutenant-colonel Brissaud-Desmaillet, conseiller militaire, de créer une flotte aérienne.

Il fut décidé que la direction sportive des écoles de pilotage serait confiée à un officier français.

L'école centrale d'aviation, dépendant de l'état-major général chinois, est actuellement en plein fonctionnement dans les environs de Pékin.

Une cinquantaine d'officiers élèves s'y exercent quotidiennement, sous la direction avisée du lieutenant Bon, de l'infanterie coloniale.

Une école professionnelle de mécaniciens et de charpentiers forme des spécialistes pour les moteurs ainsi que pour la coque et les ailes des avions.

L'instructeur mécanicien, M. Obre, et deux contremaîtres spécialistes d'aéroplanes, tous Français, assistent le lieutenant Bon.

Le président Yuan-Chi-Kaï compte faire donner l'instruction de pilote ou d'observateur militaire à tous les officiers d'état-major dont l'âge et les aptitudes physiques le permettent.

En outre, un certain nombre d'officiers, spécialement doués, ont été envoyés en France pour recevoir un entraînement intensif et prendre ultérieurement la direction des centres d'aviation chinois, au fur et à mesure que ceux-ci seront créés.

Matériel actuel.

Le lieutenant Bon, qui commandait récemment encore l'école d'aviation militaire du Crotoy, parle la langue chinoise. Technicien de valeur, il a donc tout pour réussir dans la mission qui lui a été confiée.

Il est arrivé en Chine avec douze biplans français, destinés à l'entraînement des élèves.

Il prépare actuellement un concours militaire qui aura lieu très prochainement et où les constructeurs seront invités à présenter surtout des multiplaces et des avions blindés.

Utilisation.

Dès le temps de paix, le président Yuan-Chi-Kaï compte utiliser ses avions à la recherche des bandes de pillards.

Les aéroplanes seront munis de bombes qu'on pourra lancer sur les colonnes de pirates.

En temps de guerre, les avions doivent agir en liaison avec les batteries de côte, les flottilles de torpilleurs et de sous-marins pour empêcher tout débarquement sur les côtes ou l'utilisation des fleuves chinois par l'ennemi.

Organisation.

Aviation d'armée. — Chaque division recevra une flottille d'aéroplanes.

En outre, des milices aériennes seront créées dans les différentes provinces.

Aviation maritime. — Chaque flottille défensive comprendra : un groupe de submersibles, une section d'hydroplanes éclaireurs et un navire rapide chargé de les convoyer.

Matériel futur.

L'armée chinoise compte pouvoir obtenir, à la suite du prochain concours militaire, de véritables torpilleurs aériens blindés.

Sous ce rapport-là, nous croyons que le gouvernement de la jeune république fait fausse route, l'avion blindé, construit d'après les principes des planeurs actuels, ne pouvant être qu'un aéronef à faible capacité de transport et par conséquent incapable d'un geste offensif vraiment efficace.

En effet, le poids utile enlevé par nos aéroplanes les plus puissants est encore tellement faible que le poids d'un blindage sérieux absorbera la majeure part de l'excédent de puissance.

L'avion ainsi transformé sera donc un aéroplane à petit rayon d'action et faible capacité de transport. C'est dire qu'il ne pourra pas emporter une charge de projectiles réellement suffisante (1).

---

(1) Un an après que ce chapitre était écrit, et malgré les progrès incessants de l'aviation, les plus puissants avions français n'emportaient, en moyenne, dans leurs opérations offensives, que 5 à 6 obus de 90 ou bien 2 à 3 obus de 155.

ESPAGNE

L'Espagne est un pays noble, généreux, où les cœurs vaillants sont légion.

La péninsule ibérique semblait donc devoir être très favorable au développement de l'aviation.

Effectivement, à la fin de 1910, un cousin du roi, officier supérieur de l'armée espagnole, vint bravement en France faire son apprentissage de pilote, et il obtint son brevet.

Je me suis trouvé à Mourmelon en même temps que ce prince, homme sportif et très bien doué pour l'aéronautique.

Il me déclara qu'il espérait, après avoir terminé son apprentissage, avoir des facilités pour créer une cinquième arme bien organisée, en Espagne.

Mais le peuple espagnol, malgré ses nombreuses qualités, a toujours paru manquer un peu d'esprit de suite.

Après avoir pris une avance sur les autres nations en formant un chef militaire capable de créer et développer une aéronautique florissante, quand l'heure de l'organisation est venue, le gouvernement espagnol semble s'être moins intéressé à la question.

En effet, très peu de choses ont été faites dans le domaine de l'aviation, comme nous allons le voir.

A *Quatro-Vientos*, près de Madrid, le gouvernement espagnol a créé un centre militaire d'aviation, commandé par le capitaine Kindelan.

Les officiers aviateurs sont : MM. Barron, Bentos, Espain, Vincegra, Rios, Loizu, Cortijo.

Six biplans Maurice Farman et cinq monoplans Deperdussin ont été livrés par nos firmes françaises à ce centre d'aviation militaire.

Cette école, qui aurait pu être fondée au début de 1911, commence à peine à fonctionner à la fin de l'année 1913.

Il y a donc un retard sérieux dans l'organisation de l'aviation espagnole.

Nous ne pouvons que souhaiter, puisqu'il est question, d'après les journaux, de l'entrée de l'Espagne dans la Triple-Entente, de voir les Ibériques s'adresser de plus en plus à nos pilotes et nos constructeurs français pour rattraper leur retard en aéronautique, et organiser une cinquième arme proportionnelle à la force de leur armée (1).

(1) L'espoir que j'exprimais a bien été déçu, et la France n'a pas eu à se féliciter, pendant la guerre européenne, de la neutralité espagnole.

ÉTATS-UNIS

Dès l'année 1911, le gouvernement des États-Unis chargea quelques officiers d'exécuter des expériences aéronautiques. C'étaient le capitaine de Chandler, les lieutenants Kirtland et Afilling.

Ces officiers aviateurs étaient chargés de tenter des essais de reconnaissance de terrain, de signaux lumineux dans la nuit et de photographie en aéroplane.

Au début de l'année 1912, l'armée américaine ne possédait que cinq biplans Wright.

Ces appareils étaient déjà démodés à cette époque. On sait en effet que, malgré l'extraordinaire jurisprudence américaine, qui considère encore, en 1914, tout avion étranger comme une contrefaçon plus ou moins dissimulée des appareils Wright, les avions des frères aviateurs n'avaient, comme originalité, que la commande conjuguée de la direction et du gauchissement.

Tout le reste était l'application, habile d'ailleurs, de principes *trouvés par des Français.*

Les planeurs de Chanute, l'avion d'Ader (*le premier homme qui ait volé au monde,* en 1891, quinze ans avant les Wright), les plans de gauchissement dus au génial Mouillard, mort dans le dénuement au Caire, tout cela se retrouve plus ou moins dans les avions Wright.

D'ailleurs, dès que les frères américains eurent réalisé un appareil, incontestablement plus au point que ses devanciers, les constructeurs français, stimulés par cet exemple, se mirent à la besogne, et, pendant l'année 1910, réalisèrent des avions qui enlevèrent aux Wright tous les prix de durée, distance, vitesse, hauteur, etc...

Les grandes manœuvres françaises de Picardie, en 1910,

montrèrent que les Wright ne pouvaient, au point de vue militaire, rendre autant de services que les avions français.

Au début de 1912, les Wright étaient délaissés par toutes les nations, sauf, bien entendu, les Etats-Unis. Cependant, en février 1912, le ministre de la guerre américain publia son programme d'aviation pour l'année et reconnut que l'armée de l'Union avait besoin d'appareils rapides et légers dépassant le cent à l'heure, et d'avions lents pouvant emporter une charge utile de 225 kilogrammes, soit : le pilote, le passager et de l'essence pour quatre heures.

Ces derniers appareils devaient, d'après le ministère, monter à 600 mètres en dix minutes et filer au moins 72 kilomètres à l'heure. En outre, ils devaient pouvoir atterrir dans les champs labourés et en repartir.

Inutile de dire que les Wright ne pouvaient remplir ces conditions.

Aussi les constructeurs américains se mirent-ils tranquillement (puisque nos avions n'étaient pas admis au concours) à copier nos meilleurs aéroplanes français.

Ce qui empêchait les avions américains de pouvoir lutter avec nos excellents modèles français, c'était le manque de fuselage, le mauvais emplacement du moteur et la résistance à l'avancement énorme provenant du profil défectueux des surfaces portantes.

Seul, Glen Curtiss est arrivé à mettre au point un avion et un hydroptère rationnel; mais ce constructeur, dont les appareils n'ont rien de commun avec ceux des Wright, est actionné en dommages-intérêts, à chaque instant, par la Société de construction fondée par les frères de Dayton.

Plusieurs fois condamné à payer des dommages-intérêts pour des contrefaçons qui n'existent que dans l'esprit des juges américains, Curtiss a beaucoup de mérite à poursuivre ses travaux aéronautiques si peu encouragés, bien que ses appareils aient donné des résultats autrement intéressants que ceux de la Société Wright.

Cette dernière firme, pendant ce temps, copie avec ardeur nos nouveaux types d'appareils, afin de pouvoir satisfaire aux conditions réellement dures posées par l'armée pour la réception des avions et hydroplanes.

En juin 1913, Orville Wright a fait un vol au-dessus de la rivière Miami (à 12 kilomètres de Dayton) avec un biplan modèle C muni de deux flotteurs.

Ce biplan se rapproche beaucoup du type Farman.

Les appareils français qui pénètrent aux Etats-Unis ont à payer des droits d'entrée formidables, sans préjudice, nous l'avons dit, d'un procès toujours possible de la part de la Compagnie Wright.

Néanmoins, les fins pilotes aiment encore mieux payer cher et avoir de bons appareils français, plutôt qu'une mauvaise copie de ceux-ci.

A Point-Breeze se trouve une école Savary, et à Long-Beach (Californie), M. Frank Champion a créé une école Blériot.

L'école d'aviation militaire est à Annapolis, dans la baie de Chesapeake.

Il y a 12 avions et 6 hydroplanes. Seuls les hydroplanes volent réellement. Mais le nombre d'accidents est formidable. Sur 6 pilotes de la marine, 2 sont déjà morts, au bout d'un an de fonctionnement de l'école.

Cependant, de très beaux vols ont été effectués. L'enseigne Hebster et les lieutenants Smith et Bellinger sont allés, en mai 1913, d'Annapolis à Baltimore en 1 h. 20.

Les deux premiers officiers montaient des hydros Curtiss, et le troisième un avion Wright.

GRÈCE

Les obligations de la Grèce envers la France, depuis la guerre de l'Indépendance. sont considérables, chacun le sait.

La France a prouvé, en fondant ses écoles à Athènes, combien elle vénère les arts qui étaient comme la parure de l'antique Grèce, et en quelle estime elle tient les descendants actuels des anciens Hellènes.

Tout récemment, pendant la guerre des Balkans, en 1912-1913, on sait que les consulats français de Turquie ont assuré, pendant la durée des hostilités, la protection des sujets grecs, et notre ambassadeur a appuyé toutes les réclamations justifiées du peuple héllénique.

Aussi, lorsque la Grèce a commencé à organiser son aviation, à la fin de l'année 1912, pouvions-nous espérer que le pays qui fournit les meilleurs oiseaux de guerre, c'est-à-dire le nôtre, aurait la préférence, en ce qui concerne les commandes d'appareils.

Effectivement, dès le mois de novembre 1912, le gouvernement grec commandait un hydroplane à la société française Astra.

Mais, au début de l'année 1913, la Grèce commandait deux avions allemands.

Pendant la guerre des Balkans. seuls les appareils français ont rendu des services, mais ils appartenaient à des civils militarisés.

Il serait à souhaiter que le gouvernement hellène s'adressât une fois pour toutes à notre industrie aéronautique et qu'il ne se contentât pas. comme il l'a fait pour sa marine, de s'adresser moitié à la France et moitié à l'Allemagne.

Mais il y a peu d'espoir à garder au sujet de l'attachement des Hellènes à l'industrie aviatique française, quelle que soit la supériorité de celle-ci, et bien que, seuls, des hydroplanes français montés par des officiers grecs aient pu aller survoler le littoral nouvellement conquis par la Grèce, et non seulement déceler partout la présence de l'ennemi, mais encore attaquer celui-ci.

On sait qu'une bombe lancée par un hydroplane grec (de marque française) causa de graves avaries à une petite canonnière turque qui s'opposait au mouvement des troupes hellènes sur les côtes de Chalcidique.

Malgré tout cela, la reconnaissance du gouvernement grec ne s'est jamais manifestée à notre égard, au contraire. On sait que les victoires remportées par la Grèce sur la Turquie, en 1912 et 1913, sont uniquement l'œuvre de la mission française du général Eydoux.

Feu le roi Georges de Grèce, grand ami de notre pays, dans lequel il aimait à séjourner, avait en haute estime notre mission française et proclamait bien haut qu'on lui devait la réorganisation de l'armée grecque.

Malheureusement, le souverain régnant actuellement, le roi Constantin, ne partage nullement les idées de son père et est germanophile jusqu'au bout des ongles.

Ce jeune roi était cependant frais émoulu de l'école de guerre prussienne lorsque, en 1897, il prit une part importante à la guerre gréco-turque.

Malgré les excellents principes puisés à l'école du maréchal von der Goltz, le jeune diadoque essuya défaite sur défaite.

Actuellement, grâce à nos officiers qui ont réorganisé son armée, il est sorti vainqueur de la nouvelle guerre.

Cela ne l'a pas empêché de déclarer, le 8 septembre 1913, à l'empereur Guillaume, que les victoires grecques étaient dues à l'Allemagne.

Une telle audace est tellement inconcevable qu'on se demande si le roi de Grèce n'a pas voulu plaisanter en s'adressant à son cousin de Prusse.

Voici ses paroles exactes :

« Je ne puis m'empêcher de répéter encore une fois, bien haut et publiquement, que nous devons nos victoires, en même temps qu'au courage invincible de mes compatriotes, aux principes que nous avions appris sur l'art de la guerre au 2e régiment de la garde à l'école de guerre et dans nos conversations particulières avec les officiers de l'état-major prussien. Je suis reconnaissant à Sa Majesté feu le grand empereur Guillaume Ier, de vénérable mémoire, d'avoir eu la bonté de me permettre de puiser pendant de précieux mois, ici, tant dans les rangs de la troupe qu'à l'Académie, les connaissances militaires qui m'ont donné plus tard dans la guerre de si brillants succès. »

Après une citation pareille, il est indispensable de rappeler quels sont les brillants succès remportés par le diadoque Constantin, en appliquant les principes de l'art militaire allemand :

23 mars 1897 : défaite d'Herakleion.

25 mars 1897 : combat incertain de Malaxa.

Du 10 au 21 avril 1897 : échecs de l'armée grecque en Thessalie, à Grevena, Krania et Malonna.

23 avril 1897 : occupation de Nezeros par les Ottomans.

24 avril 1897 : occupation de Tournavos par les mêmes.

25 avril 1897 : les Grecs évacuent Larissa.

30 avril 1897 : prise de Pharsale par les Turcs.

1er mai 1897 : la cavalerie turque enlève Valesdino.

9 mai 1897 : occupation de Volo par les Turcs.

10 mai 1897 : Edhen pacha s'empare de Domokos.

15 mai 1897 : Prevesa capitule entre les mains des Turcs.

Voici, au contraire, la besogne, insignifiante probablement (puisqu'on semble ne pas s'en souvenir), due à l'armée grecque réorganisée par la mission française :

Prise de Tenedos et des îles de la mer Egée.

Victoires de Salonique, Serés, Gumurdjina, en Thessalie ;

victoires de Verria, Karsovia, Medsovo, Janina, en Epire;
victoire de Djouma (contre les Bulgares, à la fin de la
guerre).

Attendons-nous maintenant à voir la Grèce commander
ses aéroplanes aux firmes allemandes qui savent copier le
mieux les marques françaises. Puis, dans quelques années,
le gouvernement hellène déclarera que c'est le génie sportif
teuton qui a révélé à toutes les nations (et à la Grèce en particulier) l'art de voler !

FRANCE

L'aéronautique militaire comprend :

1 direction de l'aéronautique au ministère de la guerre;

1 inspection générale de l'aéronautique, dont les bureaux sont aux Invalides, à Paris;

3 groupes aéronautiques : à Versailles, à Reims, à Lyon;

2 laboratoires : à Chalais-Meudon et Vincennes;

1 établissement central chargé des commandes, des recettes et des grosses réparations, à Chalais-Meudon.

Le directeur de l'aéronautique au ministère est un colonel.

L'inspecteur permanent de l'aéronautique est un général de brigade.

Les commandants des groupes aéronautiques sont des colonels ou des lieutenants-colonels.

Les chefs des laboratoires sont des lieutenants-colonels ou des chefs de bataillon ou d'escadron.

Le chef de l'établissement central est un colonel ou un lieutenant-colonel.

Chaque groupe aéronautique comprend des centres aéronautiques et des escadrilles (échelons volants).

Chaque centre aéronautique comprend un centre d'aviation, un centre d'aérostation et un dépôt du matériel aéronautique.

Lorsqu'il n'existe pas de station d'aérostation, le centre aéronautique prend le nom de centre d'aviation et se subdivise en école d'aviation et dépôt du matériel aéronautique.

Les centres aéronautiques sont placés sous les ordres d'un chef de bataillon ou d'escadron.

Les écoles d'aviation, d'aérostation et les dépôts de matériel sont placés sous les ordres de capitaines ou exceptionnellement de lieutenants.

Personnel pilote (1).

L'aéronautique militaire comprend en ce moment environ 275 officiers et 150 sous-officiers ou soldats aviateurs.

Parmi ces 400 pilotes, 200 environ sont pourvus du brevet militaire et 200 du brevet de pilote aviateur de l'Aéro-Club.

Les pilotes de dirigeables sont tous officiers : leur nombre est de 25 à peine.

Brevets.

Pour avoir le droit de conduire un avion ou un ballon en France, il faut être muni d'un brevet de pilote aviateur et d'une licence (décret de 1913). Actuellement, l'Aéro-Club de France (qui est la section française de la Fédération aéronautique internationale) est seul qualifié pour délivrer le *brevet* et la *licence*.

Le brevet militaire n'est conféré aux aviateurs de l'armée qu'après l'obtention du brevet de la F. A. I., qui les met en règle avec la loi.

Les aviateurs qui désirent obtenir les indemnités de vol doivent, s'ils ont plus d'un an de présence à l'aéronautique, effectuer deux épreuves semestrielles qui ne sont autres que deux épreuves du brevet supérieur (lequel est rendu plus difficile chaque année).

Une proportion importante de pilotes militaires brevetés ont réussi à passer leurs épreuves du semestre dernier, et l'on peut en déduire que la valeur moyenne de nos pilotes est excellente.

Ils sont certainement supérieurs aux pilotes militaires de tous les pays du monde, comme leurs performances de chaque jour le prouvent.

Mais ils ne disposent pas, *étant donné leur nombre*, d'autant d'avions que les pilotes étrangers

---

(1) Personnel du temps de paix (avant la guerre européenne de 1914).

D'autre part, en France, les réparations d'appareils durent beaucoup *trop longtemps*. Cela provient non de la faute des ateliers, mais des formalités administratives beaucoup trop longues et des pourparlers précédant la réparation, chaque fois qu'il y a la moindre avarie.

D'autre part, les escadrilles ne sont pas toutes très judicieusement réparties au point de vue des qualités spéciales de chaque type d'avion.

Répartition des escadrilles.

Chaque escadrille est placée sous les ordres d'un capitaine ou d'un lieutenant.

Elle comprend six appareils de même type et un atelier de réparation.

La répartition est la suivante : Villacoublay, Buc, Reims, Sissone, Châlons, Mailly, Le Crotoy, Maubeuge, Verdun, Toul, Nancy, Epinal, Belfort, Bron, Etampes, camp d'Avor, Pau.

Au point de vue des types d'appareils, les escadrilles se répartissent en escadrilles Blériot, escadrilles Voisin, escadrilles Farman, Ponnier, Deperdussin, Caudron, etc.

Les victimes de l'aéronautique militaire.

La France est, hélas ! le pays qui compte le plus d'officiers aviateurs et aéronautes tombés au champ d'honneur. Ce sont :

En 1910, le capitaine Madiot et le lieutenant de Caumont.

En 1911, les capitaines Byasson et Tarron, les lieutenants Princeteau, de Grailly, Chotard, Loder, Lentheaume, etc.

En 1912, les capitaines Jost, Eischemann, Dubois, Le Maguet et les lieutenants Ducourneau, Sevelle, Boncour, de Ville d'Avray, Peignan, Etienne, Chandenier, Thomas, Poutrin, etc.

En 1913, les capitaines Clavenad, Rey, et les lieutenants Porteau, de Blamont, Bresson, Kreder, Chaignot, etc.

Grâce à Dieu, le pour-cent des accidents a diminué un peu en 1913, car les appareils sont incontestablement plus au point; mais la proportion actuelle, qui semble se maintenir aux environs de 7 p. 100, est encore effroyable, et ce n'est que dans les guerres très meurtrières (1) que les officiers ont été ainsi décimés.

GRANDES MANŒURVES AÉRIENNES
Manœuvres de 1910.

Cette année-là, ce furent les grandes manœuvres de Picardie qui révélèrent au monde étonné les services que les aviateurs militaires peuvent rendre en opérant d'audacieuses reconnaissances au-dessus des troupes ennemies.

Il y avait trois parcs aéronautiques :

Le parc du directeur des manœuvres, à Briot-Aviation [près de Grandvilliers (Oise)], comprenant 3 dirigeables et 6 aéroplanes.

Les pilotes étaient : les capitaines Marie et Madiot, les lieutenant Jost, les réservistes Paulhan, Bréguet, Robillard.

Le parc du parti bleu, situé à Formerie, comprenait 7 aéroplanes.

Les pilotes étaient : les lieutenants Bellanger, Lafon, Létheux, Maillols, Yence, et les réservistes de Lambert et Latham.

Enfin, le parc du parti rouge, situé à Poix, possédait 6 aéroplanes.

---

(1) Comme dans la guerre actuelle, où l'on compte près de 10 °/. d'officiers tués. Ce résultat est dû à la présence, chez nos ennemis, de tireurs spéciaux, dits « tireurs d'officiers ». C'est là une nouveauté de la guerre moderne, telle que l'a conçue l'Allemagne.

Les pilotes étaient : le capitaine Hugoni, les lieutenants Maillefert, Sido, Acquaviva, de Caumont, et l'adjudant Ménard.

Ces noms sont intéressants à retenir, car ils constituent, en ajoutant les noms de Cammerman, Féquant et Rémy, qui volaient à Bordeaux, la liste presque complète des pionniers de l'aviation militaire en France.

Tous ces pilotes exécutèrent des reconnaissances. Certains, comme le capitaine Bellanger, firent trois et quatre longues sorties dans la même journée et déterminèrent l'emplacement exact d'une division de cavalerie dont le mouvement offensif inquiétait le chef du parti bleu.

Des aviateurs de Formerie tracèrent sur la carte la place occupée par les avant-postes et les batteries de l'ennemi. D'autres encore aperçurent des convois du génie ennemi et, descendant à faible hauteur, purent suivre les opérations de sapeurs occupés à installer une ligne télégraphique reliant diverses unités du parti rouge.

De même, des aviateurs du parti rouge, Sido, Ménard, etc., tinrent leur général au courant des moindres opérations tentées par le parti bleu.

Enfin, tous les renseignements demandés par les généraux sur la marche du gros de l'ennemi, ainsi que sur la cavalerie et l'artillerie, purent être recueillis, bien que le temps ait laissé à désirer plus d'une fois pendant ces manœuvres.

Manœuvres de 1911.

Le début de la concentration aéronautique faite dans l'Est, à l'occasion des manœuvres de Vesoul, en septembre 1911, fut marqué par deux accidents épouvantables, qui endeuillèrent les premières journées d'exercices.

Le capitaine Camine et le lieutenant de Grailly, qui se rendaient par voie des airs de Villacoublay à Vesoul, firent chacun, à quelques minutes d'intervalle, une chute mortelle.

Les appareils étaient identiques, et les causes des accidents identiques aussi.

Le clouage et le collage des toiles sur les ailes de ces monoplans étaient très défectueux, et, par-dessus le marché, le moteur avait des vibrations telles que les nervures des ailes tendaient à se disloquer.

Quatre cents mètres environ avant le lieu de la chute des malheureux aviateurs, on retrouva, en effet, une foule de débris de petits bois et de toile.

Les appareils, perdant leur sustentation de plus en plus, descendirent avec une vitesse vertigineuse, tandis que l'éclatement des nervures et des toiles devenait de plus en plus rapide.

Le capitaine Camine fut projeté, dans le choc de l'avion heurtant le sol, à une grande distance de son siège. Il se brisa le crâne.

Le lieutenant de Grailly, pris sous le réservoir qui s'enflamma, fut carbonisé vif.

En 1911, il n'y eut pas, à proprement parler, de grandes manœuvres.

Il y eut les manœuvres du 7ᵉ corps, à Vesoul, et ce furent les plus importantes, car on adjoignit à ce corps des groupes importants des différentes armes.

Il y eut également, du 11 au 18 septembre 1911, des manœuvres effectuées dans la région de Bar-le-Duc par le 6ᵉ corps.

Manœuvres du 7ᵉ corps d'armée.

Voici quelle était la répartition des aviateurs :

Première section : avions d'artillerie, capitaine Bellanger, lieutenants Clavenad et Chevreau (appareils Blériot).

Cette section a fait du service en campagne véritable, se déplaçant constamment avec les troupes.

Deuxième section : capitaines Echeman et de Goys, lieutenants Ducourneau, Yence et de Malherbe, caporal réserviste Legagneux, sur appareils Blériot;

Lieutenants Ludmann, Gourlez, Peralda, Migaud, sapeur réserviste Moineau, sur appareils Bréguet;

Capitaine Casse, lieutenants Rémy, Blard, sous-lieutenant réserviste Martinet, caporal réserviste Bill et sapeur Loridan, sur appareils H. Farman;

Lieutenant Trétarre, sapeurs réservistes Aubrun et Pascal, sur appareils Deperdussin;

Sapeurs réservistes Védrines et Tabuteau, sur appareils Morane.

Le 8 septembre 1911, Legagneux et Ducourneau, attachés au parti bleu, réussissent à s'envoler malgré un temps très défavorable. Ils doivent reconnaître les mouvements du parti rouge situé à Saulx, à 10 kilomètres au nord de Vesoul.

Le brouillard et les remous gênent considérablement les aviateurs, qui ne voient rien.

Martinet et Rémy ont des difficultés avec leur moteur et ne peuvent effectuer leur reconnaissance.

Seul, Ducourneau rapporte quelques renseignements, assez vagues d'ailleurs.

Du côté du parti rouge, Casse, Vergnette et Blard survolent Luxeuil et font de bonnes reconnaissances.

Le 10 septembre, les manœuvres commencent effectivement, et voici quelle est la répartition des avions :

Héricourt. — 4 Farman : capitaine Casse, lieutenants Blard, Loridan, Martinet; 4 Bréguet : lieutenants Ludmann, Péralda, Migaud, sergent Moineau.

Vesoul. — 4 Blériot : lieutenant Echemann, sapeur Tabuteau; 1 Deperdussin : Aubrun.

Villersexel. — 2 Blériot : capitaine Félix, caporal Legagneux; 1 Deperdussin : lieutenant Trétarre; 1 Bréguet : lieutenant Gourlez; 1 Farman : lieutenant Rémy.

Héricourt. — Avions du 59e d'artillerie (munis de roulottes pour suivre les troupes).

Pilotes : capitaine Bellanger, lieutenants Chevreau et Clavenad.

Le capitaine Félix avait la direction générale des manœuvres aéronautiques (surtout en ce qui concerne l'installation des parcs), et, en outre, il commandait personnellement le parc de Villersexel.

Ce parc était à la disposition du *parti bleu.*

Le parc de Vesoul appartenait au *parti rouge*, et celui d'Héricourt au *parti blanc.*

Le 11 *septembre* 1911, au parti rouge, Blard, Loridan, Casse, de Vergnette et Moineau accomplissent des reconnaissances malgré un vent violent.

Blard va survoler l'ennemi à Villersexel, et revient en sept minutes, soit du 200 à l'heure !

Au parti blanc, Ducourneau et Tabuteau réussirent, malgré des remous violents et des terrains d'atterrissage fort étroits, à aller à Besançon assurer la liaison des états-majors.

La place de Belfort, supposée investie, envoya un dirigeable, *l'Astra-Torrès*, prévenir l'armée amie de Vesoul des positions des assiégeants et de leurs points faibles.

Le 12 *septembre*, le lieutenant Rémy (1), dépendant du parc de Villersexel, va porter un message au général commandant la place de Langres et accomplit ainsi un raid militaire de 200 kilomètres.

---

(1) Pilote hors ligne et technicien de premier ordre. Mort comme capitaine, le 5 novembre 1914, en conduisant un avion de combat sur le front. La chute s'est produite au-dessus d'Issy-les-Moulineaux, déplorable champ d'aviation, dont les remous furent fatals à tant de pilotes.

Ce fut la plus longue de toutes les reconnaissances accomplies pendant les manœuvres de 1911.

Le vol le plus difficile fut la reconnaissance du 10 septembre, exécutée par Ducourneau, performance dont nous parlons plus haut.

Le vaillant et regretté aviateur, dont la mort, survenue en février 1912, constitue une perte irréparable pour l'aviation militaire, réussit à atterrir, à Saulx, dans un espace libre minuscule, entre un troupeau de vaches et une troupe de maraîchers.

Le directeur des manœuvres aériennes dit, en parlant de Ducourneau : « C'est le meilleur de mes aviateurs ! »

Cette journée du 12 septembre fut malheureusement attristée par l'accident survenu au lieutenant Ludmann. Celui-ci, heurtant un arbre à l'atterrissage, se blessa au front.

Par contre, Blard, Moineau et Trétarre firent de bonnes reconnaissances, repérant les positions de l'ennemi à Villargent et Héricourt, à Beveuze et Sénargent, et allant même jusqu'à Gémonval.

Martinet emmena dans les airs le grand-duc Boris de Russie, qui se déclara enchanté de son petit raid aérien.

Legagneux, chargé par le directeur des services aéronautiques d'aller porter un pli au gouverneur militaire de Besançon, s'acquitta à merveille de sa tâche.

Loridan, Casse et Péralda firent également de bonnes reconnaissances.

Le 13 septembre, tous les aviateurs se rendent à Belfort pour être passés en revue par le ministre de la guerre.

De légitimes récompenses sont accordées aux plus méritants.

La plupart sont inscrits au tableau soit pour l'avancement, soit pour la croix.

A noter, ce jour-là, une belle reconnaissance du dirigeable *Astra-Torrès*, qui, malgré un fort vent d'est, partit de nuit de Belfort pour aller faire une reconnaissance sur le parti blanc, à Montbéliard et Héricourt.

Le soir du 13 septembre, Védrines survola le Lion de Bartholdi, à Belfort, et jeta une oriflamme tricolore sur le monument.

L'enthousiasme de la population fut immense.

Le 14 septembre, tous les aviateurs furent passés en revue et félicités par le Président de la République.

Manœuvres du 6° corps.

La concentration aéronautique s'opéra le 8 septembre, à Mourmelon, en vue de ces manœuvres.

Le capitaine Etévé, directeur des services d'aviation du corps d'armée, arriva le premier, avec un observateur.

Le capitaine Barès, le lieutenant Cheutin et le sapeur Fourny arrivèrent de Buc le même jour. Cette escadrille de Maurice Farman devait avoir comme port d'attache Bar-le-Duc.

Plusieurs aviateurs militaires et civils du camp de Châlons étaient également désignés pour rejoindre le parc aéronautique du 6° corps, à Bar-le-Duc.

Le 13 septembre, tous les aviateurs étaient à Bar-le-Duc, tandis que les 40° et 42° divisions du 6° corps opéraient leurs manœuvres entre la Meuse et le massif de l'Argonne.

Barès, Cheutin et Fourny partirent en reconnaissance vers Fleury-sur-Aire et Beauzé. Ils rapportèrent tous des renseignements intéressants.

Le 14 septembre, dès la première heure, Cheutin, Fourny, Delage vont prendre les ordres du général d'Aubignosc, à Fleury-sur-Aire, et repartent immédiatement observer les cantonnements ennemis vers Clermont-en-Argonne, Dombasle-en-Argonne, Verdun, Souilly, Cousanges.

Le 15 septembre, le sapeur Nieuport arriva de Mourmelon par voie des airs, malgré le temps défavorable, et se posa devant les hangars de Dun-sur-Meuse. Sur le terrain, se trouvaient les autorités de l'aéronautique militaire.

A peine arrivé et bien qu'il fût déjà tard dans la matinée, et que le vent ne cessât d'augmenter de force, Nieuport accepta de repartir pour montrer aux officiers qui se trouvaient là les qualités de tenue dans l'air de son monoplan.

On sait que l'avion Nieuport que pilotait le brave constructeur était dû en entier, y compris le moteur et la magnéto, au génie du savant et modeste inventeur.

Nieuport monta donc à 500 mètres, fit quelques tours d'aérodrome et descendit en vol plané à spirale.

Alors qu'il allait atterrrir et effectuait un dernier virage pour se poser correctement devant les hangars, il fut pris par un violent remous et ne put remettre son moteur en marche afin de se défendre.

L'avion tomba sur l'aile, et Nieuport, grièvement blessé, mourut deux jours après.

Ce fut une perte irréparable pour l'aviation civile et militaire, car nul ingénieur aéronaute n'a eu, comme cet homme, la compréhension exacte des effets de l'air sur un avion, et n'a su, comme lui, réaliser un appareil dont tous les éléments, ailes, fuselage, moteur, magnéto, bougies, etc., sont construits d'après la même idée directrice.

Le monoplan Nieuport, moteur Nieuport, est l'aéronef qui possède de beaucoup le meilleur rendement au point de vue vitesse et au point de vue poids transporté.

Cependant le moteur est trop faible pour les grandes vitesses et la grande capacité de transport qu'on demande aujourd'hui.

Le 15 septembre, à Dun-sur-Meuse, près Verdun, où se trouve le deuxième parc d'aviation du 6e corps, les pilotes partent tous pour aller reconnaître les positions adverses et atterrir à Brabant.

Le 16, à 2 kilomètres de Damvilliers, le ministre de la

guerre passe en revue les aviateurs présents et distribue les récompenses.

Appréciation sommaire sur les manœuvres aériennes des 6ᵉ et 7ᵉ corps.

La plupart des reconnaissances ont été aussi bien réussies au 6ᵉ qu'au 7ᵉ corps, et cependant les aviateurs de ce dernier corps étaient mieux *soignés* (en langage sportif) que ceux du 6ᵉ. Cela était d'ailleurs naturel, puisque le principal effort des autorités militaires s'était porté sur les manœuvres du 7ᵉ corps.

Par ailleurs, dans les deux corps, si les aviateurs étaient rapidement informés sur les mouvements des adversaires, les chefs de corps ne recevaient parfois les renseignements que très tardivement. Certaines reconnaissances aériennes ont duré près de trois heures (cas des deux fronts très éloignés). Ajoutez à cela le temps perdu par l'aviateur qui ne peut pas toujours atterrir où il veut, et qui, parfois, doit emprunter un cheval ou une bicyclette pour aller faire son rapport au général, et vous comprendrez pourquoi les renseignements sont arrivés quelquefois deux heures trop tard.

Pour des reconnaissances aussi longues, le dirigeable, à condition de faire 80 kilomètres à l'heure (ce qui n'est malheureusement pas le cas des nôtres), serait bien préférable.

Muni de la T. S. F., il tiendrait le commandement au courant des changements de position de l'ennemi, tandis que nos aviateurs, rencontrant le chef qui les a envoyés en mission une heure parfois après avoir quitté le front de l'ennemi, ne savent évidemment pas quels mouvements celui-ci a effectués pendant cette heure-là. Cela peut avoir de l'importance dans *certains cas.*

Manœuvres de 1912.

En 1912, ce furent les grandes manœuvres du Poitou.

Les services aéronautiques étaient divisés en trois sections principales.

La direction générale, située aux environs de Poitiers, était confiée au colonel Romazotti.

Deux escadrilles de réserve et un dirigeable de réserve étaient à la disposition de la direction.

Le service d'aviation de l'armée de l'Ouest (parti bleu), situé à Voultegon, était sous les ordres du lieutenant-colonel Estienne.

4 escadrilles et 1 escadrille d'artillerie, plus 1 dirigeable, étaient à la disposition de l'armée de l'Ouest.

Le service d'aviation de l'armée de l'Est (parti rouge), situé à Tournon-Saint-Martin, avait pour chef le lieutenant-colonel Bouttiaux.

Ce service possédait 1 dirigeable, 4 escadrilles et 1 escadrille de cavalerie.

Il est impossible de donner le nom de tous les pilotes, qui étaient (outre les aviateurs de l'active et ceux de la réserve) au nombre de 61.

Le capitaine Bellanger dirigeait l'escadrille d'artillerie, et le capitaine de Roze l'escadrille de cavalerie.

Les escadrilles d'armée étaient à 6 appareils et les autres escadrilles à 2 avions.

Les différentes marques étaient ainsi représentées : 20 Blériot, 14 Maurice Farman, 7 Henri Farman, 9 Deperdussin, 4 Hanriot, 3 Borel, 2 Nieuport, 2 Bréguet.

L'escadrille I (capitaine Schneegans) comprenait 6 Henri Farman ;

L'escadrille II (capitaine Michaud) comprenait 6 biplans identiques ;

L'escadrille III (capitaine Bellanger) comprenait 6 Blériot biplaces ;

L'escadrille A (capitaine Casse) comprenait 3 Borel et 3 Blériot.

Ces 4 escadrilles appartenaient au *parti bleu*, commandé par le général Gallieni.

Les escadrilles IV, V, B et l'escadrille mixte dépendaient du *parti rouge*, commandé par le général Marion.

L'escadrille IV, commandée par le capitaine Corlin, comprenait 6 biplaces Deperdussin ;

L'escadrille V comprenait 6 biplaces Maurice Farman et était commandée par le capitaine Leclerc.

L'escadrille B, composée de 4 monoplans Hanriot, était dirigée par le capitaine Francezon.

Enfin, le capitaine Étévé avait sous ses ordres 6 triplaces, dont 2 Deperdussin, 2 Bréguet, 2 Nieuport.

Les armées disposaient en outre :

D'une escadrille d'artillerie ;

D'une escadrille de cavalerie ;

De deux escadrilles de réserve ;

Des dirigeables *Dupuy-de-Lôme* (parti ouest), *Adjudant-Réau* (parti est), *Adjudant-Vincenot* (en réserve).

Les journées stratégiques.

Bien que nous ne nous occupions ici que des manœuvres aéronautiques, il est indispensable de résumer en quelques lignes le thème général des opérations qui se déroulèrent du 11 au 18 septembre :

Un parti bleu de l'Ouest s'est rassemblé à l'ouest de la ligne Chantonnay, Fontenay-le-Comte, Niort, Saint-Jean-d'Angély. D'autres éléments se sont constitués au nord de Cholet et dans la région de Laval.

Un parti rouge de l'Est s'est réuni sur la haute Creuse, en amont d'Argenton. D'autres forces rouges, destinées également à opérer contre les troupes bleues, se forment sur le Cher inférieur, à l'est de Tours.

Les généraux Gallieni et Marion commandent respecti-vement chacun des partis, bleu et rouge.

Le général Joffre, chef d'état-major général de l'armée, avait la haute direction des manœuvres.

Les effectifs comprenaient : les 9°, 10° et 11° corps, un corps provisoire (une division du 5° corps, une division mixte de co'oniaux et d'alpins), la 1re et la 7° division de cavalerie et une division de réserve à 6 régiments.

La direction avait fait un effort sérieux pour rapprocher autant que possible les manœuvres de la réalité de la guerre.

Les chefs d'armée avaient, au début des opérations, à concentrer leurs troupes dispersées sur un vaste terrain, et cela, sans avoir aucune indication sur la situation de l'ennemi.

La 1re division de cavalerie de l'armée de l'Ouest (général Galliéni) put accomplir, le 11 septembre, deux importantes missions successives, grâce aux renseignements apportés par ses avions.

Par contre, le 15 et le 16 septembre, le 9° corps étant passé sous les ordres du général Galliéni, les avions de l'armée de l'Est furent chargés de surveiller ce corps, qui tentait un mouvement débordant.

Les avions ne purent apporter aucun renseignement précis.

Le commandant du 9° corps avait eu l'habileté de profiter de toutes les zones boisées pour faire cheminer ses troupes.

De plus, les aéroplanes de l'armée de l'Est (parti rouge) étaient considérablement gênés par la brume.

Leur échec est donc très explicable et n'enlève rien au mérite des vaillants officiers aviateurs.

Mais il y a une leçon à tirer de ces deux journées de manœuvres : les avions volent *mais n'observent pas* par tous les temps.

Grande serait l'erreur du chef qui négligerait de profiter

de toutes les occasions pour envoyer sa cavalerie en reconnaissance sous prétexte qu'il aura toujours des avions pouvant apporter les renseignements demandés.

Que le brouillard se lève, qu'un orage éclate, et voilà toutes les opérations *militaires* des avions entravées.

Ils voleront, c'est entendu, mais *ils ne verront rien*. Au point de vue militaire, c'est comme s'ils ne volaient pas. Et voilà la ligne de démarcation bien établie entre l'aviation sportive et l'aviation de guerre.

Alors que, certains jours, la première sera possible et donnera l'occasion d'enregistrer des performances intéressantes, la deuxième sera complètement entravée, et il vaudra mieux interdire des vols inutiles et garder les oiseaux de guerre intacts pour de meilleurs jours.

Il y aura même des jours où le temps permettra de survoler les aérodromes et où tout aviateur militaire, atterrissant en pleine campagne pour porter un renseignement à un chef, cassera probablement son appareil.

En temps de guerre, les généraux ne pourront pas toujours établir leur quartier à proximité d'une plaine favorable à l'envol des avions.

Si les observateurs aériens doivent requérir des chevaux ou des bicyclettes pour aller porter leurs renseignements, ils mettront souvent plus de temps à rejoindre le chef qu'à effectuer leur reconnaissance, et le gros intérêt de l'aéroplane, la vitesse, disparaîtra.

Sous ce rapport, le nouveau système d'accrochage des avions, établi par Blériot, pourra rendre d'immenses services aux armées.

De même qu'on installe les télégraphes et téléphones de campagne au fur et à mesure de la marche des troupes, on édifiera à proximité de chaque quartier général les poteaux et le fil d'accrochage destinés à l'arrivée des avions et à leur envol. Mais ceci est encore l'avenir.

En résumé, les paroles suivantes d'un brillant critique

militaire sont parfaitement vraies et doivent être méditées par tous les stratéges :

« Etudions les aéroplanes, profitons d'eux, utilisons-les mais ne nous emballons pas. Il ne faut tabler, à la guerre, que sur les choses toujours utilisables. »

Arrivée des escadrilles à leur port d'attache définitif.

Le 11 septembre, l'escadrille de Tournon-Saint-Martin quitta l'aérodrome et atterrit au parc d'Antran, par Châtellerault.

Les équipes Hanriot, Deperdussin et une escadrille Henry Farman devaient rester attachées à ce parc (parti rouge).

Le même jour, ces aéroplanes firent plusieurs reconnaissances, et l'un des avions capota en atterrissant dans un champ labouré, à Néré-les-Landes, près de Loudun. Seul, l'officier observateur eut quelques contusions; le pilote fut indemne.

Les journées tactiques.

Le 12 septembre, les armées arrivent en contact et les fronts se dessinent à peu près.

Les investigations des avions ne s'étendent plus (à part quelques missions spéciales) que sur des zones de terrain relativement étroites.

Les renseignements des observateurs portent généralement sur des indications de détail.

C'est en 1912, pour la première fois au monde, que, pendant les marches d'approche des armées ennemies, on a songé à obtenir par les avions des renseignements stratégiques sur les déplacements des grandes masses.

Pour obliger les chefs à agir ainsi, chaque armée fut tenue dans l'ignorance complète des opérations d'approche de l'ennemi.

Cette hypothèse n'était pas réalisée lors des précédentes manœuvres.

Le 12 septembre, l'escadrille A du parti bleu, campée en avant-garde à Doué-la-Fontaine, reçoit l'ordre de survoler la région comprise entre Châtellerault, Dangé et la Vienne, et de renseigner l'armée sur les mouvements de l'ennemi.

Toute l'escadrille a terminé sa mission à 10 heures et atterrit à Basorbe, rapportant de précieux renseignements.

Le même jour, à 16 h. 40, arrive à Tournon le dirigeable *Adjudant-Réau*, qui vient d'Issy-les-Moulineaux, après un superbe raid effectué à plus de 800 mètres de hauteur.

Le 13 septembre, l'escadrille V du parti rouge (capitaine Leclerc) campe à Jaunay-Clan, à l'aile gauche de son armée.

A Antran campent l'escadrille mixte (capitaine Etévé) et l'escadrille B (capitaine Francezon).

Au nord de Mirebeau se trouvent les escadrilles I, II, III du parti bleu.

Le directeur des services d'aviation de l'armée de l'Ouest (colonel Estienne) avait porté, du 12 au 13 septembre, tout son groupe d'avions en avant, dans un bond de 50 à 60 kilomètres.

Les appareils rapides (Deperdussin, Hanriot, etc.) avaient été portés, par son ordre, sur le front même de l'armée.

Au contraire, le colonel Bouttiaux, directeur des services d'aviation de l'armée de l'Est (parti rouge), avait formé ses escadrilles d'avions bien en arrière des troupes.

Cet officier supérieur est partisan des reconnaissances assez longues, peu rapides, effectuées toutes avec l'aide d'un observateur qui fouille un secteur en le faisant parcourir plusieurs fois par le pilote.

Le colonel Estienne est partisan du monoplan, souple, simple, léger, facilement démontable, effectuant le plus rapidement possible sa reconnaissance (même sans observateur) et revenant non moins vite donner le renseignement demandé.

Tous deux sont dans le vrai, mais la deuxième méthode doit être employée principalement pour les reconnaissances d'avant-garde et pour le contrôle des tirs d'artillerie, et la première méthode s'applique aux reconnaissances stratégiques et aux observations faites par les avions de place et de siège.

Le 13 septembre arrivent, pour les escadrilles de réserve, 4 Nieuport et 4 Rep.

A noter que l'un des avions biplaces était piloté par le regretté Charles Nieuport, qui devait se tuer si malheureusement quelques mois plus tard, en essayant un appareil militaire à Etampes.

Le même jour, l'escadrille A du parti bleu, qui semble être celle qui a le plus volé pendant toutes les manœuvres de 1912, effectue une reconnaissance de plus de 200 kilomètres pour renseigner le général Dubois.

Le 14 septembre, le groupe bleu, du colonel Bouttiaux, passe à la disposition du 10ᵉ corps, le 9ᵉ corps passant lui-même à l'armée du général Galliéni.

Le groupe Bouttiaux se tient à proximité de Saint-Varent.

Le groupe rouge, du colonel Estienne, s'est porté en avant, comme nous l'avons dit, et s'est mis à la disposition du 9ᵉ corps.

A Jaulnay-Clan se trouve désormais l'escadrille V ; à Antran, au nord de Châtellerault, l'escadrille mixte et l'escadrille B.

L'escadrille IV, stationnée à Doussay, au nord-ouest de Lencloître, se porta à Bellien, à l'ouest de Mirebeau.

Les escadrilles bleues et rouges étaient ainsi séparées par une très faible distance (15 kilomètres environ).

Dans ce cas-là, il y a évidemment intérêt à multiplier le nombre des reconnaissances, et par conséquent à les effectuer avec des appareils aussi rapides que possible, la position des troupes variant à chaque instant et l'aspect de la bataille se transformant d'un moment à l'autre.

Le colonel Bouttiaux fit partir, en conséquence, 18 avions de Saint-Varent, tandis que 20 avions du colonel Estienne quittèrent Doussay.

Des reconnaissances incessantes furent faites d'une armée à l'autre. Les fronts étant très rapprochés, comme nous l'avons dit, toute panne d'un avion en entrainait la capture : c'est ce qui arriva au maréchal des logis Bauneins.

Cela montre la nécessité, quand les armées sont très voisines, d'utiliser de préférence les avions légers, à grand excédent de puissance, ce qui leur permet de voler même avec un fonctionnement légèrement défectueux du moteur (un ou deux cylindres donnant mal, par exemple).

A noter, pendant la journée du 14, la mission spéciale donnée au sapeur Brégi (capitaine Langlade observateur), qui explore la région de Châtellerault, Thouars et Loudun, et effectue ainsi une magnifique reconnaissance de 230 kilomètres.

Les dirigeables.

Pour les grandes reconnaissances stratégiques, pendant lesquelles il importe de voler longtemps et peu rapidement, afin de bien reconnaitre le front de l'ennemi, souvent très mal dessiné, le dirigeable sera durant bien des années encore l'aéronef indispensable.

Le 11 et le 14 septembre, l'*Adjudant-Réau* et le *Dupuy-de-Lôme* ont fait d'excellentes reconnaissances. Le premier a rendu un très grand service à l'armée de l'Est (parti rouge), en indiquant la concentration au sud de la Loire de l'armée de l'Ouest (parti bleu).

La T. S. F. des dirigeables a admirablement fonctionné.

Les aéroplanes actuels ne paraissent pas disposés de manière à utiliser un poste de T. S. F. d'une puissance moyenne (1). Lorsque l'avion a son observateur et son plein d'essence (et nous ne parlons évidemment que des aéroplanes à grande capacité de transport), le pilote a assez de peine à décoller en terrain accidenté pour qu'on ne lui ajoute pas une charge d'une cinquantaine de kilogrammes représentant le poids d'un poste de T. S. F. de bonne puissance.

Ce sont-là des expériences qu'on réussit surtout autour des aérodromes, lorsqu'on peut emporter sans risques une très légère charge de combustible.

Conclusions.

Les dirigeables n'ont eu qu'une légère avarie. L'*Adjudant-Réau* fit un atterrissage défectueux le 12 septembre. Mais l'avarie fut réparée dans la nuit.

Il y eut de même plusieurs pannes d'aéroplanes, mais ce fut peu de chose, si l'on considère le grand nombre des appareils employés.

Par contre, les manœuvres de 1912 ont montré que l'avion complète, aide la cavalerie, mais ne la supplée pas.

S'il voit plus vite et mieux le gros de l'ennemi, il ne peut se dissimuler, comme la reconnaissance de cavalerie, dès qu'il a aperçu ce qu'il voulait.

Il n'a pour arme que sa vitesse, laquelle peut être réduite par le vent et peut être inefficace si les ennemis, nombreux et bien postés, possèdent les engins nécessaires pour lui tirer dessus.

Si l'avion cherche à monter rapidement, il ira moins vite et restera donc plus longtemps exposé aux coups de l'ennemi.

D'autre part, il est à la merci de la moindre panne de

---

(1) Pendant la guerre européenne, les avions d'artillerie ont été munis d'un poste de T. S. F. très léger, mais d'une portée faible (suffisante toutefois pour se tenir en relation avec la batterie).

moteur. Si la reconnaissance à effectuer est de longue durée, il est donc indispensable de fournir un appui aux escadrilles d'aéroplanes. Sans cela, on peut affirmer que le pilote, en panne pendant plusieurs heures dans la campagne, court encore plus de risques qu'un cavalier.

Les avions nous semblent donc devoir être rattachés, en grand nombre, aux divisions de cavalerie qui lanceront leurs aéroplanes comme elles découplent leurs groupes de cavaliers.

Ceux-là devront déterminer l'emplacement des grosses unités. Ceux-ci devront apprécier les détails et déterminer plus complètement les différents points occupés par l'adversaire ainsi que le genre de troupes qui les occupent.

Le véritable travail de préparation au combat semble donc incomber toujours à la cavalerie, qui *combat, conquiert le terrain* et prépare les voies à l'infanterie.

L'avion *voit*, travaille pour le haut commandement et *pour la cavalerie*, mais il n'est qu'un instrument de renseignement et ne combat pas en principe, sauf contre les avions ennemis.

Je n'ai pas à rechercher s'il sera offensif dans quelques années (1), car je suis convaincu qu'avant de devenir arme définitive de combat il sera remplacé par une combinaison de planeur avec l'hélicoptère (hélice mi-tractive et mi-sustentatrice) ou l'ornithoptère. La commande qui orientera convenablement l'axe de l'hélice ou fera battre la partie mobile des ailes devra en même temps, évidemment, donner l'incidence convenable aux surfaces fixes. De tels appareils n'auront donc rien de commun avec ce que nous appelons « aéroplane »; nous ne pouvons donc pas discuter à leur sujet.

---

(1) Le fait de lancer avec succès quelques bombes et des fléchettes ne permet pas encore de dire que l'avion a une part effective d'action offensive dans la bataille. Ses effets destructifs sont trop dispersés.

Une section de mitrailleuses, à terre, fait généralement plus de besogne destructive qu'une escadrille d'avions de combat.

De tout ceci, il paraît ressortir nettement que, loin de supprimer la cavalerie, l'aéroplane, tout en facilitant énormément sa tâche et en la préservant de bien des surprises, lui fera attribuer un rôle nouveau : celui de soutien d'échelons volants.

Hauteur d'observation.

Les manœuvres de 1910, 1911, 1912, montrent que la bonne hauteur d'observation est entre 800 et 1.200 mètres. Il est incontestable que l'avion est vulnérable à cette hauteur, mais à plus grande hauteur il le serait également, puisque, pendant la guerre actuelle et pendant les plus récentes, des pilotes ont été blessés à 2.000 mètres.

Il y a donc un risque de guerre à assumer (outre les risques sportifs) pour le pilote et l'observateur d'avion.

Mais à 1.200 mètres la vulnérabilité est assez faible.

Quant aux avions blindés, ils pourront peut-être voler plus bas sans trop de danger, malheureusement le poids du blindage les privera d'une grande partie de la capacité de transport, déjà bien insuffisante sur les avions actuels.

L'aérostation française.

Voici, au moment des grandes manœuvres de 1913, les noms et caractéristiques des dirigeables que la France pourrait mettre en ligne en temps de guerre :

Dirigeables militaires.

Adjudant-Vincenot (1911), sorti des ateliers Clément-Bayard ; 2 moteurs Clément-Bayard de 100 HP ; ce ballon est stationné à Verdun. Sa vitesse est de 54 kilomètres à l'heure et son cube de 9.000 mètres cubes.

Adjudant-Réau (1911), type Astra ; 8.950 mètres cubes. Le ballon a 2 moteurs Panhard de 120 HP, qui lui impriment une vitesse maxima de 54 kilomètres à l'heure. Cet aéronat est stationné à Verdun.

Lieutenant-Chauré (1911). Mêmes caractéristiques que le précédent. Ce ballon a été construit par souscription des lecteurs du *Temps*.

Capitaine-Ferber (1911), type Zodiac. 2 moteurs Laviator de 70 HP. Cube : 1.600 mètres cubes. Vitesse : 54 kilomètres à l'heure.

Selle-de-Beauchamps (1911), ballon de 8.000 mètres cubes, type Lebaudy. 2 moteurs Panhard de 75 HP. Vitesse 50 kilomètres. Ce ballon est destiné au hangar de Maubeuge. Mais un accident en a retardé la réception et il est toujours dans le hangar du constructeur à Moisson (Seine-et-Oise).

Commandant-Coutelle (1911), ballon Zodiac de 9.000 mètres cubes. Vitesse : 54 kilomètres à l'heure. 2 moteurs Laviator de 190 HP. Ce ballon est stationné à Epinal.

Fleurus (1912), type militaire construit par Chalais-Meudon. *Seul dirigeable français cloisonné* (4 compartiments). On sait que les *Zeppelin* ont 19 compartiments.
Le Fleurus a 2 moteurs Clément-Bayard de 80 HP. Vitesse : 58 kilomètres.

Dupuy-de-Lôme (1912), type Clément-Bayard, de 9.000 mètres cubes. Ballon actionné par deux moteurs Clément-Bayard de 125 HP, qui lui impriment une vitesse maxima de 54 kilomètres. Ce dirigeable doit être stationné à Lamotte-Breuil (Aisne).

Eclaireur-Conté (1912), type Astra, 6.640 mètres cubes. Vitesse : 55 kilomètres à l'heure. Deux moteurs Chenu de 75 HP. Ce ballon est à Issy-les-Moulineaux et recevra prochainement une autre destination.

Spiess (1912). C'est le premier essai de dirigeable rigide en France. Nous avons naturellement tout un apprentissage à faire dans cette voie, apprentissage que les Allemands ont fait *depuis* 1890, en construisant sans relâche, depuis cette époque, des aéronats rigides et cloisonnés et en ne se laissant pas abattre par les déboires inévitables en matières aéronautiques.

Comme je le dis dans mon volume sur l'*Aéronautique navale*, c'est en 1874 que M. Spiess proposa ses plans à la France et ce n'est qu'en 1912 qu'on décida d'essayer son invention. Une fois de plus, l'Allemagne a profité d'une invention française.

Le dirigeable *Spiess*.

Ce dirigeable est en essais à Saint-Cyr. Les plans de cet aéronat et les brevets de tout genre de dirigeable rigide, d'ailleurs, sont dus à l'Alsacien Spiess, qui, deux ans après le traité de Francfort (1873) voulut offrir son invention à la France, qu'il continuait à considérer comme sa patrie.

Son désintéressement et sa générosité reçurent un accueil plus que glacial. Spiess ne se découragea pas, et, ayant perfectionné son projet, l'offrit de nouveau à l'armée vers 1885. Il fut éconduit plus que jamais, l'autorité militaire ayant réalisé un dirigeable souple qui donnait quelques résultats, et tenant à écarter les concurrents.

Quelques années plus tard, voyant que l'Allemagne couvrait Zeppelin d'argent et d'honneurs, Spiess, loin d'apprécier sévèrement l'inertie des pouvoirs publics à son égard, entreprit *de réaliser, à ses frais, l'idée qu'il avait conçue.*

Vers 1911, on l'autorisa à faire cadeau d'un de ses magnifiques ballons à l'armée, et le projet de *1873* fut mis à exécution en *1912.*

On sait que pendant ce temps Zeppelin avait, dès 1890, utilisé les idées de Spiess dont les brevets étaient tombés dans le domaine public.

Vingt-quatre années de labeur opiniâtre permettaient aux Allemands, malgré leurs médiocres dispositions pour la construction des aéronefs, de prendre, en ce qui concerne les ballons, une avance colossale sur notre pays, qui décourageait ses meilleurs inventeurs.

Heureusement qu'il n'est jamais trop tard pour bien faire, et maintenant que nous nous intéressons sérieusement aux dirigeables, nous pouvons espérer, dans quelques années, rattraper l'avance prise par nos voisins de l'Est.

Le *Spiess* (1912) a *113* mètres de long et cube 13.000 mètres cubes. La carcasse, composée de tubes de bois renforcés de toile, est divisée en 12 compartiments comprenant chacun un ballonnet.

Une toile bien tendue et imperméable à l'humidité recouvre toute la carcasse sous laquelle sont fixées 2 nacelles, une à chaque extrémité du ballon. Dans chaque nacelle se trouve un moteur Chenu de 180 HP, suspendu sur des ressorts et relié à cardan au moteur et à 2 hélices.

Il y a donc 4 hélices. Elles sont en bois, à deux pales, et ont 4 mètres de diamètre.

Comme le montre la figure, les hélices sont fixées à la carcasse et à environ un tiers de la hauteur du ballon.

La quille est entoilée et relie les deux nacelles par un tunnel.

Les gouvernails forment un empennage cruciforme situé à l'extrémité arrière de la carcasse.

Pour éviter la dérive du ballon et les chocs pouvant en

résulter lors des manœuvres d'entrée et de sortie, on a disposé 2 rails courant parallèlement jusqu'à 200 mètres du hangar.

Sur ces rails roulent des chariots auxquels on fixe le dirigeable. Puis le tout glisse dans l'axe même du hangar à l'intérieur duquel se prolonge la voie ferrée.

Dirigeables sans valeur militaire.

La Liberté (1909), le *Colonel-Renard* (1910) et le *Capitaine-Marchal* (1911) ont des vitesses inférieures à 50 kilomètres à l'heure et ne peuvent rendre de services aux armées. On ne doit les utiliser que comme ballons d'instruction.

Dirigeables privés.

Astra (1908), 4.475 mètres cubes. Un moteur Clément de 100 HP. Vitesse : 43 kilomètres.

Ce ballon, excellent pour les ascensions privées, n'a pas de valeur militaire, la vitesse étant trop faible.

Zodiac III (1909), 1.600 mètres cubes. Un moteur Ballot de 40 HP. Appartient à la Société Zodiac. Vitesse : 45 kilomètres.

Astra-Torrès (1911). Appartient à la Société Astra, constructrice. Cube : 1.600 mètres cubes; vitesse : 56 kilomètres. Un moteur Chenu de 55 HP.

Croiseur-Transaérien (1912). Appartient à la Compagnie transaérienne. Ballon de 9.000 mètres cubes, donnant la vitesse maxima de 56 kilomètres à l'heure. Actionné par deux moteurs Chenu de 150 HP.

Clément-Bayard VI (1912), ballon de 6.200 mètres cubes, actionné par deux moteurs Clément-Bayard de 90 HP. Vitesse : 58 kilomètres. Ce dirigeable est en construction pour l'armée.

Dirigeables en construction.

Les maisons Astra, Clément-Bayard, Lebaudy et Zodiac ont reçu chacune la commande d'un grand dirigeable de 17.000 mètres cubes et 1.000 HP, donnant la vitesse de 75 kilomètres à l'heure.

Grandes manœuvres de 1913.

Ces manœuvres ont eu une importance exceptionnelle à cause des effectifs très considérables qui ont pris part aux opérations, et aussi à cause du nombre et de la qualité des escadrilles aériennes chargées du service de reconnaissance. Ces échelons volants appartiennent à nos garnisons de l'Est. C'est dire que ces escadrilles sont toutes supérieurement entraînées.

Pour que le lecteur puisse se rendre compte de l'importance des renseignements fournis par les aviateurs au sujet des déplacements de telle ou telle unité, nous donnons ci-dessous la constitution des deux armées qui ont pris part aux manœuvres de 1913.

Ordre de bataille.

I. — DIRECTION DES MANŒUVRES.

Directeur des manœuvres : général de division Joffre, chef d'état-major général de l'armée.

Chef d'état-major de la direction des manœuvres : général de division de Curières de Castelnau, premier sous-chef d'état-major de l'armée.

Service de l'arbitrage.

Premier groupe : général Delarue, commandant le génie du gouvernement militaire de Paris.

Deuxième groupe : général Hache, commandant la 40e division d'infanterie.

Troisième groupe : général Sauret, commandant la 19e division d'infanterie.

Quatrième groupe : général Conneau, membre de la commission mixte des travaux publics.

II. — Commandement des armées.

Armée P (parti bleu).

Commandant de l'armée : général de division Pau, membre du conseil supérieur de la guerre.

Chef d'état-major général : colonel Anthoine, membre du comité d'état-major.

Armée C (parti rouge).

Commandant de l'armée : général de division Chomer, membre du conseil supérieur de la guerre.

Chef d'état-major général : colonel Demange, membre du comité d'état-major.

III. — Ordre de bataille des grandes unités.

12e corps d'armée.

Général commandant le corps d'armée : général de division Roques.

Chef d'état-major : colonel Deffontaines.

Général commandant l'artillerie du corps d'armée : général Bapst.

Commandant le génie du corps d'armée : commandant Tison.

Directeur des services administratifs : intendant militaire Marulaz.

Directeur du service de santé : médecin inspecteur Labit.

Trésor et postes : payeur principal Mœneclaney.

Prévôté et force publique : chef d'escadron Fourgerot

23° *division d'infanterie*. — Général commandant la division, général de division Leblond; chef d'état-major, chef d'escadron Seguin.

45° brigade d'infanterie : général commandant la brigade, général de brigade Peslin : 63° régiment d'infanterie, colonel Chabrol; 78° régiment d'infanterie, colonel Arlabosse.

46° brigade d'infanterie : général commandant la brigade, général de brigade Blazer; 107° régiment d'infanterie, colonel Jacquot; 138° régiment d'infanterie, lieutenant-colonel Lefebvre.

Artillerie divisionnaire : commandant de l'artillerie, colonel Kappes; 1er groupe de l'artillerie divisionnaire (21° régiment), chef d'escadron Savoureau ; 2° groupe (52° régiment), chef d'escadron Brasard.

Compagnie 12/1 du 7° régiment du génie, capitaine Servan.

24° *division d'infanterie*. — Général commandant la division, général de division Castelli; chef d'état-major, chef de bataillon Delouche.

47° brigade d'infanterie : général commandant la brigade, général de brigade Jouannic; 50° régiment d'infanterie, colonel Giaccobbi; 108° régiment d'infanterie, colonel Aurousseau.

48° brigade d'infanterie : général commandant la brigade, général de brigade Gérôme; 100° régiment d'infanterie, colonel Pironneau; 126° régiment d'infanterie, colonel Dubois.

Artillerie divisionnaire : commandant de l'artillerie, colonel Potel; 1er groupe de l'artillerie divisionnaire (34° régiment), chef d'escadron Boyer-Vidal; 2° groupe (52° régiment) , chef d'escadron Bonnel.

Compagnie 17/3 du 2° régiment du génie, capitaine Vernay.

Eléments non endivisionnés. — Artillerie de corps : commandant de l'artillerie de corps, colonel d'Astorg (51e régiment) ; commandant du 1er groupe (51e régiment), chef d'escadron Ducrest de Villeneuve ; commandant du 2e groupe (51e régiment), chef d'escadron O'Neill.

Compagnie du génie de corps (12/3 du 7e régiment), capitaine Delétoille.

Régiment de cavalerie de corps : 21e régiment de chasseurs et 1/2 régiment du 20e dragons : colonel de Montjou.

16e corps d'armée.

Général commandant le corps d'armée : général de division Faurie.

Chef d'état-major : colonel Meunier.

Général commandant l'artillerie du corps d'armée : général Compagnon.

Commandant du génie du corps d'armée : lieutenant-colonel Sacome.

Directeur des services administratifs : intendant militaire Peltier.

Directeur du service de santé : médecin inspecteur Cahier.

Trésor et postes : payeur principal Firmin.

Prévôté et force publique : chef d'escadron Costedoat.

31e division d'infanterie. — Général commandant la division, général de division Besset ; chef d'état-major, lieutenant-colonel Claudon.

61e brigade d'infanterie : général commandant la brigade, général de brigade Huguet ; 81e régiment d'infanterie, colonel Aubert ; 96e régiment d'infanterie, colonel Roig.

62e brigade d'infanterie : général commandant la brigade, général de brigade Xardel ; 122e régiment d'infanterie, colonel Escudier : 142e régiment d'infanterie, colonel Lamole.

Artillerie divisionnaire : commandant de l'artillerie, colonel Sentis ; 1er groupe de l'artillerie divisionnaire (56e régiment), chef d'escadron de Chillaz ; 2e groupe (9ª régiment), chef d'escadron de Reynaud de Villeverd.

Compagnie 16/1 du 2e régiment du génie, capitaine Burtz.

32e *division d'infanterie*. — Général commandant la division, général de division Voirhaye ; chef d'état-major, chef de bataillon Michel.

. 63e brigade d'infanterie : général commandant la brigade, général de brigade Diou ; 53ª régiment d'infanterie, colonel Arbanère ; 80e régiment d'infanterie, colonel Peltier de Woillemont.

64e brigade d'infanterie : général commandant la brigade, général de brigade Sibille : 15e régiment d'infanterie, lieutenant-colonel Beuvelot ; 143e régiment d'infanterie, colonel Berguin.

Artillerie divisionnaire : commandant de l'artillerie, colonel Cros, du 3e d'artillerie ; 1er groupe de l'artillerie divisionnaire (3e régiment), chef d'escadron Crebassol ; 2e groupe (9e régiment), chef d'escadron Tisserand.

Compagnie 16/2 du 2e régiment du génie, capitaine Gillet.

Eléments non endivisionnés. — Artillerie de corps : commandant de l'artillerie de corps, colonel Mozat, du 53e ; commandant du 1er groupe (53e régiment), chef d'escadron Chevalier ; commandant du 2e groupe (53ª régiment), chef d'escadron Seguin.

Compagnie du génie de corps (19/1 du 7e régiment), capitaine Haby.

Régiment de cavalerie de corps : 1er régiment de hussards et demi-régiment du 19e dragons, colonel Renaudeau d'Arc.

17e corps d'armée.

Général commandant le corps d'armée : général de division Plagnol.

Chef d'état-major : colonel Renault.

Général commandant l'artillerie du corps d'armée : général Malcor.

Commandant le génie du corps d'armée : lieutenant-colonel Cernesson.

Directeur des services administratifs : intendant militaire Bourgeois.

Directeur du service de santé : médecin inspecteur Béchard.

Trésor et postes : payeur principal Maury.

Prévôté et force publique : chef d'escadron Fournier.

33e division d'infanterie. — Général commandant par intérim la division, général de brigade Bourdériat; chef d'état-major, commandant Mondange.

10 septembre 1913 : Grandes manœuvres du Sud-Ouest.
Le centre d'aviation de Castelsarrasin. — L'escadrille BRÉGUET.

65e brigade d'infanterie : général commandant la brigade, général de brigade Superbie; 7e régiment d'infanterie, colonel Hélo; 9e régiment d'infanterie, colonel Descoings.

66e brigade d'infanterie : général commandant la brigade, général de brigade Ganeval; 11e régiment d'infanterie, colonel Appert; 20e régiment d'infanterie, colonel Detrie.

Artillerie divisionnaire : commandant de l'artillerie, colonel Paloque; 1er groupe de l'artillerie divisionnaire (18e régiment), chef d'escadron Triquera; 2e groupe (18e régiment), chef d'escadron Ulmo.

Compagnie divisionnaire du génie : compagnie du 7e régiment du génie, capitaine Lapillonne.

34e *division d'infanterie*. — Général commandant la division, général de division Martin; chef d'état-major, commandant Louveau de la Guigneraye.

67e brigade d'infanterie : général commandant la brigade, général de brigade Souchier; 14e régiment d'infanterie, colonel Huc; 83e régiment d'infanterie, colonel Caldairou.

68e brigade d'infanterie : général commandant la brigade, général de brigade Ravenez; 59e régiment d'infanterie, colonel Agut; 88e régiment d'infanterie, colonel Mahéas.

Artillerie divisionnaire : commandant de l'artillerie, colonel Delmotte; 1er groupe de l'artillerie divisionnaire (23e régiment), chef d'escadron Solomiac; 2e groupe, chef d'escadron Jacquemin.

Compagnie divisionnaire du génie : compagnie du 2e régiment du génie, capitaine Bonvallet.

Eléments non endivisionnés. — Artillerie de corps : commandant de l'artillerie de corps, colonel Vittu de Kerraoul; commandant du 1er groupe (38e régiment), chef d'escadron

Chardon; commandant du 2ᵉ groupe (38ᵉ régiment), chef d'escadron Fauconnet.

Compagnie du génie de corps du 7ᵉ régiment, capitaine Siguier.

Régiment de cavalerie de corps : 9ᵉ régiment de chasseurs et demi-régiment du 19ᵉ dragons, lieutenant-colonel Chauvey.

18ᵉ *corps d'armée.*

Général commandant le corps d'armée : général de division de Mas-Latrie.

Chef d'état-major : lieutenant-colonel Vuillemet.

Colonel commandant par intérim l'artillerie du corps : colonel Dumezil.

Colonel commandant le génie du corps : colonel Pagès.

Directeur des services administratifs : intendant militaire Bertrand.

Directeur du service de santé : médecin principal Brisse Saint-Macary.

Trésor et postes : payeur principal Dessart.

Prévôté et force publique : chef d'escadron de gendarmerie Gavignet.

35ᵉ *division d'infanterie.* — Général commandant la division, général Brun d'Aubignosc; chef d'état-major, chef de bataillon Pluyette.

69ᵉ brigade d'infanterie : colonel commandant par intérim la brigade, colonel Géniteau; 6ᵉ régiment d'infanterie, colonel Doë de Maindreville; 123ᵉ régiment d'infanterie, colonel Saint-Étienne.

70ᵉ brigade d'infanterie : général commandant la brigade, général de brigade Pierron; 57ᵉ régiment d'infanterie, colonel Dapoigny; 144ᵉ régiment d'infanterie, colonel Gauthier.

Artillerie divisionnaire : commandant de l'artillerie,

colonel Stammler ; 1er groupe de l'artillerie divisionnaire (58e), chef d'escadron Pierre : 2e groupe (24e), chef d'escadron Prosper.

Compagnie 18/1 du 2e régiment du génie, capitaine Verdier.

36e division d'infanterie. — Général commandant la division, général de division Micheler ; chef d'état-major, chef de bataillon Olive.

71e brigade d'infanterie : général commandant la brigade, général de brigade Bertin ; 34e régiment d'infanterie, colonel Capdepont ; 49e régiment d'infanterie, colonel Ducrot.

72e brigade d'infanterie : général commandant la brigade, général de brigade Alba ; 12e régiment d'infanterie, colonel de Sèze : 18e régiment d'infanterie, colonel Gloxin.

Artillerie divisionnaire : commandant de l'artillerie, lieutenant-colonel Ferreyra ; 1er groupe de l'artillerie divisionnaire (14e régiment), chef d'escadron Carrez ; 2e groupe, chef d'escadron Desse.

Compagnie 18/2 du 2e régiment du génie, capitaine Rose.

Éléments non endivisionnés. — Artillerie de corps : commandant de l'artillerie de corps, colonel Barthal ; 1er groupe de l'artillerie de corps (49e), chef d'escadron Jamet ; 2e groupe, chef d'escadron Keller.

Compagnie du génie de corps 19/3 du 7e régiment, capitaine Blaise.

Régiment de cavalerie de corps : 10e régiment de hussards et demi-régiment du 20e régiment de dragons, colonel de Rascas.

1re *division d'infanterie coloniale.*

Général commandant la division, général de division Vimard ; chef d'état major, lieutenant-colonel Boucabeille.

3e brigade d'infanterie coloniale : général commandant la brigade, général de brigade Rondony ; 3e régiment d'infanterie, colonel Lamolle; 7e régiment d'infanterie, colonel Mazillier.

5e brigade d'infanterie coloniale : général commandant la brigade, général de brigade Leblois; 21e régiment d'infanterie, colonel Puyperoux; 23e régiment d'infanterie, colonel Nèple.

Artillerie divisionnaire : commandant de l'artillerie, colonel Barbier; 1er groupe de l'artillerie divisionnaire (1er régiment), commandant Coleno; 2e groupe (2e régiment), commandant Michel; 3e groupe (1er et 3e régiments), commandant Docteur.

Compagnie du 2e régiment du génie, capitaine Blaquière.

Cavalerie attachée à la division : 3e régiment de dragons (2 escadrons), commandant de La Teillais.

6e *division de cavalerie.*

Général commandant la division, général de division Charlery de La Masselière; chef d'état-major, chef d'escadron Moineville.

5e brigade de cuirassiers : général commandant la brigade, général de brigade Lamy; 7e régiment de cuirassiers, colonel de La Maison-Rouge; 10e régiment de cuirassiers, colonel Bartoli.

6e brigade de dragons : général commandant la brigade, général de brigade Laperrine; 2e régiment de dragons, colonel Schultz; 17e régiment de dragons, colonel d'Amonville.

Artillerie divisionnaire, chef d'escadron Pascaud.

Brigade provisoire de cavalerie. — Général commandant la brigade, général de brigade Grellet; 10e régiment de dragons, colonel de La Ruelle; 15e régiment de dragons, colonel Monsenergue; 3e régiment de chasseurs, colonel Mordacq.

Artillerie lourde : groupe du 2e régiment d'artillerie de

campagne, commandant de Romance; groupe du 20e régiment d'artillerie de campagne, commandant Bizard.

Service de l'aéronautique.

Directeur du service de l'aéronautique : général Hirschauer, inspecteur permanent de l'aéronautique militaire.

Chef du service de l'aviation de l'armée P : lieutenant-colonel Voyer; chef du service de l'aviation de l'armée C : colonel Renaud.

Commandants de ports d'attache de dirigeables. — Commandants Richard et Labadie.

Chefs d'escadrille : capitaines Jacquet, de Saint-Quentin, Voisin, Aubry, Estirac, Massol.

Voici maintenant le thème général des manœuvres :

Dans les premiers jours de septembre 1913, un parti rouge du Sud s'est engagé contre un parti bleu du Nord, dans la région au nord de la Dordogne.

« Menacées sur leur flanc est par l'arrivée prochaine de renforts ennemis, les troupes rouges ont dû se dérober dans la direction générale de Toulouse, capitale du parti rouge, et de Castres, où affluent de nouvelles forces venant du sud et du sud-est.

» Les corps du parti bleu, engagés dans les actions au nord de la Dordogne, sont momentanément ralentis dans leur progression en raison des pertes subies et des difficultés de ravitaillement.

» De nouveaux éléments bleus sont en formation au sud de Bordeaux. »

D'après les renseignements fournis ci-dessus, on voit que l'armée Pau appartient au parti Nord, et l'armée Chomer au parti Sud.

Le thème général des opérations.

Le général Pau recevait le 10 septembre, à 2 heures, du commandant en chef fictif de l'armée bleue, les instructions suivantes :

« Brive, 9 septembre, 18 heures. — Les forces ennemies, battues, se retirent vers le sud-est, à la rencontre de renforts qui afflueraient principalement par la ligne Cette-Toulouse. Leurs arrière-gardes ont été signalées hier soir sur la Dordogne, à Bergerac et en amont.

» D'après les derniers renseignements reçus, l'ennemi aurait déjà constitué de nouveaux groupements à Toulouse et à Mures. Leur importance est évaluée à trois divisions d'infanterie au moins : une division de cavalerie aurait passé la nuit du 8 au 9 septembre sur la Save, dans la région de Montaigut-sur-Save. Enfin des organisations défensives seraient projetées sur les deux rives de la Garonne, aux abords immédiats de Toulouse.

» Le gros de nos forces a entamé la poursuite de l'ennemi en direction générale de Toulouse.

» En marchant droit sur la capitale ennemie, ma pensée est d'obliger l'ennemi à accepter la bataille avant la reconstitution complète de ses moyens. Je compte l'atteindre le 14 ou le 15 septembre sur le Tarn. Mon intention est de le fixer avec le gros de nos forces et d'agir avec votre armée sur ses principales communications vers le sud-est : Toulouse-Pamiers, Toulouse-Cette.

» Pour le succès de ces opérations, il importe que votre armée gagne au plus tôt la région Toulouse-Muret. Elle se mettra en mouvement le 11 septembre, à 6 heures.

» La liaison de votre armée avec le gros du parti bleu sera assurée sur la Garonne même, par les soins de ce dernier.

» Notre colonne extrême de l'ouest, franchissant la Dordogne à Bergerac, atteindra vraisemblablement le 12 septembre, avec ses avant-gardes, la région de Villeneuve-sur-Lot. »

Comme le général Pau, le 10 septembre, à 5 heures, le général Chomer recevait du commandant en chef (fictif) de l'armée rouge les instructions suivantes :

» Caussade, 10 septembre, 2 heures. — Les corps bleus qui m'étaient opposés n'avaient pas encore franchi, hier, 9 septembre, la ligne de la Dordogne, dont les principaux passages ont d'ailleurs été détruits.

» Le gros de nos forces qui atteindra aujourd'hui même la rive sud du Lot continuera donc son mouvement vers la région Toulouse-Albi-Castres, sans crainte d'être sérieusement inquiété; toutefois, des colonnes bleues évaluées à 2 ou 3 divisions ont été signalées en mouvement, le 7 septembre, de Mont-de-Marsan et Bazas vers l'est et le sud-est.

» Un parti important de troupes de toutes armes (plus d'une brigade avec une forte proportion de cavalerie) était déjà hier, 9 septembre, entre le Gers et l'Arrats, dans la région de Miradoux.

» L'intention de ces nouveaux groupements peut être : soit de franchir la Garonne, notamment dans la région de Moissac, pour inquiéter d'abord notre flanc ouest et opérer ensuite leur jonction avec le gros du parti bleu; soit de marcher rapidement vers Toulouse et Mures pour occuper la capitale, d'une part, et d'autre part pour agir contre nos principales communications avec le sud.

» Votre armée a la mission de s'opposer à ces diverses actions possibles de l'ennemi en opérant sur la rive gauche de la Garonne.

» Les opérations sur la rive droite restent attribuées au gros de nos forces, dont la colonne extrême de l'ouest aura vraisemblablement son arrière-garde, le 11 septembre, à Tournon, et le 13, aux abords de Montauban.

» La liaison de l'armée Ouest avec le gros de notre parti

sera assurée, sur la Garonne, à la diligence des troupes opérant sur la rive droite. Votre armée entrera en opérations dès demain 11 septembre, à 6 heures. »

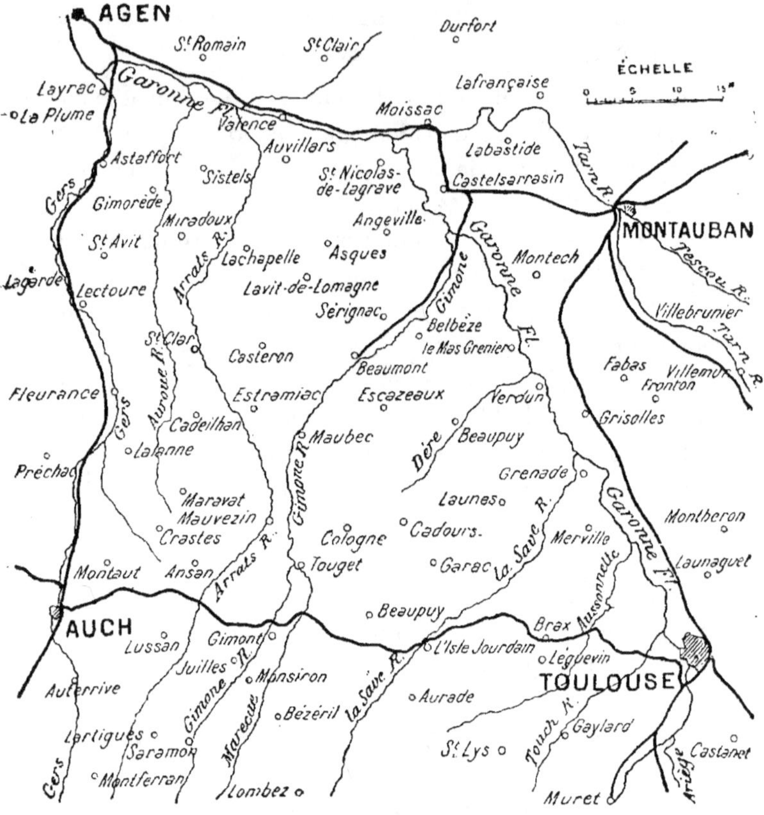

Carte des manœuvres de 1913.

Constitution des forces aéronautiques.

Les escadrilles désignées pour les grandes manœuvres furent les suivantes :

Escadrille de Lyon (Bron);

Escadrille de Châlons (Mourmelon);

Escadrille de Belfort;

Escadrille d'Epinal ;
Escadrille de Douai ;
Escadrille de Villacoublay.

Ces escadrilles étaient composées chacune de 6 avions appartenant aux marques suivantes : Henry Farman, Voisin, Blériot, Deperdussin, Bréguet, Maurice Farman.

Les chefs d'escadrille étaient les capitaines Saint-Quentin, Estirac, Jacquot, Aubry, Massol, Voisin.

Sur trente-six appareils partis de leurs centres respectifs, une trentaine arrivèrent à destination, ce qui est un résultat remarquable.

Les escadrilles étaient accompagnées de camions automobiles portant le personnel non naviguant et le matériel.

Les étapes avaient été fixées uniformément à 150 kilomètres par jour pour les avions et les tracteurs.

Le 9 septembre, les Blériot, Henry et Maurice Farman étaient campés à Nérac, centre d'aviation du parti Nord (général Pau, armée bleue).

Les Voisin, Bréguet et Deperdussin avaient leurs hangars au parc de Blagnac, près Toulouse, centre d'aviation du parti Sud (général Chomer, armée rouge).

Le parc d'aviation du parti Nord était à Pau (dirigeable *Fleurus*); celui du parti Sud, à Albi (dirigeable *Adjudant-Vincenot*).

Journées de manœuvres.

Le 11 septembre au matin, le général Chomer (parti Sud) divise son armée en quatre colonnes (31e, 32e, 33e, 34e divisions) et la fait marcher dans la direction générale du nord-est.

La 6e division de cavalerie se porte sur Auch par l'Isle-Jourdain et Aubiet. Son mouvement est couvert par la division d'infanterie coloniale, qui se porte sur Casteron.

La brigade provisoire forme avant-ligne sur la Gimone.

Ces troupes d'avant-garde sont survolées par le dirigeable ennemi (parti Nord) *Fleurus*, qui prend d'intéressants renseignements et les télégraphie à l'armée bleue. Le dirigeable *Fleurus* a d'ailleurs volé trop bas ce jour-là.

Mais, de son côté, le parti Sud a envoyé le ballon *Adjudant-Vincenot* surveiller les troupes bleues dans toute la région comprise entre Auch et la Garonne, vers Valence.

Le dirigeable s'est maintenu à grande hauteur (1.500 mètres), entre Albi et Toulouse, et sa mission, qui consistait à vérifier si les troupes nord, signalées entre Agen et Condom, marchaient sur Beaumont, en remontant la Garonne, ou faisaient un détour vers le sud, du côté d'Auch et Gimont, a été très bien remplie.

Au parti bleu, un Blériot et un Farman ont fait des reconnaissances vers Beaumont et Montaigut, et deux autres appareils ont survolé dans la direction de Rieumes et Saint-Lys. Ces aéroplanes avaient pour mission de vérifier si l'ennemi descendait la Garonne ou s'il faisait route au sud, vers Auch.

Au parti rouge, trois avions firent des explorations dans trois directions différentes :

Au nord, vers Agen, pour déterminer la limite du flanc gauche des troupes bleues ;

Au centre, vers Lectoure, pour rechercher l'avant-garde ennemie ;

Au sud, vers Auch, pour observer les mouvements de la droite du parti Nord.

Il faut dissimuler les camps d'aviation.

Les hangars d'aviation de Nérac et de Toulouse étaient disposés dans des endroits beaucoup trop visibles d' « en haut ». Les dirigeables, qui emportent un grand poids d'explosifs, auraient pu les incendier facilement.

Même, une escadrille ennemie bien entraînée, profitant

audacieusement de l'absence des avions ennemis, aurait pu atterrir près des hangars de l'adversaire et tuer à coups de fusil (il est facile d'emporter deux lebels sur les avions) le personnel mécanicien, qui n'est pas armé.

Il eut été aisé, au moyen de quelques pétards de mélinite et de cordeaux Bickford, de faire ensuite sauter les hangars en quelques minutes.

Les troupes amies ne songeraient certes pas à porter secours à leur camp d'aviation, car, apercevant, souvent de fort loin, des avions descendant en vol plané, elles croiraient que ce sont des aéroplanes amis (il n'existe aucun moyen de discerner les avions amis et ennemis, et il faudrait peut-être se préoccuper de cette question) (1).

On doit organiser *un soutien de parc aéronautique*, comme un soutien d'artillerie.

En outre, il faut tendre au-dessus des hangars d'aéroplanes des treillis en corde recouverts de branchages, afin de dissimuler le parc.

Les parcs de dirigeables doivent être, eux aussi, protégés par un détachement d'infanterie. Le personnel mécanicien est absolument hors d'état de se protéger lui-même.

Le 12 septembre, l'armée rouge (général Chomer) avance méthodiquement, les quatre divisions étant disposées sur un même front.

Voici, du nord au sud, la situation de ces colonnes : 31e division près de Cox, 32e à Cologne, 33e vers Gimont, 34e dépassant légèrement Lombez.

Pendant ce temps, l'armée bleue (général Pau) s'établit sur la rive gauche de la Gimone. Au nord (extrême gauche), la division coloniale, vers Beaumont, puis le 12e corps, et enfin, au sud, formant la droite du parti bleu, le 18e corps.

L'extrême droite, sur les rives de l'Arrats, est occupée

---

(1) Malgré les marques apposées sous les ailes des avions belligérants, il y a eu quelques confusions pendant la guerre européenne.
(Nous rappelons que ce chapitre a été écrit un an avant la guerre.)

par la brigade de cavalerie qui a eu un vif engagement, dans la matinée (au sud de Fleurance), avec la division de cavalerie ennemie.

Le général Chomer avait en effet envoyé toute sa cavalerie vers Auch et l'avait fait donner à fond pour empêcher le débordement du 18e corps.

Le combat de cavalerie avait d'ailleurs été incertain.

Les avions.

L'escadrille Estirac (parti Sud), campée à l'Isle-Jourdain, a exploré avant le combat de cavalerie les troupes bleues manœuvrant au nord d'Auch.

Le 13 *septembre*, les 31e, 32e, 33e divisions (parti rouge) quittent leurs cantonnements vers 6 heures du matin (trop tard, de l'avis de plusieurs arbitres) et passent la Gimone pour attaquer les positions de Casteron, Tournecoupe, Sadeilhan. Casteron est occupé par la division coloniale bleue, Tournecoupe et Sadeilhan par le 12e corps.

En arrière des 31e, 32e, 33e divisions s'échelonnait la 5e division de cavalerie, couverte par la 34e division, et qui devait tenter d'envelopper la droite ennemie.

L'armée bleue, de son côté, avait un front de 4 divisions, et, en arrière, une brigade de cavalerie et une division d'infanterie.

Les actions furent donc absolument parallèles, les fronts ennemis en contact s'étendant sur une longueur d'une vingtaine de kilomètres.

A 1 heure, le 18e corps enlève Mauvezin et arrive tout près de Gimont. Le 12e corps prend Cologne. La division coloniale s'empare de Cox.

L'armée bleue, qui semble victorieuse dans cette esquisse de combat (l'attaque n'a pas été poussée à fond), s'arrête en avant de l'armée rouge, qui doit reculer, uniquement parce qu'elle est arrivée deux heures trop tard.

Les avions n'ont joué qu'un rôle très effacé pendant cette journée, la position des adversaires étant parfaitement connue de chacun d'eux.

Par contre, il semble que les chefs de partis eussent pu avantageusement utiliser leurs avions comme engins de liaison. Les divisionnaires chefs de colonne ont, pendant la bataille, paru échapper quelque peu à l'action du chef. Les avions-estafettes auraient pu rendre de grands services en tenant le commandement supérieur au courant de tout ce qui se faisait, et à chaque instant.

Les dirigeables ennemis ont plané au-dessus des fronts en contact et l'on se demandait pourquoi ils ne se combattaient pas mutuellement. Au contraire, ils se faisaient des politesses, manœuvrant pour se laisser la place. Personne ne demandait que ces ballons en vinssent à l'abordage, mais ces manœuvres faisaient néanmoins sourire.

Il faut en conclure que le dirigeable n'a rien à faire *le jour* sur la ligne de bataille. C'est l'instrument des longues reconnaissances, quand les armées sont éloignées et non quand elles se touchent.

La nuit, il n'en est plus de même : le ballon, chargé d'engins offensifs, doit profiter de ce qu'il est à peu près invulnérable pour attaquer l'ennemi, partout où celui-ci se trouve.

Le 14 septembre, les escadrilles aériennes campent à proximité des avant-postes de leurs partis.

Les escadrilles bleues sont à Gimont et les escadrilles rouges à Saint-Lys.

Le 15 septembre, le général Joffre décide d'opposer les 12e et 18e corps (armée bleue) aux 16e et 17e corps (armée rouge).

Le parti Nord (armée bleue) occupe la rive gauche de l'Arrats et de la Gimone, entre Aubriet et Beaumont, et tient les passages des rivières. Le parti Sud (armée rouge) a ses avant-postes à 1 kilomètre environ de l'adversaire.

Le général Pau (parti bleu) reçoit, de son chef de parti (fictif), l'ordre d'attaquer vigoureusement l'armée Chomer et de couper, si possible, ses communications sur la ligne Toulouse - Cette.

Le général Chomer (parti rouge) reçoit, de son chef de parti (fictif), l'ordre de se dérober et de se porter sur la Save pour couvrir Toulouse et les communications de son parti avec le sud-est de la France, communications qui peuvent être menacées par les bleus victorieux.

En exécution de ces ordres, le général Chomer se replie pendant la nuit.

Dès l'aube, l'escadrille des Voisin va à l'Isle-Jourdain et quelques Deperdussin et Bréguet croisent entre Toulouse et le nouveau camp d'aviation.

Après de nombreuses reconnaissances, les avions s'installent à Saint-Lys, et le camp de l'Isle-Jourdain est levé avec une grande rapidité.

Les troupes bleues se proposent de marcher sur Toulouse, après avoir refoulé l'ennemi.

Les avions bleus se sont installés à Saint-Clar, et 8 appareils font des reconnaissances incessantes. Ils apprennent à leur parti que l'armée rouge a fait le vide partout, sur la Save et à Cologne.

Le général Chomer s'est formidablement retranché à Pujaudran, à quelques kilomètres de l'Isle-Jourdain.

Le 17 septembre, les manœuvres sont terminées. Les avions bleus rentrent à Gimont et les 3 escadrilles se disposent à rentrer par la voie des airs à leurs postes d'attache. Les escadrilles rouges, concentrées à Saint-Lys, s'occupent du démontage des hangars et s'apprêtent également à partir dans le plus bref délai.

Les parcs de réserve, qui disposaient d'un important matériel de rechange et qui avaient été établis à Bordeaux pour l'armée bleue et à Carcassonne pour l'armée rouge, ont admirablement fonctionné.

Les camions automobiles Brasier, de Dion, Lorraine-Diétrich ont rendu d'inestimables services et contribué à la prodigieuse mobilité des escadrilles, dont les parcs se déplaçaient de 100 kilomètres d'un jour à l'autre, et cela, sans bruit et sans avarie.

ITALIE

L'Italie est une des puissances qui sont venues le plus vite à l'aéronautique. Il y a quinze ans que ce pays a des dirigeables, et trois ans qu'il possède des avions militaires.

Puissance aérienne de premier ordre dès 1911, l'Italie put envoyer en Tripolitaine, dès le début de la guerre avec la Turquie, un dirigeable, le *1 bis*, et 9 avions pilotés par des officiers de l'armée de terre et de l'armée de mer.

Le 21 février 1912, le capitaine Piazza, à bord d'un Blériot, indiqua que l'armée turco-arabe se déplaçait entre Zanzour et Zouara (côte ouest de Tripoli).

Vers la même époque arriva le dirigeable *P-3*, puis le dirigeable *M*.

Un grand hangar, pouvant contenir 3 aéronats, avait été installé à Tripoli.

Tous ces ballons rendirent de précieux services. Les Turco-Arabes leur tirèrent continuellement dessus, sans résultat d'ailleurs, les ballons se tenant à 1.500 mètres, et, il faut bien l'ajouter, les Tripolitains ne disposant d'aucune arme appropriée au tir contre aéronefs.

A noter également que les dirigeables effectuaient leurs reconnaissances soit de très bonne heure, soit tard dans la soirée, soit même la nuit, ce qui les rendait peu visibles.

Quant aux avions, bien qu'ils fissent généralement leurs observations à grande hauteur (800 à 1.000 mètres), ils reçurent presque tous quelques balles de fusil.

Le pilote Rossi, enseigne de vaisseau, fut même blessé.

A la fin de la guerre, le gouvernement italien, qui avait passé de nombreuses commandes urgentes aux constructeurs français et anglais, possédait 28 aéroplanes en Tripolitaine.

Après la guerre, le gouvernement italien s'occupa d'organiser fortement l'aéronautique militaire.

Le colonel Moris, directeur des services aériens, déclara qu'il lui fallait dans le plus bref délai 50 avions, c'est-à-dire 22 nouveaux (28 appareils existant déjà). Il préconisait des avions rapides pour les courtes reconnaissances.

Quant aux dirigeables, il déclara vouloir commander des ballons naviguant sans difficulté vingt-quatre heures de suite et pouvant emporter une grande quantité d'explosifs.

En outre, l'école aéronautique de Centocelle di Rome, qui était le premier et le seul centre d'aviation militaire, fut développée, et l'on créa le bataillon des aviateurs de Turin et l'école d'aviation maritime de Venise.

Le bataillon des aviateurs est composé du *commandement*, de la *section technique*, de la *section de manœuvres*, des *bureaux d'administration* et du *service sanitaire*.

La section technique comprend l'école des élèves pilotes, les commissions d'études et de recettes, et les ateliers.

La section de manœuvres est chargée de la surveillance sur les aérodromes.

Ceux-ci sont au nombre de six à l'heure actuelle, et cinq autres écoles vont être créées.

1° *Aviano*. — Cet aérodrome est réservé aux monoplans. On y trouve, outre une majorité de Blériot, des Bristol, des Caproni et des Etrich.

Le champ d'Aviano est un rectangle dont les côtés ont respectivement 5 et 2 kilomètres. Il est très bien protégé contre les vents dominants (nord, est et sud). Tout autour, les points d'atterrissage sont nombreux.

2° *Campo di Mirafiori*. — Ce champ d'aviation, situé près de Turin, est coupé de bosquets, et des herbes hautes l'envahissent par endroit. A l'inverse de l'aérodrome d'Aviano, le champ de *Mirafiori* présente assez peu de bons terrains d'atterrissage. Aussi est-il réservé aux pilotes déjà bien entraînés.

3° *San Francesco*. — Cet aérodrome, situé également aux environs de Turin, est réservé aux biplans Maurice Farman.

Ces avions devront jouer le rôle de *camions aériens* pour le transport des vivres et des munitions. Aussi, les derniers aéroplanes de ce type ont-ils été commandés très puissants.

4° *Pordenone*. — Sur cet aérodrome, volent des Henri Farman, Maurice Farman, Bréguet et quelques Blériot et Caproni.

Ce champ est réservé aux pilotes qui s'entraînent pour le brevet supérieur militaire.

5° *Campo della Malpensa*. — Cette école se trouve dans la Somma Lombardie. On y rencontre tous les monoplans Nieuport de l'armée.

Les ateliers, situés à côté des hangars, ont un outillage complet qui permet de *refaire entièrement* les appareils.

Cet aérodrome n'est qu'à 5 kilomètres de celui d'Aviano.

6° *Campo di Venaria Reale*. — Ce champ d'aviation est réservé, comme celui de Pordenone, aux pilotes ayant déjà un certain entraînement.

On n'y trouve que des monos Bristol.

Nous avons dit plus haut que la création de quatre nouveaux centres d'aviation était à l'étude. Un de ces centres sera à Bologne, un autre à Ravenna, non loin de Rome, et un troisième à Milan.

Enfin dans les *Puglie*, sur l'Adriatique, et près de *Catane*, en Sicile, deux autres centres seront établis.

Les différents avions en service dans les centres d'avions italiens appartiennent aux marques suivantes :

Blériot, Nieuport, Bristol (monoplans biplaces), Maurice Farman, Henri Farman, Bréguet, Savary, Astéria, Caproni.

Quant aux dirigeables, les Italiens possédaient, dès le

début de l'année 1913, cinq dirigeables du type *P* (4.000 mètres cubes) et quatre du type *M* (12.000 mètres cubes).

Quatre très grands aéronats sont en construction.

Le programme d'aviation a également été bien renforcé
pendant l'année 1913. Le nombre de cinquante avions
demandé par le colonel Moris a été dépassé, et les Italiens
comptent avoir, au printemps de 1914, une escadrille de
sept appareils dans chaque corps d'armée. Cela représente
douze escadrilles, donc quatre-vingt-quatre avions, sans
compter les appareils de réserve.

A noter qu'à partir de 1913 les marchés italiens portant
commandes d'avions ont spécifié que les appareils devaient
être fabriqués *en Italie*.

Les maisons étrangères ont toute latitude pour créer des
succursales dans le royaume italien.

Cette décision constitue, à notre avis, un acte peu ami-
cal envers la France, qui, évidemment, est spécialement
visée et voit son exportation d'appareils d'aviation entravée.

Il serait de bonne guerre, à notre tour, d'augmenter les
droits sur l'importation des automobiles italiennes, importation qui, bien que peu considérable, augmente chaque
année (1).

On doit d'ailleurs reconnaître que le gouvernement italien ne néglige rien pour développer la construction et le
pilotage des aéroplanes dans son pays.

En juin 1913, le duc de Gênes, la princesse Lœtitia Bona-
parte et le ministre de la guerre assistèrent à une grande
revue aérienne qui eut lieu à Turin et qui souleva l'enthousiasme d'un public immense.

Quelques jours plus tard, le ministre assista à la réception d'appareils présentés par la Société italienne Savoia.

Ajoutons d'ailleurs que tous ces avions étaient français ;

---

(1) Rappelons que ce chapitre a été écrit avant la guerre.

mais, à partir de l'année prochaine, il ne suffira plus que
les appareils soient présentés par un constructeur italien,
pour être admis par l'armée, il faudra encore que les avions
soient *construits effectivement* en Italie.

Cependant, la commission militaire, composée des ma-
jors Douhet et Piazza, des capitaines Moizo, Fabribolla,
Novellis, Marengo, des lieutenants Gavotti, Vece, Cam-
pugnani, Derada, Rossi, et de l'ingénieur Pomirio, a dû
reconnaitre l'énorme supériorité des appareils français.

Nous allons maintenant dire quelques mots des principales opérations auxquelles ont participé les aéroplanes et
dirigeables militaires italiens.

En fin novembre 1911, l'Italie avait transporté en Tripolitaine 9 appareils : 6 à Tripoli, 3 à Benghasi. Le groupe
de Tripoli comprenait. :

Biplaces : 1 Farman (biplan);

Monoplaces : 1 monoplan Nieuport (capitaine Moizo),
2 monos Blériot (capitaine Piazza, lieutenant Rossi), 1 mono
Etrich (lieutenant Gavotti).

En outre, il y avait un Nieuport en réserve.

Le groupe de Benghasi comprenait :

Biplaces : 1 biplan Farman, piloté par le lieutenant Boilo,
1 biplan Astéria, (lieutenant Lampignagni);

Monoplaces : 1 monoplan Blériot piloté par l'enseigne
Roberti.

Disons tout d'abord que les premiers vols des aéroplanes,
contrairement à ce qu'on pensait, ne troublèrent nullement
les indigènes, qui comprirent très vite que c'étaient là des
engins de reconnaissance, et tirèrent dessus, assez adroi-
tement d'ailleurs.

La meilleure reconnaissance fut celle de Gavotti, sur
Etrich (moteur Daimler). Cet officier reconnut l'ennemi
dans l'oasis d'Aïn-Zara et rendit compte, bien avant la
cavalerie, des mouvements offensifs de l'adversaire.

A noter que les pilotes italiens, trouvant l'observation très facile au-dessus du désert, volent généralement sans observateur.

Cependant ils reconnaissent que dans les monoplans, où le moteur et les ailes bornent le champ visuel en avant et sur les côtés, le pilote a beaucoup de mal pour observer le terrain très couvert des oasis.

Dans ce cas, en effet, on ne voit l'ennemi que *suivant la verticale*, tandis que, dans le désert, on le découvre à une grande distance sur l'avant.

Les pilotes italiens ont couru de sérieux dangers.

Rossi, au cours d'une bonne reconnaissance, a été atteint, à 1.100 *mètres* de haut, par un feu de salve. Plusieurs balles ont traversé ses ailes sans grand dommage, mais lui-même a été légèrement blessé et a atterri au plus tôt.

A noter d'ailleurs que, si des balles de fusil ou de mitrailleuses ne font pas courir de danger immédiat au pilote lorsqu'elles traversent les ailes, il n'en est pas moins vrai que *tous ces trous s'agrandissent peu à peu*, par suite de la succion de l'air, et que le vol ne peut être prolongé outre mesure.

Le capitaine Piazza, en volant trop bas (200 à 300 mètres), s'est trouvé près de la trajectoire d'un obus de 305 lancé à grande distance par les navires de guerre.

Il a ressenti des remous effroyables, et ses commandes sont devenues *folles* pendant un temps appréciable : il a considéré un instant sa chute comme inévitable.

Cela confirme bien notre thèse au sujet de l'impossibilité pour un avion d'aborder un gros dirigeable en volant dans son sillage et en le rattrapant (1).

---

(1) Un aviateur anglais a réussi, pendant la guerre européenne, à abattre un Zeppelin (juin 1915). Bien que s'étant maintenu *au-dessus* du dirigeable, il ressentit de tels remous que son avion chavira et que le pilote dut, non sans peine, faire un *looping the loop* pour le redresser.

Si l'aéronat va dix ou quinze fois moins vite que le projectile, il a une masse autrement considérable, et le déplacement d'air, moins violent peut-être dans la zone la plus rapprochée, est beaucoup plus grand et s'étend beaucoup plus loin.

Le 2 février 1912, Rossi emmena comme observateur le capitaine Montu, qui lança avec succès, paraît-il, quelques bombes sur le campement des Arabes.

Ceux-ci ripostèrent à coups de fusil, et, cette fois encore, atteignirent l'aéroplane.

Les pilotes italiens ne purent arriver à distinguer les troupes qui se dissimulaient dans les quelques bois situés en terrain ennemi.

Ils déclarent que l'observation est impossible au-dessus des bois touffus, et nous sommes absolument de leur avis.

A la suite de la guerre de Tripolitaine, le gouvernement italien a commandé des biplaces blindés à divers constructeurs. Le dessous de l'appareil est protégé par une plaque métallique à l'épreuve des balles de fusil.

L'idée est bonne, et la guerre en a prouvé l'utilité. Mais ce supplément de poids ne va-t-il pas nuire à la « défense » de l'appareil contre le vent?

On voit que l'aéronautique militaire a déjà fait ses preuves en temps de paix et en temps de guerre.

Les dirigeables se sont également fait remarquer, non seulement pendant la guerre italo-turque, mais encore pendant ces derniers mois.

Le 26 juin 1912, le commandant Castrucane, le capitaine Merzari, le lieutenant Curlo et le mécanicien Rabanelli, ont accompli, à bord d'un nouvel aéronat militaire, un superbe raid de 650 kilomètres sans escale.

Parti de Bosco-Mantico, près de Vérone, le ballon est rentré à son hangar, après avoir accompli en douze heures le trajet : Vérone, Villafranca, Mantoue, Crémone, Casale, Turin, Mortara, Brescia, Vérone.

Plus récemment, le 27 août dernier, le dirigeable militaire *M-2*, ayant à bord l'amiral Millo, ministre de la marine, a accompli le long voyage de Bracciano, près de Rome, à Ferrare, en sept heures.

Toutes ces performances classent l'Italie au 2e rang pour l'aérostation militaire.

Le recrutement des aviateurs et aéronautes préoccupe le gouvernement italien. Les jeunes gens peuvent suivre des cours d'aéronautique, professés par des techniciens, sous le contrôle du ministère de la guerre. A l'issue des trois années de cours, un diplôme supérieur peut être délivré, qui donne aux titulaires la faculté de faire leur service comme officiers aviateurs.

JAPON

C'est l'aviateur Atwater qui révéla l'aviation aux Japonais, en mai 1912. Ce pilote montait un hydravion muni de roues (comme devraient l'être *tous les hydroplanes*) et venait se poser, devant la cour de Yokohama, tantôt sur terre et tantôt sur les flots.

Les hydroptères pourvus de roues ont un gros avantage sur les autres, au point de vue de l'aviation côtière, puisqu'ils peuvent, le cas échéant, aller porter des ordres à une batterie.

D'ailleurs, les roues d'atterrissage sont minuscules et ont leur axe noyé dans le flotteur, de telle sorte qu'elles ne présentent aucun inconvénient ni pour la navigation marine, ni pour la navigation aérienne.

Il est extraordinaire que, lors du concours d'avions marins de Deauville (août 1913), en France, la marine n'ait pas demandé aux concurrents d'avoir le double système d'atterrissage et d'amerrissage. Nous croyons que, seuls, les hydros Borel et Caudron avaient ce perfectionnement.

A la suite des essais concluants d'Atwater, le gouvernement japonais lui confia pendant quelque temps un service postal.

Puis, en septembre 1912, l'empire du Soleil-Levant acheta un hydroplane Maurice Farman.

RUSSIE

Nos amis les Russes ont été, dès le début de l'aviation, nos sincères admirateurs et nos fervents élèves.

Dès le début de 1911, la Russie achetait quelques biplans Farman.

La même année, pour la première fois au monde, on réussissait à communiquer par radiotélégraphie entre un avion et la terre, et le dispositif était monté sur un avion militaire russe (de marque française) affecté à l'aérodrome de Gatschina (à 50 kilomètres de Saint-Pétersbourg).

L'antenne était constituée par conducteur simple (sans isolement) qui avait 35 mètres de longueur et était suspendu à la queue de l'aéroplane.

Le biplan servant à l'expérience était piloté par le lieutenant Pankratoff, et le passager télégraphiste n'était autre que le colonel Chokolzoff, l'inventeur du dispositif de T. S. F.

Le premier établissement aéronautique militaire russe fut donc l'école d'aviation de Gatschina, où eurent lieu ces intéressantes expériences.

Peu après on organisa, à Saint-Pétersbourg, une école aéronautique qui comprend une classe de 35 officiers pour l'aérostation, 35 officiers et 25 sous-officiers pour l'aviation. Il y a en outre un bataillon d'enseignement, qui se divise en une compagnie de ballons libres et une autre de dirigeables.

La section d'aviation a pour but de préparer les officiers et soldats au service des compagnies aéronautiques, et de les mettre à même d'effectuer dans de bonnes conditions des essais sur les appareils nouveaux (blindage, lancement de projectiles, T. S. F., etc.).

Un colonel ou lieutenant-colonel, assisté d'un commandant et de quatre officiers et sous-officiers instructeurs, dirige l'instruction.

Les cours commencent le 1er avril et finissent le 1er novembre. Quinze officiers au moins sont admis chaque année. Ils doivent joindre à leur demande un certificat attestant le parfait état des organes de la circulation, de la respiration et de la vision.

En outre, ces officiers ne doivent avoir ni maladie nerveuse, ni névralgie chronique, ni rhumatisme.

Tout officier admis à l'école aéronautique est accompagné d'un mécanicien et d'un menuisier militaires provenant de la même garnison.

Les élèves de la classe d'aviation s'entraînent à l'aérodrome de Gatschina.

Un autre champ d'aviation a été établi à Corpousny, près Saint-Pétersbourg, pour les pilotes déjà formés.

Au commencement de 1912, il y avait 15 aviateurs militaires russes brevetés : actuellement il y en a 200.

Quinze sections aéronautiques ont été établies dans les villes et forteresses les plus importantes.

Deux de ces compagnies sont réparties sur la frontière occidentale et sont rattachées au bataillon de Brest-Litovsky.

Les treize autres compagnies sont détachées séparément.

Au début de 1912, l'armée russe ne possédait qu'une trentaine d'avions (25 Farman ou Blériot et 5 appareils russes). Aujourd'hui, il y a en Russie 250 aéroplanes. La plupart sont des appareils français, mais fabriqués *par des firmes russes* auxquelles la licence a été accordée. Ce sont les maisons : Stchatinine, de Saint-Pétersbourg ; la fabrique d'aéroplanes de la Baltique, celle de Riga et celle de Moscou-Duix.

Les moteurs sont presque tous fabriqués par la société Gnôme, qui a ouvert une usine à Moscou.

Les hélices sont fabriquées à Saint-Pétersbourg par Lebédeff, représentant de Chauvière.

En ce qui concerne les ballons sphériques, l'armée russe possède une trentaine d'aérostats de 1.500 mètres cubes, 750 mètres cubes ou 604 mètres cubes.

Les premiers sont réservés à l'école d'aéronautique de Saint-Pétersbourg. Les autres sont répartis entre les diverses compagnies aéronautiques.

Les dirigeables sont au nombre de quatorze. Ce sont :

1) *Lebéj*, type Lebaudy (1909), de 3.500 mètres cubes. Force motrice : 100 HP.

2) *Krétchét*, même maison (1910), 5.680 mètres cubes. Deux moteurs de 100 HP chacun.

3) *Goloubj*, type Astra, 2.270 mètres cubes. Un moteur de 75 HP.

4) *Sokol*, type Astra, 2.500 mètres cubes. Un moteur de 100 HP.

5) *Kobtchik*, même type, 2.150 mètres cubes; deux moteurs de 45 HP.

6) *Clément-Bayard I* (1909) (de la maison française bien connue), 3.500 mètres cubes; force motrice : 100 HP.

7) *Zodiac-VII* (1910) (maison Zodiac), 2.140 mètres cubes; un moteur 60 HP.

8) *Parseval* (1910) (maison allemande), 6.700 mètres cubes; deux moteurs de 110 HP.

9) *Zodiac-VIII* (1910), 2.140 mètres cubes, un moteur de 60 HP.

10) *Iastreb* (1910), type Astra, 2.500 mètres cubes; un moteur de 75 HP.

11) *Astra-XIV*, de 10.000 mètres cubes, réceptionné à Paris en avril 1913.

12) Un *Parseval* de 10.000 mètres cubes, livré en 1913.

13 et 14) Deux aéronats russes de 7.000 mètres cubes.

A l'avenir, le ministère de la guerre russe n'achètera que des aéronats construits en Russie. Seuls, les moteurs seront commandés à l'étranger.

Deux usines russes ont déjà livré chacune un ballon de 7.000 mètres cubes qui aurait donné satisfaction.

Les hangars pour dirigeables sont au nombre de huit; plusieurs d'entre eux peuvent contenir deux ballons. Il y a trois hangars métalliques à Saint-Pétersbourg, un à Gatschina, un à Tsarkoié-Sélo (à 20 kilomètres de Saint-Pétersbourg), un sur la frontière occidentale (ce hangar contient aisément deux ballons) et un près de Vladivostock.

En outre, à Sébastopol, les Russes construisent un hangar à dirigeables. Dans cette station, il y a d'ailleurs déjà un parc d'aviation gigantesque qui ne comprend pas moins de 110 avions ou hydroplanes.

Au mois d'octobre dernier, une escadrille de ces appareils a fait un magnifique raid au-dessus de la mer Noire et escorté le *Standard*, yacht impérial.

A Marva (entre Revel et Saint-Pétersbourg), des stations aéronautiques sont également en voie d'organisation.

L'école de navigation aérienne de Saint-Pétersbourg est celle où l'entrainement est le plus intense. Les accidents y sont rares. Celui du 24 septembre dernier, dont les journaux ont parlé, fut peu grave à la vérité. Tout se borna à des dégâts matériels.

Le dirigeable *Iastreb* s'éleva du parc de l'école, piloté par le capitaine Habener et ses meilleurs officiers, et alla survoler l'aérodrome de Gatschina, situé à 10 kilomètres de là. A 300 mètres de hauteur, on vit le dirigeable se mettre « pointe bas » malgré les efforts des aéronautes, qui ventilaient énergiquement pour compenser une grave perte de gaz qui s'était déclarée on ne sait comment.

La forme de la carène se déformant de plus en plus (avant flasque, arrière plein), l'aéronat tomba avec rapidité, presque verticalement, sur les arbres du parc de Gatschina.

La nacelle se brisa en deux, et l'enveloppe resta accrochée aux arbres.

Le choc ayant été amorti, les huit hommes constituant l'équipage en furent quittes pour quelques contusions.

La question du lancement des projectiles à bord des aéronefs est étudiée tout spécialement à l'école de navigation aérienne.

Le Département de la guerre a créé des prix de 1.700 et 700 roubles pour les aviateurs et aéronautes qui réussiront le mieux les expériences suivantes pendant la durée de cette année :

1° *Sur les dirigeables* : lancer cinq projectiles lourds, en se maintenant à une altitude de 700 mètres au moins, sur une cible fixe et sur une cible mobile.

2° *Sur les aéroplanes* : lancer cinq projectiles légers, en se tenant à une altitude supérieure à 500 mètres, sur une cible fixe, puis sur une cible mobile.

L'altitude doit, dans toutes les expériences, varier après *chaque lancement de bombe*. C'est là un progrès sur notre concours d'aéro-cible Michelin, où les lancements sont effectués à hauteur constante.

Manœuvres aériennes russes.

Ce qui caractérise ces manœuvres, c'est que le service d'aviation est placé sous les ordres *d'un colonel d'état-major* et non d'un officier d'une arme spéciale comme en France.

On prend, pour diriger un service qui est *l'auxiliaire du commandement*, un officier que ses études destinent à être en toute circonstance un conseiller du commandement; c'est extrêmement logique.

Aux manœuvres de 1911, le parti Nord disposait de 6 Farman, et le parti Sud de 6 Blériot.

Les 6 biplans Farman étaient biplaces.

3 des Blériot étaient monoplaces, et les 3 autres biplaces.

Le 12 septembre, de 5 h. 40 à 7 h. 40, les Blériot du parti

Sud sortent. Les aviateurs souffrent beaucoup du froid, notamment en passant au-dessus d'une grande forêt. Ils se maintiennent cependant à l'altitude de 700 mètres et reconnaissent un peloton de cavalerie, une compagnie d'infanterie, 12 à 16 pièces d'artillerie. Ils découvrent enfin les hangars du parc d'aviation du parti Nord et voient 2 biplans Farman à terre.

Bonne journée pour l'observation.

Le 13, 4 avions vont de Lublin à Lioubartow. Le dernier appareil arrive à la nuit et atterrit, correctement d'ailleurs, à la lueur d'un feu.

Le 14, un Blériot biplace du parti Sud est pris par la cavalerie ennemie et neutralisé pendant douze heures.

Le 15, un avion du même parti, emportant pilote et observateur, reconnaît 18 escadrons ennemis et 12 pièces d'artillerie. L'ennemi fait feu sur eux, et l'appareil, se sentant vulnérable, bat en retraite. Au retour, les aviateurs atterrissent à Partchew, près du hangar ennemi qui a été abandonné, et s'emparent de ce hangar ainsi que d'un aéroplane ennemi qui n'a pu partir.

Trois autres aéroplanes du parti Sud viennent atterrir devant le même hangar.

Deux de ces avions, apercevant le dirigeable ennemi venant de Brest, s'élancent au-dessus de l'aéronat qui, d'ailleurs, volait beaucoup trop bas.

Le ballon est neutralisé pendant vingt-quatre heures.

Le 16, un avion ayant le lieutenant Kontschewski comme observateur détermine le bivouac d'une brigade de tirailleurs et un groupe d'artillerie à quelques kilomètres au sud.

Le 17, les aviateurs du parti Sud reconnaissent des convois dans le village occupé la veille par la brigade de tirailleurs. Les villages voisins sont vides ; mais, au nord d'une bande de bois, ils aperçoivent une batterie de 8 pièces d'artillerie qui tirent sur eux.

Peu après, ils distinguent une division ennemie en formation de combat et aperçoivent une grosse réserve à gauche.

Non loin de là se trouvent des troupes importantes également en formation de combat, et, les costumes étant identiques, les aviateurs ont beaucoup de mal à reconnaître que *les deux partis sont aux prises.* Ce sont les directions dans lesquelles *sont braqués les canons des fusils* et *tournés les canons* qui leur font reconnaître où est leur parti et où est l'ennemi.

Or, les aviateurs volaient à peine à 700 mètres. Cela nous montre que la hauteur d'observation de 1.000 mètres, admise aujourd'hui pour les aéroplanes, est exagérée et qu'il faut se tenir plus bas, *même au risque d'être atteint,* si l'on veut voir les opérations de détail (1).

Les constructeurs militaires d'aéronefs.

Le « Grand » de Sikorsky. — Le lieutenant Sikorsky a construit un appareil géant, surnommé le *Grand,* qui peut enlever huit personnes, mais qui doit recevoir en temps ordinaire le pilote, le mécanicien et deux observateurs.

Ceux-ci sont logés dans une cabine très confortable, où ils disposent des appareils d'optique, cartes, etc., nécessaires à l'observation. Un poste de T. S. F. devait également être installé sur l'avion qui, après quelques beaux vols, a fait une chute nécessitant d'importantes réparations.

Le dirigeable « Albatros » du colonel Goloubov. — Cet officier supérieur a construit dernièrement, à l'usine natio-

---

(1) Pendant les combats sur l'Yser, j'ai constaté personnellement que les aviateurs boches n'hésitaient pas à descendre à 500 mètres pour reconnaître les travaux de campagne que nos troupes avaient édifiés pendant la nuit.

Quand le temps est favorable, on peut avier beaucoup plus haut et faire du travail d'observation utile.

Le 17 septembre 1915, en survolant à 1.000 mètres la région de Nieu-

nale d'Ijor, un aéronat de 10.000 mètres cubes, muni d'une tourelle spéciale abritant une mitrailleuse. En juillet dernier, ce ballon, piloté par le colonel Goloubov, le capitaine Nejevsky et le lieutenant Lipping, a effectué à grande vitesse le voyage de l'école aéronautique à Gatschina, Elisavotino et retour. Ce raid de plus de 65 verstes est des plus honorables pour une première sortie.

Les victimes de l'aviation militaire.

Ce sont : les capitaines Matziewich, Matyewitch; les lieutenants Matyewitch, Zolotouckine, Zakutzky, Malinnikoff, etc...

---

port (le temps était très clair), je pus voir certains détails importants de nos tranchées (il est vrai que je connaissais fort bien le secteur). Je découvris ainsi la raison pour laquelle les Boches bombardèrent des abris de mitrailleuses nouvellement édifiés par nous.

Ces abris se trouvaient dans l'étranglement de deux canaux, et un jeu d'ombres marquait de trois lignes noires cet étranglement.

Les abris eux-mêmes étaient peu visibles : c'était l'espace compris entre eux qu'on voyait.

Des fascines, empêchant les rayons solaires de pénétrer dans les creux et de créer des jeux d'ombres, auraient suffi à corriger ce défaut.

Je vis dans nos lignes certains postes de bombardement trop proéminents, alors que d'autres, tout aussi solides, n'étaient nullement en relief sur la ligne des tranchées.

Je reconnus également que les Boches avaient établi sur l'Y....., dans notre secteur, beaucoup plus de ponts qu'on ne le croyait généralement.

SUÈDE

A l'origine de l'aviation, lorsqu'on croyait que les moteurs craignaient autant le froid que les hautes températures, où l'on constatait que les carburateurs se gelaient dès que nous avions 0º en France, qui eût pu penser que jamais les pays scandinaves auraient, deux années plus tard, des écoles d'aviation en plein fonctionnement?

La nature paraît en effet avoir accumulé, dans ces pays, les obstacles les plus gênants pour le développement de l'aéronautique.

La Suède est un pays de forêts, de prairies, de champs et de landes. Si les forêts sont fort étendues et rendent dangereuse toute manœuvre d'atterrissage, par contre les terrains plats sont découpés à l'infini par des canaux d'irrigation.

Les villages sont peu nombreux, les routes et voies ferrées également : on a donc assez peu de repères en vol, d'autant plus que les routes paraissent dissimulées, en hiver, sous la neige qui couvre la campagne.

Le froid est, en effet, très rigoureux et atteint parfois la température de 30º *au-dessous de zéro*.

Mais ce climat rigoureux est sans doute une des raisons de l'ardeur sportive qui anime la race scandinave.

Les Suédois, passés maîtres dans tous les exercices physiques, devaient être séduits par l'aviation.

Karl Cedeström, dit le « Barde volant », vint faire son apprentissage de pilote en France, en 1910.

En 1911, il retourna dans son pays avec un biplan français, fit d'admirables vols et fut chargé d'organiser une école d'aviation mixte (civile et militaire) en Suède.

C'est à Malmaslätt, près de Stockholm, qu'il organisa la

première école suédoise. Cette école possède des Blériot, des Farman et un hydroplane Bristol.

Quelque temps après, le capitaine Hamilton, breveté aviateur en France, comme Cedeström, fut chargé d'organiser à *Axwal* un centre exclusivement militaire.

Il divisa ses élèves en trois groupes, correspondant aux trois armes : infanterie, cavalerie, artillerie.

Parmi les sept pilotes qui furent rapidement formés, se distinguèrent particulièrement : le capitaine Olof Dahlbeck (lieutenant de vaisseau) et le lieutenant Junger.

Les appareils mis en service à Axwall sont les suivants : monoplans Sommer (aujourd'hui Bathiat-Sanchez), Blériot, Nieuport; biplans H. Farman et Bréguet.

Le capitaine Hamilton exerça ses élèves aux reconnaissances à grande hauteur, au contrôle des tirs et à l'aérocible.

En ce qui concerne cette dernière question, Hamilton s'inspira surtout de l'école italienne et mit en usage les bombes et lance-bombes du lieutenant Cipelli.

Le capitaine Dahlbeck est le Suédois qui a exécuté les plus beaux vols. Il a survolé au cœur de l'hiver en 1912 et 1913, par une température exceptionnellement rigoureuse, et a constaté que les grands froids apaisent l'air.

L'atmosphère est calme, et, s'il y a du vent, il est très régulier. Le courant d'air suit, non un parcours sinusoïdal, mais une direction parfaitement droite et horizontale. Tout devient plus plat : on peut voler du matin au soir.

En bas, sur le sol, c'est le tapis lisse de la neige dure qui aplanit les accidents de terrain.

Au printemps, il y a des tempêtes de neige, et le sol, recouvert de son blanc tapis par endroits seulement, est très irrégulier.

En été il y a, pendant les heures chaudes de la journée, des remous terribles.

Cependant Dahlbeck reconnaît que, pour faire voler les

avions au-dessus des glaces hivernales, il faut les modifier légèrement, de façon à les adapter à ce service spécial.

Tout d'abord, il s'agit d'empêcher l'huile de se congeler et d'éviter aussi la formation de petits glaçons à l'arrivée d'air du carburateur.

Les tuyaux d'huile et d'essence devront donc être soigneusement entourés de feutre, et l'on devra même étudier un système de réchauffage (en utilisant les gaz d'échappement qui pourraient circuler dans un petit calorifère pour l'intérieur du capot).

Ce capot devra enfermer le pilote autant que possible, pour le préserver du froid.

Dahlbeck estime que, si l'avion est utile en Suède, l'hydroplane est encore plus indispensable et permettrait, en toute saison, les relations de ville à ville. On sait, en effet, qu'en Suède et Norvège, toutes les cités importantes sont sur la côte.

Dahlbeck fait remarquer que, pendant son merveilleux raid de Copenhague à Stockholm, en 1912, il n'eut à subir des remous que sur terre et, malgré le vent, trouva le calme constamment en survolant la mer.

D'autre part, il déclare que les îlots nombreux, et importants au point de vue stratégique, qui se trouvent dans la Baltique, non loin des côtes suédoises, peuvent être admirablement observés lorsqu'on se tient à une hauteur de 1.200 mètres.

Comme exemple, il fait remarquer qu'en une demi-heure il put observer tous les navires au mouillage ou en route dans l'étendue du grand archipel de Norrköping.

Dahlbeck déclare que, survolant l'île *Norrköping*, il apercevait au nord *Oxelösund*, et au sud *Arkösund*.

Tout en croyant, comme Dahlbeck, que l'hydroplane peut rendre des services considérables dans les parages du Sund, qui est composé d'une suite de petits lacs, nous estimons que la hauteur de 1.200 mètres, insuffisante d'ailleurs pour avoir l'invulnérabilité absolue, est trop considérable pour permettre toujours une bonne observation.

Dahlbeck estime que cette hauteur doit être maintenue, au-dessus des terres, à cause des immenses forêts suédoises, dépourvues de tout point d'atterrissage.

Là encore, la hauteur de 1.200 mètres, qui permet de parcourir à peine 4 kilomètres en vol plané (et encore à condition qu'on n'ait pas le vent debout) n'assure pas un atterrissage sans danger au pilote. Nous croyons donc qu'il vaut mieux assumer certains risques de guerre ou d'atterrissage et voler à *800* mètres, hauteur favorable à l'observation.

Le lieutenant Junger a survolé le Norrland suédois, région très difficile. Junger a expérimenté des skis montés sur ressorts, et qui remplacent les roues pour l'atterrissage des avions sur la neige.

En outre, Junger a reconnu la nécessité de *décoller rapidement* et d'atterrir de même dans un pays aussi accidenté que le sien.

Avec un Bréguet militaire, il prétend avoir atterri en 50 mètres dans un terrain très défavorable, ce qui ne nous étonne pas, étant donnés la robustesse du Bréguet et son ingénieux système de freinage.

Mais, en ce qui concerne le départ en 40 mètres, je suis très sceptique, ayant vu les meilleurs ténors de l'aviation s'envoler sur Bréguet en parcourant un espace beaucoup plus long, alors que leur intention était de décoller au plus vite.

En résumé, on voit que l'on travaille ferme dans les centres d'aviation suédois. Et nous devons être fiers, nous autres Français, de voir ces hommes, dont quelques-uns font autorité dans le monde aéronautique, se proclamer en toute occasion nos élèves !

SUISSE

La Confédération helvétique est un pays neutre dont le territoire, en temps de guerre, doit rester inviolé.

L'armée suisse, dont l'éloge n'est plus à faire, s'entraîne constamment à repousser, le cas échéant, les troupes de tout pays qui prétendraient utiliser les cols et vallées helvétiques en vue d'envahir ou de combattre une nation voisine.

Perfectionnant chaque jour son armement, l'état-major suisse ne pouvait se désintéresser de l'aviation. On sait en effet combien la République helvétique encourage les sports, et combien l'Automobile-Club suisse en particulier a développé l'industrie des voitures automobiles et des moteurs, grâce à d'excellents concours, dont le plus connu est le concours annuel de régularité et d'endurance.

Certaines marques suisses sont réputées dans le monde entier.

En ce qui concerne l'aéroplane, il y a quelques fabriques qui ont réussi à établir de bons types, dérivés d'ailleurs quelque peu des modèles français.

Les pilotes civils ne manquent pas. Ce sont : Bider, Burri, Dufaux, Grandjean, Taddeoli, Durafour, etc.

Les autorités militaires ont commencé à s'occuper sérieusement d'aviation au mois de janvier 1913.

A cette époque, le colonel Borel a entrepris une série de conférences sur l'aviation militaire. Cet officier supérieur a montré à ses auditeurs, pour la plupart militaires, tout ce que la France, l'Allemagne, l'Autriche, l'Italie avaient fait pour développer leurs services aériens.

Le colonel Borel a rappelé à ses concitoyens le succès obtenu en France, en Italie, en Allemagne, en Autriche, en Russie, en Belgique, en Angleterre, par les souscriptions nationales ayant pour but d'offrir au gouvernement des avions militaires.

L'orateur a abordé ensuite les questions techniques d'aéronautique militaire et expliqué l'intérêt des expériences d'aviation, telles que les essais de T. S. F., le jet de projectiles, etc. Il a traité l'importante question du service de guerre des avions, à savoir des missions d'exploration, d'observation et de liaison.

Il a indiqué également quelle est l'organisation d'un centre d'aviation et cité comme modèle celui de Sébastopol, où la Russie a formé en deux ans plus de cent pilotes militaires, et où elle entretient en permanence quatre escadrilles, dont deux d'hydroplanes.

Le conférencier, en terminant, a établi un plan complet d'organisation aéronautique de début.

Il propose de créer un champ d'aviation à Avenches ou Dübendorf. Dès que les pilotes et les mécaniciens seraient formés en nombre suffisant, on créerait une section-type de six appareils.

L'école serait créée et entretenue, pendant la formation des pilotes, au moyen de l'argent fourni par une souscription nationale.

Au bout d'un an, si la section-type était constituée, on remettrait les hangars, les appareils et le personnel à la disposition de la Confédération, qui continuerait à assurer le fonctionnement du centre aéronautique et qui aurait une école capable de former 25 pilotes par an au moins.

La Confédération créerait de nouvelles escadrilles en achetant les appareils nécessaires ou en militarisant les pilotes civils propriétaires d'appareils et en leur allouant une indemnité convenable.

Les excellentes idées émises par le colonel Borel n'ont pas tardé à porter leurs fruits.

Dès le mois de mai 1913, la municipalité de Constance

acquérait, dans le voisinage de la ville, un terrain d'aviation et y installait des hangars.

. A l'heure actuelle, une école d'hydro-aviation fonctionne régulièrement à Constance et, au Tecknikum de la ville, une chaire d'aéronautique a été créée.

De plus, le ministère de la guerre a organisé, avec le concours de la ville, un concours d'aérhydroplanes. La principale épreuve (vitesse et endurance), dotée de prix atteignant au total 100.000 marks, consiste à faire deux fois le tour du lac sans escale (200 kilomètres).

. Par ailleurs, le Département de la guerre a nommé une commission chargée de rédiger un projet complet d'organisation de l'aviation militaire suisse.

Cette commission est composée des colonels Audéoud et de Watteville, du lieutenant-colonel Borel, du capitaine aviateur Réal et de quelques officiers subalternes.

Voici les conclusions de la commission :

Tout postulant qui désirera entrer dans l'aviation militaire devra remplir les conditions suivantes :

1° Etre Suisse et justifier de son état civil;

2° Etre breveté pilote de la Fédération aéronautique internationale;

3° Etre célibataire;

4° Produire un certificat de bonne vie et mœurs.

Le Département militaire fédéral pourra, après examen médical, enrôler comme *aspirant aviateur* le candidat qui aura rempli les conditions ci-dessus.

Si celui-ci est admis, il suivra pendant six mois des cours spéciaux, à l'issue desquels il devra justifier de connaissances théoriques et pratiques.

Connaissances théoriques. — Météorologie, topographie, lecture de la carte.

Connaissance des moteurs à explosion et des opérations simples de montage et démontage d'appareils.

Connaissances pratiques. — 1º Deux vols en campagne de 150 kilomètres sans escale;

2º Vol en circuit fermé de 300 kilomètres (en deux jours au plus);

3º Atteindre l'altitude absolue de 2.500 mètres (au-dessus du niveau de la mer);

4º Survoler une chaîne de montagnes de 2.000 mètres au moins;

5º Voler pendant quarante-cinq minutes au moins à 1.000 mètres.

On peut cumuler une épreuve de distance et une épreuve de hauteur.

La durée de vol n'est pas fixée pour les épreuves 4º et 5º. Le pilote peut redescendre dès qu'il a atteint la hauteur prescrite;

6º Montée et vol plané en spirale d'un diamètre de 500 mètres au maximum. Le vol plané doit être effectué moteur arrêté et d'une hauteur relative de 500 mètres au moins.

Le rapport de la commission d'aviation militaire suisse a été remis au gouvernement fédéral en septembre 1913.

A partir de l'année 1914, on peut escompter que l'école d'aviation de Berne sera en plein fonctionnement.

TURQUIE

En mars 1912, huit officiers ottomans furent envoyés par leur gouvernement à l'aérodrome de Buc, afin de faire leur apprentissage d'aviateurs.

Ces officiers témoignèrent des meilleures dispositions et ne tardèrent pas à conquérir leur brevet de pilote.

Au début de 1913, le colonel Sunya bey, technicien du ministère de la guerre, et le commandant Djemil bey, de l'ambassade ottomane à Paris, firent acheter par leur gouvernement un dirigeable *Parseval*, trois monoplans Blériot. L'année précédente, le représentant de la marque française Rep était allé à Constantinople et avait vendu quelques appareils.

Le général Mahmoud Chewket pacha, qui était ministre de la guerre à cette époque et qui s'intéressait fort à l'aéronautique, fit établir un camp d'aviation militaire à San-Stéphano, petit port de 1.200 habitants, à 9 kilomètres de Constantinople (direction ouest-sud-ouest), sur la mer de Marmara.

Cet aérodrome ne dispose d'ailleurs que d'installations bien sommaires.

Le hangar du *Parseval* est déchiré en maints endroits, et l'enveloppe dégonflée, avariée dès les premières sorties, n'est pas bien protégée contre la pluie ou l'humidité.

Le hangar des avions est en bois. Les appareils sont assez bien abrités, mais l'atelier de réparations se borne à un établi de menuisier, à un petit tour et à quelques outils. Pas de machines à percer ni à meuler, pas d'étau limeur, ni d'établi ajusteur. Aucun moteur électrique ne commande les machines. Il n'y a pas d'appareil à soudure autogène.

Tout cela aurait besoin d'être installé d'une façon ingénieuse, étant donnés la place très limitée et le peu de crédits, et il est navrant pour la Turquie de penser que c'est une mission allemande qui va réorganiser l'aérodrome de San-Stephano.

Toutes les vieilles machines-outils de Berlin vont y passer et être payées au poids de l'or !

Pendant la guerre balkanique, les aviateurs militaires ottomans firent quelques reconnaissances au-dessus d'Andrinople.

Mais ce fut surtout après la guerre que, complètement formés, les pilotes firent de jolis raids.

Fessah bey, Salim bey, Osman-Noury et Fhéty bey firent (ce dernier ayant comme passager le ministre de la guerre) le voyage de Constantinople à Andrinople et retour.

Salim bey fit ensuite, avec un passager, un raid encore plus audacieux au-dessus de la mer Noire. Ce n'est qu'après un vol de trois heures, et alors qu'il était à court d'essence, qu'il aperçut la terre !

Les pilotes demandent des appareils et des instructeurs français. Mais le gouvernement, inféodé à la Triplice, a l'intention de confier les installations des aérodromes, la formation des pilotes et la construction des aéroplanes à la Compagnie d'électricité Ganz, qui est dans la main des Allemands.

Toutefois, l'arrivée récente à Constantinople de nos aviateurs Daucourt, Védrines et Bonnier a eu un tel retentissement en Turquie qu'un léger espoir nous reste de voir appeler une mission française à la direction de l'aéronautique ottomane (1).

Cela serait d'autant plus juste que la Compagnie allemande a l'intention de copier sans vergogne tous nos modèles, comme cela se fait d'ailleurs en Prusse.

---

(1) Rappelons que ce chapitre a été écrit avant la guerre.

LES VICTIMES DE L'AVIATION DANS LE MONDE ENTIER

Nécessité des recherches sur la sécurité aérienne.

Quoi qu'on pense, le nombre des accidents d'aéroplane est resté, depuis quatre ans, rigoureusement proportionnel au nombre des pilotes volant réellement. Cette constatation, qui montre que la question de sécurité n'a pas été suffisamment étudiée, devrait pousser les autorités militaires et civiles à créer des concours de sécurité et à récompenser les inventions intéressantes dans cet ordre d'idées.

L'État a parfaitement le droit d'intervenir dans cette question (même pour les aviateurs civils), et personne n'a trouvé extraordinaire qu'à plusieurs reprises le gouvernement ait interdit des courses d'automobiles trop meurtrières.

Les chiffres prouvent combien il est urgent de donner à nos aviateurs des engins qui réduisent le nombre toujours croissant des chutes mortelles.

En 1909, il y a eu 3 morts (le nombre d'aviateurs était infime).

En 1910, il y en a eu 29.

En 1911, on compte 76 chutes mortelles.

En 1912, on en compte 117.

Enfin, *pendant les huit premiers mois* de 1913, il y a eu 117 accidents mortels. Cela représente au moins 150 morts pour toute l'année, car on sait combien les derniers mois, et notamment le mois de décembre, sont meurtriers.

CHAPITRE II

Améliorations désirables et conclusions.

CHUTES DUES AUX REMOUS

Les phases caractéristiques (1) se produisent mais sont retardées.

Deux accidents de vol qui, heureusement, se sont terminés sans accidents de personnes, ont fait couler des flots d'encre.

On se rappelle qu'au mois de mai 1912, le lieutenant Morel, et, au début de cette année, le capitaine Aubry, virent leur avion capoter pendant un vol plané.

Les deux vaillants pilotes qui se trouvaient ainsi *au-dessous* de leur appareil, et la tête en bas, eurent toutes les peines du monde à se maintenir dans cette périlleuse situation et à ne pas être « débarqués » de leur siège.

Le lieutenant Morel ne put redresser son appareil; mais l'avion, qui avait une queue sans V, se remit à peu près horizontal, *les patins en l'air*, les ailes rencontrant une résistance plus forte, au contact de l'air du voisinage du sol. Aux faibles hauteurs, en effet, l'air est plus dense, notamment au voisinage des rivières et au-dessus des plaines herbeuses.

L'air peut être au contraire plus léger au-dessus des cultures qui absorbent l'humidité de l'atmosphère.

---

(1) Pour comprendre exactement ce que j'entends par *phases caractéristiques de la chute*, se reporter à mon volume *l'Aéronautique navale*. On y verra esquissée ma théorie de la chute, théorie à laquelle l'Académie des sciences a bien voulu, en m'accordant un prix, reconnaître un intérêt au point de vue aéronautique.

Un avion descendant rapidement, pointant en bas, se redressera donc légèrement s'il a une queue non portante (les ailes attaquant l'air résistant et tendant, par suite, à se relever, alors que la queue *ne s'oppose pas au mouvement*).

Si la queue a du V positif, le mouvement sera accéléré dans de grandes proportions et l'avion pourra parcourir 180 degrés dans un plan vertical, s'il commence sa révolution à une hauteur suffisante au-dessus du sol.

Enfin, si la queue a du V négatif, elle pourra s'opposer à tout mouvement de redressement esquissé par les ailes, et l'avion, arrivant au voisinage du sol *capoté*, restera capoté.

Il semble donc bien qu'il n'y ait, dans toutes les chutes, que quatre phases normales, c'est-à-dire qui proviennent de la constitution même des avions.

Ces phases, que nous avons décrites ci-dessus, sont :

1° La tombée à plat, et 2° l'inclinaison sur l'aile.

Ces deux phases sont supprimées quand la chute provient de l'excès de vitesse, et non de la perte de vitesse.

3° Le *piquage*

Quand la deuxième et la troisième phases se succèdent (perte de vitesse ou virage manqué), les deux effets se conjuguent souvent et donnent naissance à un mouvement hélicoïdal qui se termine, comme nous l'avons dit dans l'étude à laquelle il est fait allusion plus haut, par le redressement ou le capotage.

Le piquage (troisième phase) est le début de la chute, lors des vols planés qu'un remous transforme en vol exagérément piqué.

L'avion se redresse par construction (s'il a du V positif) *dans un air calme* et c'est la dernière phase.

Puis le remous qui l'a fait piquer peut aussi bien le *retourner*, si la queue de l'avion est brusquement rabattue vers l'avant.

C'est d'ailleurs là un *phénomène passager*.

Une fois le remous passé, le V positif de la queue va travailler pour redresser l'avion. En effet, celui-ci, qui se trouve renversé et les patins en l'air, devient un avion muni d'une queue à V négatif, c'est-à-dire un avion *tendant au capotage*.

Les bords d'attaque des ailes ne « portent » pas, puisque, dans la position renversée, ces bords forment une espèce de crochet offrant simplement une résistance supplémentaire à l'avancement.

Donc le centre de poussée reculera vers l'arrière de l'aile.

Le centre de gravité étant dès lors bien sur l'avant du centre de poussée, l'avant tendra à piquer et aidera par suite le mouvement.

L'appareil va donc tendre à se retourner, donc à se remettre *à l'endroit.*

Ce mouvement est encore aidé, le plus souvent, nous l'avons dit, par l'air dense du voisinage du sol.

Une fois retourné, l'avion, retrouvant son angle d'attaque normal, se retrouvera en équilibre stable et continuera à se redresser jusqu'à l'angle de planement normal, si les ailes résistent.

C'est la quatrième phase de la chute des avions munis d'une queue à V positif.

Si la queue a un V négatif, les trois premières phases de la chute sont les mêmes. Seule, la quatrième phase est modifiée : c'est le *capotage normal* au lieu d'être le redressement.

Un remous peut, à l'inverse de l'hypothèse faite dans le cas précédent, *retarder le capotage* et même *redresser provisoirement l'avion.*

C'est ainsi que, dans le cas du malheureux capitaine Tarron, on a vu l'appareil, avant de se retourner à la suite du vol plané, esquisser un ou deux mouvements de rétablissement, puis le capotage inévitable s'ensuivit.

Au lieu de prendre la queue d'un avion par en dessous, un remous peut, en effet, aussi bien la prendre par *en dessus.*

Dans le premier cas, l'appareil capote.

Dans le deuxième cas, il s'asseoit horizontalement.

Mais, dès que le remous est passé, les effets dus à la construction *reprennent le dessus*.

C'est ainsi que mon pauvre camarade Byasson ne pouvait, une fois son appareil capoté, le redresser, même si le pilote, dûment attaché, était resté, tête en bas, sur son siège.

En effet, la queue de l'avion ayant un V négatif exagéré (défaut corrigé depuis), l'appareil, une fois basculé, se trouvait les patins en l'air et l'engrenage horizontal de queue, formant gouvernail calé à la montée, tendait à lui *faire perdre de plus en plus sa vitesse*, ce qui enlevait au pilote toute possibilité de manœuvrer.

Les appareils à V positif, au contraire, s'ils se trouvent momentanément retournés par un coup de vent, ont une tendance à reprendre leur vitesse (empennage horizontal à la descente) en même temps qu'à décrire une courbe pour se redresser.

Le pilote peut donc agir, et c'est ainsi que le vaillant capitaine Aubry arriva à se redresser après capotage et à reprendre son vol normal.

Il est cependant évident que cet excellent pilote aurait été projeté dans l'espace comme le regretté Ducourneau, s'il n'avait pas été attaché.

Dans l'appareil d'Aubry, les effets dus à la construction ont repris le dessus, et l'avion étant bien construit, s'est remis à l'endroit (quatrième phase de la chute des appareils à V longitudinal positif).

Cela est si vrai que, le 1er septembre 1913, l'aviateur Pégoud n'a pas hésité, à bord d'un monoplan réputé, à simuler un capotage et à voler la tête en bas et les patins en l'air. Depuis il a récidivé souvent et même à *faible hauteur* (relativement).

Il a toujours relevé son avion avec la plus grande facilité. Inutile de dire que si l'appareil avait été réglé avec un **V** longitudinal négatif prononcé, comme le sont encore malheureusement certains avions, jamais Pégoud n'aurait pu se redresser.

Ajoutons enfin, pour les audacieux qui voudraient l'imiter, qu'il faut monter à 1.000 *mètres au moins* pour réaliser cet exploit sans trop de risques.

Autrement, l'appareil peut n'avoir pas le temps de faire ses deux évolutions de 180° dans le plan vertical.

L'étude assez complète des chutes, étude faite ci-dessus, nous permet de comprendre en quoi a consisté l'expérience de Pégoud.

Faire le « looping the loop » en aéroplane peut s'analyser ainsi : faire réaliser à l'appareil successivement la quatrième phase de la chute du deuxième système (capotage), puis la quatrième phase de la chute du premier système (redressement).

Il faut donc éliminer, dans les deux cas, les autres phases, qui, on le sait, sont communes à tous les types d'appareils (que le V longitudinal soit positif ou négatif).

Il faut donc :

1° Que le temps soit beau, afin d'être sûr qu'un remous ne viendra pas vous faire glisser sur l'aile, et que l'appareil ne commencera pas une chute en tire-bouchon ;

2° Que l'appareil soit léger et ait des ailes minces, parce qu'il obéit mieux aux commandes et parce que, même s'il commence à choir sur l'aile et à prendre le mouvement de tire-bouchon, le pilote arrêtera ce mouvement, le moment d'inertie des ailes par rapport à l'axe longitudinal n'étant pas considérable.

Il en résulte que les ailes ne se mettront pas à continuer à tourner rapidement et à faire prendre à l'avion une sorte de mouvement gyroscopique, comme cela se voit dans des chutes d'appareils à ailes massives.

Nous défions d'ailleurs qui que ce soit de renouveler l'expérience de Pégoud à bord d'un avion à ailes épaisses ou lourdement chargé (surtout s'il y a un peu de vent).

Enfin, pour la réussite de cette expérience, il faut un stabilisateur puissant et qui obéisse instantanément.

En effet, la manœuvre consiste simplement à donner artificiellement à l'avion un V longitudinal négatif (prépondérance du gouvernail de profondeur sur le plan fixe), puis, quand on est la tête en bas, un V positif (renforcement de l'action du plan fixe).

Si l'appareil est construit avec un V négatif prononcé, l'expérience est impossible, car, quand l'avion sera renversé, le plan fixe tendra à casser la vitesse, ce qui entravera le redressement.

Il est évident que, pour que ces manœuvres soient possibles, il faut que l'appareil soit *intact* dans toutes ses parties (ailes, fuselage, commandes, etc.).

Il faut encore que le pilote coupe l'allumage en temps opportun.

Tout cela n'empêchera donc jamais les ailes de se casser, si, pour une raison ou pour une autre, l'appareil se met à piquer fortement avant que le pilote (souvent projeté, par son inertie, sur son levier ou le tableau qui est devant lui) ait pu arrêter le moteur.

De même, un mauvais remous pourra faire choir l'avion sur l'aile jusqu'au sol, si celui-ci est peu éloigné.

Ou bien, un monoplan prendra le mouvement de tire-bouchon et descendra ainsi jusqu'au sol, soit parce que le pilote n'aura pas le temps d'arrêter le mouvement, soit parce que les commandes répondront mal, soit parce que, les ailes étant trop massives ou l'appareil trop chargé, l'inertie de l'avion lui fait continuer son mouvement.

De même, si l'avion se met pointe en bas par suite d'un remous à la descente, il sera impossible, s'il est très lourdement chargé à l'avant, de le redresser. Le stabilisateur cassera plutôt, mais on ne le redressera pas.

On voit donc que, malgré les expériences de Pégoud et Blériot, de très graves accidents continueront à se produire sur certains types d'appareils (ceux qui n'ont pas assez de surface notamment). Ces expériences auraient d'ailleurs été encore plus intéressantes, si elles avaient été réussies *par mauvais temps*.

Et, enfin, il faut prévoir le cas, qui se produit toujours, où l'appareil se dérègle ou se détériore en l'air.

Tant qu'on se contentera de coefficients de sécurité de **4**, il y aura lieu de prévoir des ruptures en l'air.

J'ai vu, en relevant une ancre, à bord d'un navire, le câble d'acier servant à caponner, casser comme du verre. Or, ce câble avait un coefficient de sécurité de 20.

L'eau de mer rouille et abîme beaucoup l'acier, malgré le zingage, mais l'huile du moteur, la pluie, les mauvais atterrissages, n'usent-ils pas les appareils ?

Si donc on estime que des ailes doivent, en vol, supporter, par suite des remous, quatre fois la charge normale, on doit adopter un coefficient de sécurité, non de quatre, mais de *quatre fois quatre*.

Comme nous en sommes très loin, nous devons, plus que jamais, prémunir l'aviateur contre les chutes d'appareils, et par conséquent, il y a lieu de souhaiter que Pégoud continue les belles expériences de parachute qu'il a entreprises.

Faut-il s'attacher en aéroplane ?

Il nous reste maintenant à examiner la grave question de la ceinture.

Si le lieutenant Truchon avait été attaché, il ne serait certainement pas mort.

Par contre, Princeteau et bien d'autres doivent leur mort à leur ceinture.

Il est donc sage de laisser, sur ce point, la liberté absolue aux pilotes.

Pour les *chocs d'atterrissage*, la ceinture est souvent néfaste. Elle eût protégé Védrines, elle eût sauvé Truchon, c'est entendu, mais elle a fait brûler dans leur nacelle bien des aviateurs.

C'est pour cela que les élèves ne devraient pas, dans les écoles militaires, être tenus de s'attacher.

Au contraire, les aviateurs qui survolent la campagne doivent être certains de rester dans leur appareil quelles que soient les positions extraordinaires que l'avion puisse prendre en l'air.

Ils devraient donc prendre modèle sur Pégoud et s'attacher, à notre avis, mais en se munissant de ceintures, comme il en existe d'ailleurs, qu'on peut « larguer » en appuyant sur un simple bouton.

Conclusions.

De l'étude approfondie à laquelle nous venons de nous livrer, il résulte que :

1º La France tient incontestablement le premier rang pour l'aviation et le troisième pour l'aérostation militaires ;

2º L'Allemagne tient de beaucoup la tête pour l'aérostation et occupe le troisième rang pour l'aviation ;

3º Le service d'aviation d'Autriche-Hongrie doit être placé au second rang, mais le service d'aérostation n'existe pour ainsi dire pas ;

4º L'Italie vient au second rang pour l'aérostation militaire et au sixième pour l'aviation ;

5º La Russie doit être classée quatrième pour tous les services aéronautiques ;

6º L'Angleterre peut être classée septième pour l'aviation et cinquième pour l'aérostation ;

7º Les Etats-Unis nous paraissent posséder la cinquième armée aérienne (aviation). L'aérostation militaire y est dans l'enfance, comme en Autriche-Hongrie ;

8º Viennent ensuite : la Belgique, la Suède, la Roumanie, la Grèce, l'Espagne, la République argentine, la Bulgarie, la Chine, le Mexique, la Turquie. Les autres puissances ne possèdent ni pilotes militaires ni appareils.

On peut, en conséquence, dresser le tableau suivant :

NOM DE LA PUISSANCE.	SON RANG EN	
	AVIATION.	AÉROSTATION.
France	1	3
Autriche-Hongrie	2	(?)
Allemagne	3	1
Russie	4	4
Etats-Unis	5	(?)
Italie	6	2
Angleterre	7	5
Belgique	8	(?)
Suède	9	(?)
Roumanie	10	(?)
Grèce	11	(?)
Espagne	12	(?)
République Argentine	13	(?)
Bulgarie	14	(?)
Chine	15	(?)
Mexique	16	(?)
Turquie	17	(?)

9º Le dirigeable est, *à l'heure actuelle*, le seul aéronef ayant une capacité de transport suffisante pour pouvoir être utilisé comme *engin offensif*.

L'avion ordinaire doit se borner aux reconnaissances *de jour* et au contrôle des tirs.

Un type d'avion lourd (1), du genre de l'appareil russe *Sikorsky* (voir page 175), est à étudier pour le bombardement des positions ennemies (cantonnements, chantiers, gares, fabriques de munitions, etc.).

Les reconnaissances *de nuit* (très utiles près des côtes, par exemple) et les opérations offensives d'une certaine envergure doivent être confiées, en principe, aux dirigeables, mieux outillés en appareils optiques permettant de repérer, la nuit, les points qu'on veut attaquer.

---

(1) Souvent on entend, par « avion lourd », aussi bien un appareil qui pèse beaucoup qu'un aéro *volant difficilement*. Il y a là une petite confusion. Un appareil qui, chargé, a un grand poids (ce n'est d'ailleurs pas toujours l'avion qui pèse le plus *à vide* qui jouit de la plus grande capacité de transport) peut voler *très finement*. Le progrès consiste même à atteindre ce résultat, qui n'est paradoxal qu'en apparence, bien que la plupart des constructeurs n'aient pu encore l'atteindre.

La question de la forme de l'avion et celle de la voilure n'ont pas moins d'importance, au point de vue du *survol léger*, que celle du moteur.

CHAPITRE III

L'action des flottes aériennes pendant la guerre (1914).

La déclaration de guerre s'est produite (1er août 1914) alors que les divers Etats européens étaient en train d'organiser leurs services aéronautiques de guerre. L'Allemagne et l'Autriche-Hongrie formaient discrètement un nombre énorme de pilotes et faisaient appel à toutes les compétences en leur demandant d'apporter à l'Etat le fruit de leurs recherches. Des récompenses magnifiques stimulaient tous les zeles.

Pendant ce temps, en France, malgré le cri d'alarme de plusieurs spécialistes, beaucoup de journaux affirmaient à leurs lecteurs que les Allemands étaient trop lourds de corps et d'esprit pour tenir une place honorable dans les airs.

Les services aéronautiques français, qui, au début, étaient enviés par le monde entier, perdaient peu à peu l'avance que l'impulsion magnifique du général Roques leur avait donnée. Bien que tenant toujours la première place, l'aéronautique française se voyait presque égalée par les services aériens de l'Allemagne dont les instructeurs et les pilotes d'aéronautique rivalisaient d'ardeur. Au moment de la guerre, je crois même que le nombre des pilotes d'avions allemands était *quatre fois plus fort* que nous ne le pensions en France.

Et, dès le début de la guerre, nous nous aperçûmes que nous avions eu tort de trop faire fond sur la suprématie aérienne de notre patrie, et de relâcher quelque peu nos efforts pendant les deux dernières années.

Nous allons examiner ce qu'ont fait les avions des différentes puissances belligérantes pendant les six premiers mois de guerre :

1º Sur le front occidental ;
2º Sur le front oriental ;
3º Sur les côtes de la Méditerranée ;
4º En Extrême-Orient.

TITRE Ier

FRONT DE COMBAT OCCIDENTAL

Pendant les vingt premiers jours de la guerre, il y eut quelques flottements dans la constitution des nombreuses escadrilles d'avions dont la France avait besoin.

Certes, dès le premier jour, un nombre important de pilotes militaires partirent en reconnaissance. Mais leur nombre était bien insuffisant pour une ligne de combat de 400 kilomètres, et l'on n'appela peut-être pas assez vite les pilotes civils dont la mobilisation, en cas de guerre, était demandée depuis longtemps par l'Association des aviateurs que préside notre distingué camarade, Alfred Leblanc.

Ce n'est qu'à partir du 15 août environ que nos avions, moins nombreux toutefois pendant les premières semaines que les « tauben », se mirent en chasse. Le 15 août, nos avions de Nancy survolèrent Metz et jetèrent des bombes sur les hangars des Zeppelins. Il semble que quelques dégâts aient été causés par nos projectiles.

Le 22 août, le brave lieutenant aviateur Rœckel, ayant le capitaine Simon comme passager, partait de Marville pour aller observer les troupes ennemies qui occupaient les régions de Longwy, Arlon et Virton. Pour faire cette reconnaissance, le pilote gagna l'altitude de 1800 mètres environ et se dirigea vers le bois de Musson à 13 kilomètres au N.-O. de Longwy.

Du zénith de ce bois, la région d'Halenzy, où se trouvaient d'importantes forces allemandes, pouvait être admirablement repérée. Un Zeppelin allemand à l'ancre fut même découvert.

Malheureusement, une batterie allemande contre aéronefs commença à canonner furieusement l'avion français, qui, sous le souffle des explosions de schrapnells, fut complètement mis sens dessus dessous et commença une descente vertigineuse en tire-bouchon. Le pilote, qui avait cependant reçu une violente commotion capable de lui faire perdre connaissance, eut l'énergie de lutter désespérément contre la chute et fut assez habile pour redresser l'appareil à 200 mètres du sol, alors que des aviateurs moins experts eussent pu se croire perdus.

L'atterrissage forcé eut lieu à 300 mètres seulement de Longwy, tout près des lignes allemandes.

Rœckel, avec un sang-froid merveilleux, montra à son passager comment il fallait lancer l'hélice; puis il remonta sur son siège et reprit le volant, tandis que l'officier observateur, dont c'étaient les débuts comme mécanicien d'avion, mit magistralemnnt le moteur en marche. Les deux aviateurs s'envolèrent ensuite à la barbe des Boches stupéfaits.

De leur côté, les Allemands ne restèrent pas inactifs. Certes, nous n'entrerons pas dans le détail des reconnaissances quotidiennes qui permirent aux adversaires d'observer l'efficacité de leurs tirs ; mais nous tâcherons de mettre en lumière les faits les plus saillants et surtout ceux qui sont à retenir pour orienter, après la guerre, l'aéronautique française dans la voie du progrès et lui faire acquérir une suprématie définitive par rapport aux flottes aériennes des différents Etats.

Le 23 août et les jours suivants, nos avions de Belfort firent de belles reconnaissances au-dessus des forts d'Istein.. Un de ces avions fut terriblement attaqué par plusieurs batteries des canons spéciaux allemands contre aéronefs.

Les souffles des explosions le firent tournoyer plus d'une fois et virer de bord, cap pour cap, automatiquement; mais il parvint à se redresser et put rentrer à l'aérodrome sans dommage.

Dans les premiers jours de septembre, il semble que les Allemands, qui s'étaient bornés jusque-là à faire des reconnaissances au-dessus des troupes, aient témoigné alors d'une activité et d'une hardiesse considérables. Leurs avions allèrent survoler *quotidiennement* nos villes fortes et effectuèrent ainsi des voyages aériens dépassant 300 et 400 kilomètres.

Au point de vue du droit international, il faut condamner et blâmer sévèrement ces attaques de villes, attaques qui ne peuvent avoir *aucun résultat militaire*, comme nous le démontrons dans le chapitre II de cet ouvrage, mais qui, en revanche, causent la mort de personnes paisibles et non-combattantes, femmes, enfants, vieillards.

Au point de vue sportif, on ne peut cependant qu'admirer les performances de ces « Tauben » allemands qui venaient survoler quotidiennement Paris sans souci des dangers qu'ils couraient, seuls, contre les très nombreux avions du camp retranché. Ajoutons à ce risque celui d'avoir une panne, et c'était alors la mort certaine : car l'aviateur boche qui ne se fût pas blessé grièvement dans la chute eût été massacré, non sans raison d'ailleurs, par la population, surtout après les premières explosions de bombes qui mutilèrent affreusement plusieurs fillettes.

Le 1er septembre, un « Taube » apparut au-dessus des rues de Hanovre et de la Michodière; puis il survola la gare Saint-Lazare, les rues de Londres et de la Condamine; il passa ensuite au-dessus de la caserne de la Pépinière, au-dessus de Montmartre et survola, à grande hauteur, la gare du Nord. Il s'éloigna enfin, non sans avoir jeté quatre bombes qui firent trois victimes.

Si la défense aérienne de Paris avait été moins rudimentaire au début des hostilités, peut-être eût-on évité la visite des « Tauben » qui, depuis le début d'octobre, date à laquelle on a commencé à organiser méthodiquement la protection du ciel parisien, semblent avoir perdu l'envie de bombarder la capitale, au moins pendant la journée. La nuit, les dirigeables sont seuls à redouter. Dans un grand nombre d'études aéronautiques auxquelles je fais allusion au début du chapitre II de cet ouvrage (chapitre écrit bien avant la guerre), j'ai jeté le cri d'alarme au sujet de la défense aérienne, qui doit être prévue dès le temps de paix et ne doit pas être improvisée pendant les hostilités. Dévoilant les énormes préparatifs aéronautiques que l'Allemagne dirigeait contre nous depuis deux ans, j'ai déclaré maintes fois que, sur certains points, notre défense aérienne ne me semblait pas assez importante.

D'autre part, j'ai insisté plusieurs fois sur l'intérêt qu'il y aurait à adjoindre un aviateur ou un ancien aviateur aux sections de mitrailleuses ou aux batteries spéciales contre aéronefs. De regrettables méprises se sont produites, faute d'avoir des tireurs sachant différencier les aéronefs français (avions ou dirigeables) des oiseaux ou croiseurs aériens teutons.

On dut même recommander aux soldats de ne faire usage de leurs armes qu'avec une grande circonspection, et c'est peut-être cet excès de précautions qui a permis aux « Tauben » de septembre 1914 de franchir les zones de surveillance qui, pour n'être pas très bien organisées, n'en existaient pas moins, dès cette époque, autour du camp retranché de Paris. Les mêmes craintes de méprise de la part des soldats ont permis aux oiseaux allemands de repartir sans être trop inquiétés.

Ajoutons d'ailleurs, pour ne jeter la pierre à personne, que tous ces « Tauben » volaient très haut, et qu'il n'était par conséquent pas facile de les abattre.

Le 2 et le 3 septembre, un « Taube » vint encore survoler

Paris et jeta des banderoles avec inscriptions grotesques destinées à terroriser les Parisiens en leur annonçant l'approche foudroyante des troupes allemandes !

Ces avions et leurs envois ridicules excitèrent la curiosité bien connue du badaud parisien, curiosité qui n'exclut pas la bravoure, et ce fut tout.

Le 11 octobre, vers midi, deux « Tauben » survolèrent Paris, à 2.000 mètres environ. Le premier tournoya au-dessus du quartier de la Bastille, puis vint dominer Notre-Dame. Il laissa tomber des bombes sur le faubourg Saint-Antoine et la rue La-Fayette : trois personnes furent tuées, et plusieurs autres blessées.

Ensuite, l'oiseau malfaisant du kaiser, pour mieux montrer sans doute que son souverain était le défenseur de la religion, lança quatre bombes sur Notre-Dame.

Un projectile fit un énorme trou dans la toiture ; un autre tomba à 25 mètres seulement de la pointe. Les deux autres bombes tombèrent dans le square. Sur le quartier du Trocadéro puis sur Montmartre, un autre pirate de l'air, messager de l'armée allemande, lança plusieurs bombes rue de la Banque et rue Montmartre ; il y eut plusieurs accidents de personnes. Soit, au total, quatre morts et quatorze blessés.

Inutile d'ajouter que cette sauvage agression ne donna pas un seul instant à la population parisienne l'idée d'ouvrir ses portes à von Klück !

Mais que dire de cette « *Kultur* » allemande qui s'attaque aux édifices sacrés et aux promeneurs inoffensifs (dont un grand nombre appartiennent à des nations neutres)?

S. E. le cardinal Amette, archevêque de Paris, protesta, avec une juste indignation, contre ces attentats barbares : « Dimanche 11 octobre, dit l'archevêque, des avions allemands ont jeté sur Paris vingt bombes, qui ont tué quatre personnes inoffensives et fait un bon nombre de blessés.

» Trois de ces bombes ont été lancées, avec une intention évidente, sur l'église métropolitaine de Notre-Dame ; l'une d'elles y a causé de notables dégâts et eût pu y déterminer un grave incendie.

» Nous avons le devoir de protester contre ces violences barbares et criminelles, que ne peut excuser aucune nécessité militaire. L'attentat dirigé contre la vénérable basilique constitue un sacrilège que nous dénonçons à la réprobation du monde chrétien. »

Le 12 octobre, un nouveau « Taube » survola Paris et plana au-dessus de la gare du Nord. Une bombe, lancée par lui, creva la toiture de la gare et tomba sur la voie.

Le même avion provoqua des dégâts matériels en laissant tomber cinq autres projectiles rue Pouchet, rue Cauchois, boulevard Bessières, rue Constance et boulevard de Clichy. L'oiseau teuton prit ensuite la fuite précipitamment en apercevant cinq avions du camp retranché de Paris, qui surgissaient d'Issy-les-Moulineaux et de Versailles et se dirigeaient vers lui.

Donnons ici quelques caractéristiques de ces « Tauben », qui firent tant parler d'eux au début de la guerre et qui réussirent de grands raids, toute question d'observation des lois de la guerre mise à part.

Le millionnaire autrichien Ettrich fut le véritable inventeur de ces appareils, qui ne sont pas d'invention allemande, contrairement à ce que croient beaucoup de personnes qui n'ont pas étudié d'une manière spéciale les sciences aéronautiques.

Ettrich ne voulut construire que des monoplans, comme Levavasseur et Blériot en France. Il prétendit obtenir une excellente stabilité en donnant aux ailes de ses avions la forme des feuilles de l'arbre indien *zanonia*, car ces feuilles, balancées par le vent, sont transportées quelquefois à plusieurs kilomètres *sans se renverser*, lorsqu'elles se détachent de l'arbre.

Les premiers essais ne furent pas très concluants, et, peu

à peu, l'inventeur modifia la forme des ailes jusqu'à donner à l'appareil l'apparence d'un pigeon (*Taube*).

Ces appareils, adoptés par l'administration militaire allemande, ont de grandes qualités au point de vue de la capacité de transport. Au début de la guerre, l'armée de nos adversaires teutons possédait 260 « Tauben » pouvant s'élever à 1.000 mètres en huit minutes, avec une charge utile de 300 kilogrammes, et pouvant emporter assez d'essence pour tenir l'air six heures, la vitesse de ces appareils étant de 120 kilomètres à l'heure.

Pendant que les « Tauben » s'attaquaient ainsi aux populations inoffensives de France, nos aviateurs se couvraient de gloire sur le front, en s'attachant, eux, aux besognes purement militaires et en évitant au contraire toute attaque contre les populations civiles, attaques par trop faciles à réaliser du haut du ciel.

Le 1er octobre, Paulhan, un des doyens de l'aviation, se rend à Amiens en avion blindé. Il passe au-dessus des lignes allemandes qu'il doit reconnaître, les troupes du kaiser, chassées d'Amiens à la suite de la victoire de la Marne, n'ayant pas renoncé à l'espoir de reprendre la ville.

Paulhan, emmenant son mécanicien comme observateur, s'élève à 2.500 mètres (1). En passant au-dessus de l'Aisne, il aperçoit un parc d'aviation allemand qui le salue d'une

---

(1) S'il est bon de ne pas voler trop haut pour reconnaître le terrain ennemi, il faut, au contraire, avier à grande altitude pour patrouiller.

Dans les combats entre avions, l'avantage de la hauteur est considérable. aussi important que l'avantage du vent dans les batailles entre navires à voiles de jadis.

Jusqu'en septembre 1915, nos pilotes militaires se sont fréquemment affranchis de cette règle et ont attaqué les avions allemands *par en dessous*, en profitant d'une erreur de détail dans l'installation des mitrailleuses sur les aéroplanes boches. L'ennemi, comprenant la tactique, a corrigé cette imperfection, et, comme il est plus facile de viser au-dessous de soi qu'au-dessus, un aviateur allemand a abattu l'héroïque Pégoud, roi du « looping ».

salve de canons contre aéronefs. Aucun schrapnell ne porte tout d'abord. Mais, par contre, Paulhan aperçoit un avion teuton qui s'élève de l'aérodrome, et, immédiatement, il se dirige sur lui en perdant de la hauteur. L'observateur de l'avion français arme sa mitrailleuse et, aussitôt arrivé à 200 mètres de son adversaire, il commence à tirer. L'avion allemand, terrifié, tente un vol piqué qui découvre le pilote, aussitôt atteint par la rafale de la mitrailleuse de Paulhan. Une chute effroyable de l'oiseau ennemi s'ensuit aussitôt.

Mais, de son côté, Paulhan a des difficultés avec son moteur. Son appareil descend cahin-caha à 1.200 mètres, et bientôt le pilote doit atterrir à proximité des lignes françaises.

Il se rend compte que c'est une balle de schrapnell qui, ayant coupé trois fils d'allumage du moteur, a été cause de cette panne. A peine l'atterrissage a-t-il eu lieu, que le détachement de chasseurs à pied près duquel l'avion de Paulhan s'est posé est attaqué par de nombreux ulhans. Le mécanicien de Paulhan, sans perdre son sang froid, saute dans l'appareil immobile et rivé au sol, et, protégé par le léger blindage de l'avion, tire sur les chevaux des ulhans. Ceux-ci commencent à ralentir leur offensive et plusieurs tournent bride. Nos braves chasseurs à pied profitent de ce désarroi pour anéantir à la baïonnette presque tout le détachement prussien.

A la suite de ce beau fait d'armes, il convient de citer le résultat exceptionnel obtenu par un avion français qui, au début du mois d'octobre, détruisit, près de Neuville, un convoi, tuant ou blessant 30 hommes et 50 chevaux.

Nous ne sommes guère partisan de l'avion de combat autrement que pour donner la chasse aux avions ennemis. Les jets de bombes ne représentent pas des quantités d'explosifs suffisantes pour produire de grands résultats au point de vue militaire, et, d'autre part, nous n'avons pas assez d'avions destinés à l'observation des tirs d'artillerie et aux reconnaissances ordinaires pour qu'on puisse en distraire un grand nombre de ce service. Toutefois, nous reconnaissons que, dans certains cas, comme celui que nous citons ci-dessus, l'effet moral produit sur l'ennemi peut être appréciable. Ce qu'il ne faut pas croire, c'est que, *grâce aux avions, on peut être vainqueur*, même si la préparation des autres armes n'est pas suffisante. Certains utopistes avaient émis cette opinion, il y a un ou deux ans, et le début de la guerre terrible que nous subissons a dû les faire revenir de leur erreur.

Le 5 octobre, dans la région de Reims, le sergent Frantz, pilote, et le sapeur Quenault, observateur, montant un avion muni d'une mitrailleuse, attaquèrent un *Aviatik* allemand qui, du haut des airs, s'efforçait de repérer les positions de nos batteries de défense et de nos tranchées.

L'appareil français s'éleva au-dessus de l'avion allemand et put atteindre le pilote et le moteur. La chute se produisit inévitable. L'essence se répandant hors du moteur par la fissure s'enflamma (le moteur continuant à tourner pendant les premiers instants) et brûla atrocement les deux courageux aviateurs allemands, qui arrivèrent au sol presque carbonisés. On put constater cependant que le pilote avait été atteint par les balles de la mitrailleuse de l'avion français. Beaucoup de reconnaissances d'aéroplanes allemands se terminèrent d'ailleurs tragiquement pour leurs pilotes et leurs observateurs.

Le 23 août, un aéroplane prussien monté par deux officiers fit une reconnaissance au-dessus des troupes à Asch près Termonde (Belgique). A un moment donné, l'appareil prit feu et tomba. Les deux aviateurs furent tués.

Le même jour, nos troupes capturèrent un biplan allemand à Cernay.

Le 8 octobre, un « Taube », qui s'approcha de Paris jusqu'à Saint-Denis et qui bombarda Aubervilliers, faillit être abattu par un biplan français et par une batterie contre aéronef.

Au début du même mois, trois avions allemands survolèrent Nancy et lancèrent des bombes dont les dégâts furent insignifiants. Les corsaires de l'air jetèrent ensuite un petit drapeau allemand portant cette inscription : « Une salutation un peu excentrique à Nanzig, la ville à bientôt allemande ! »

Nos artilleurs et fantassins n'eurent pas la chance, cette fois, d'abattre les malotrus qui venaient les défier du haut des airs.

Le 22 octobre, un « Taube » et un « zeppelin » qui survolaient la côte belge du côté de Zeebrugge, furent descendus par les canons des navires anglais et français embossés au large.

Huit jours auparavant, un biplan allemand avait survolé Dunkerque et lancé des bombes sans résultat. Atteint par les balles tirées des forts, l'appareil s'était éloigné péniblement et était allé tomber entre Furnes et Nieuport. Les deux aviateurs furent faits prisonniers, et l'un d'eux, grièvement blessé, reçut les soins que comportait son état.

Quelques jours plus tard, un « Taube » survola Gravelines et lança des bombes qui tombèrent, sans aucun dommage, sur la plage ; le monoplan allemand fut abattu.

Le 23 octobre, deux avions teutons, un « Taube » et un « Aviatik », qui survolaient nos troupes à une hauteur de 1.200 mètres, dans la région de Méharicourt, furent abattus.

Quelques jours auparavant, le 8 et le 12 octobre, deux « Tauben » bombardèrent la ville de Saint-Pol-en-Ternoise, tuant une personne et causant quelques dégâts matériels.

Le 25 octobre, deux « Tauben » qui avaient survolé Reims, furent pris en chasse par les avions français et allèrent tomber dans les lignes allemandes.

Arm. aériennes.   14

Vers la même date, un avion allemand venant de la direction de Mulhouse survola Belfort; mais il fut accueilli par une violente canonnade et dut rebrousser chemin sans avoir pu lancer aucune bombe.

Le 27 octobre, dans la région de Senlis, trois avions allemands ayant franchi les lignes françaises du front furent aperçus se dirigeant vers Paris. Les aviateurs du camp retranché leur donnèrent aussitôt la chasse et les forcèrent à s'éloigner.

Deux jours auparavant, un « Taube » n'avait pas été plus heureux. Il avait tenté de survoler Amiens, mais, au nord-est de cette ville, il fut rencontré par un avion français monté par le capitaine Strobick et le mécanicien David, et abattu.

Au début du mois de novembre, l'aviation militaire française commença à être fortement organisée. Les reconnaissances et les travaux utiles des aviateurs devinrent de plus en plus nombreux.

Le 2, revenant de faire une importante reconnaissance, deux avions français montés, l'un par le capitaine Morice, l'autre par le sergent Gibert ayant comme observateur le capitaine Vergnettes, aperçurent, au nord-est d'Amiens, deux « Tauben ». Les avions ennemis n'acceptèrent pas le combat et prirent la fuite. Mais un de nos appareils réussit à rejoindre le plus lent des deux oiseaux allemands et, arrivé à une vingtaine de mètres de lui, l'abattit par un feu de mousqueterie bien dirigé.

Le même jour, un groupe d'avions français bombarda le quartier général du duc de Wurtemberg, à Thielt, détruisant un convoi d'automobiles.

Ce beau raid eut lieu le 30 octobre. Nos avions avaient repéré, non loin de Dixmude, le château dans lequel s'était réfugié le quartier général allemand, qui avait été chassé d'Ostende par le feu de nos grands contre-torpilleurs.

Au lieu de s'attaquer aux populations inoffensives, com-

me l'eussent fait les Teutons, nos aviateurs, défilant en ligne
de file, laissèrent tomber chacun une demi-douzaine de
bombes sur le château.

Plusieurs projectiles portèrent, et le bâtiment commença
à prendre feu tandis qu'une grande partie de la toiture
s'effondrait.

L'état-major allemand se hâta de prendre la fuite et de
se réfugier dans les bois : il était malheureusement
indemne.

Le 5 novembre, des aviateurs français détruisirent une
partie de la ligne de tramways entre Bruges et Zeebrugge.
Plusieurs fusiliers marins teutons furent tués.

En fin octobre et au début de novembre, des aéroplanes
allemands ont survolé Ypres et Poperinghe, en Belgique.

A Ypres, un « taube » blessa un officier, une femme et
une fillette.

A Poperinghe, deux « Tauben » bombardèrent l'église,
montrant ainsi la haine farouche des Allemands contre les
édifices sacrés. Quelques maisons particulières furent également légèrement atteintes.

A la même époque, il convient de signaler le passage
d'aéroplanes allemands au-dessus de plusieurs villes françaises : Beauvais, Verberie (entre Compiègne et Senlis)
notamment. Signalés à l'aviation militaire de Paris, et
apercevant des appareils français, les oiseaux de mauvais
augure rebroussèrent chemin sans avoir pu lancer de
bombes.

Il n'en fut pas de même à Verdun, où un avion ennemi
jeta quatre projectiles sur la ville, ne causant d'ailleurs que
des dégâts insignifiants.

A Nancy, les aviateurs boches ne manquèrent pas, dès
le début de la guerre, de bombarder la cathédrale et de
tuer quelques enfants. Plus tard, dans les premiers jours de
novembre, un « Taube » lança des bombes sur la gare des

marchandises, puis sur la ville. Les dégâts furent minimes et l'avion ennemi fut descendu par l'artillerie.

A la même époque, à Arques, un biplan allemand dut atterrir, par suite d'une panne, près du château. Les deux aviateurs, rencontrés par une patrouille française dans le fossé où ils s'étaient cachés, ne furent mis hors de combat qu'après une lutte épique.

Employant le classique procédé déloyal des Boches, les deux aviateurs allemands firent mine de se rendre en levant les bras, puis essayèrent d'égorger les sentinelles qui les escortaient. Malheureusement pour eux, ils étaient tombés sur de vigoureux Bordelais qui, surpris par cette attaque imprévue et terrassés tout d'abord, se relevèrent par de vigoureux coups de rein et, *contrepassant* leurs adversaires (style de lutte), en passèrent un proprement au fil de l'épée et abattirent l'autre d'un coup de revolver dans la tête. Ce dernier était le *Herr Lieutenant* qui commandait l'avion.

Au début du même mois (novembre) un « Taube », venant d'Heyst, en Belgique, a survolé les positions des alliés, près de la mer du Nord. Quatre aéroplanes belges, français et anglais lui donnèrent la chasse et tâchèrent de l'encercler près de Blankenberghe. Le « Taube », pour essayer d'échapper à ses adversaires, piqua vers le large et répondit à coups de carabine au feu des alliés. Au bout d'un moment, l'appareil allemand commença à avoir une trajectoire sinueuse qui indiquait un certain déréglage des ailes. L'avion ennemi avait dû être atteint par nos braves aviateurs, toutefois il put rentrer dans les lignes allemandes, proches des nôtres.

Le même jour, un dirigeable venu de Brumel allait planer sur les vaisseaux de guerre alliés embossés au large de la côte belge, et dont le tir gênait considérablement les Allemands. Poursuivi aussitôt par l'escadrille belge, le croiseur aérien fila à toute vitesse en s'élevant au-dessus des nuages, ce qui le masqua à la vue des poursuivants et amena peut-être son salut. C'est ici le lieu de rendre hommage à l'aviation belge, qui aida puissamment l'aviation française dans cette région du Nord.

La petite armée aérienne belge fut, dès le début de la guerre, répartie en cinq escadrilles. Quatre de ces échelons volants sont composés d'officiers, et le cinquième, de sous-officiers et de caporaux.

Particularité intéressante : tous les aviateurs belges ont un grade, si modeste qu'il soit, de façon à leur donner autorité sur les mécaniciens. Cette règle me semble excellente et je trouve qu'il y aurait tout intérêt à l'appliquer en France. Il semble regrettable de voir des pilotes hors ligne, *first class pilots*, comme disent les Anglais, n'avoir que le grade de soldat de deuxième classe, ce qui les met dans une situation délicate pour commander leurs mécaniciens, qui sont, hiérarchiquement, leurs égaux. Bien que la fonction prime le grade, il vaudrait peut-être mieux donner un bout de galon à tous les pilotes : leur autorité y gagnerait certainement.

Depuis le début de la guerre (1er août 1914), les capitaines aviateurs belges Nélis (dont nous étudions l'œuvre admirable dans le chapitre Ier de cet ouvrage), Mathieu, Deschamps, Wahis, les lieutenants Lebon, Jeumotte, Stellinwerff, Dahnis, Jaupret, l'adjudant Crombez (ancien élève de l'aviateur français Sommer), les sous-officiers Olieslaegers (ancien élève de Farman), Tyck, etc., firent des reconnaissances admirables.

Pendant les célèbres batailles d'Ypres, de Furnes et de Poperinghe, ce furent ces vaillants aviateurs de l'héroïque nation belge qui se chargèrent de repérer les batteries allemandes. Ils s'acquittèrent merveilleusement de leurs missions.

Les cinq escadrilles belges possèdent trente appareils

Farman et Blériot, en excellent état, plus quelques appareils de réserve.

Au point de vue de la défense contre les aéronefs ennemis, la Belgique n'avait, comme la France d'ailleurs, qu'un matériel d'artillerie insuffisant au début de la guerre.

C'est ainsi qu'à Anvers, où un croiseur aérien allemand de fort tonnage lança un grand nombre de bombes et démolit 60 maisons en fin septembre (quelques jours avant la prise d'Anvers par les Teutons), il n'y avait qu'*un canon* de défense contre buts aériens. Ce canon endommagea l'avant du zeppelin ; mais ces vaisseaux de l'air sont très compartimentés, comme je l'ai exposé dans mon ouvrage sur l'*Aéronautique Navale*, et, à ce point de vue, sont très supérieurs aux dirigeables français que la moindre déchirure expose à perdre, peu à peu, tout leur gaz. Le zeppelin, avarié par le canon d'Anvers, put regagner son aire.

Si les aviateurs belges suscitent toute notre admiration, il ne faut pas oublier les éminents services rendus par les pilotes anglais.

Le 23 septembre, des aéroplanes britanniques de la *Royal-Avicraft* allèrent d'Ypres à Dusseldorf, accomplissant ainsi un magnifique raid de plus de 400 kilomètres, et bombardèrent la station d'aérostation de zeppelins qui se trouve non loin de Dusseldorf.

Le lieutenant aviateur Ch. Collett accomplit sa mission dans des conditions remarquables, malgré un temps brumeux qui rendait le voyage très pénible et exposait beaucoup les aviateurs en les obligeant à voler très bas.

Le raid réussit néanmoins, et la *Gazette de Dusseldorf* elle-même dut reconnaître que les hangars des zeppelins furent atteints, légèrement d'ailleurs, prétend ce journal. Il n'en est pas moins vrai que, si Dusseldorf avait appartenu aux alliés, les aviateurs allemands seraient venus, en bons pirates de l'air, jeter des bombes au petit bonheur et tuer emmes et enfants. Au contraire, les aviateurs britanniques, comme les pilotes français, d'ailleurs, ne s'attaquent qu'aux ouvrages militaires. Il y a là une différence très nette entre les procédés de la civilisation, le respect de la parole donnée (Conventions de la Haye 1907) et la fameuse *Kultur* germanique.

Le 10 octobre, dans la région d'Arras, un aviateur britannique eut un engagement intéressant avec un avion allemand de la marque « Otto ». Ce type d'avion, beaucoup moins connu en France que le « Taube » de sinistre mémoire, est un biplan, copié, non sans quelques modifications d'ailleurs, sur nos bons Farman français.

Les ailes supérieures ont une plus grande envergure que les inférieures. Seules, les premières portent les volets de gauchissement, qui sont de grande taille.

Le moteur, type Otto 100 HP, entraine directement l'hélice propulsive. La nacelle, en forme de sabot, est placée très bas devant l'aile inférieure et comporte les sièges du pilote et du passager.

Un de ces « Otto » fut aperçu par un aviateur anglais dans les premiers jours d'octobre. Le pilote britannique, seul dans son avion, disposait de deux fusils. Il s'efforça de se placer derrière l'oiseau allemand, afin d'atteindre les aviateurs ennemis qui, de l'avant, étaient à peu près invisibles derrière leur capot.

La manœuvre réussit très bien. S'approchant à 60 mètres de la machine allemande, l'habile pilote anglais put, malgré les énormes remous de l'appareil qui était devant lui (inutile de dire que, s'il s'était agi d'un zeppelin il n'aurait pu suivre à cette distance, les déplacements d'air étant cent fois plus considérables) (1), il vida le magasin de son premier fusil. Puis l'aviateur allié, qui gagnait constamment sur l'avion boche, décrivit une orbe et, pendant ce temps, chan-

---

(1) Les aviateurs anglais qui, récemment, ont détruit des zeppelins, es ont attaqués *par en dessus*.

gea de fusil. Gouvernant ensuite à nouveau dans le sillage de son adversaire, il déchargea sa seconde arme, et le biplan allemand ne tarda pas à aller s'abattre dans les lignes françaises.

Le 24 octobre, la flotte anglaise endommagea un ballon captif que les Allemands avaient installé près de la côte, à Middelekerke, et qui leur servait pour repérer nos positions près de Westende et leur permettait de diriger un feu très précis sur nos tranchées.

Dans le cours du même mois, nos alliés anglais eurent à déplorer la mort d'un brave aviateur qui fut brûlé vif dans son appareil, en allant effectuer une reconnaissance au-dessus d'Aldershot (camp d'aéronautique anglais) (1).

Depuis que les Allemands se sont emparés par traîtrise de la Belgique, ils ont constitué des centres aéronautiques importants à Anvers et Bruxelles. Au mois d'octobre, les envahisseurs, s'étant emparés d'Ostende, avaient voulu faire de cette ville un port d'armement de zeppelins et d'avions destinés à faire des raids audacieux en Angleterre et à répandre la terreur dans les Iles Britanniques. Malheureusement, la présence des flottes alliées au large d'Ostende et le bombardement efficace de la côte de la part des navires anglais et français les obligèrent à renoncer à cet espoir.

Pas plus à Ostende qu'à Zeebrugge, ni dans aucun port de la côte, des hangars à dirigeables n'auraient pu subsister sous les coups de l'artillerie de marine dont le tir a causé de grosses pertes aux Allemands et leur a détruit régulièrement les chantiers de construction pour sous-marins qu'ils ont essayé maintes fois de créer dans les malheureux ports belges. D'autre part, le 5 novembre, des aviateurs anglais ont détruit les premières installations de hangars faites à Bruges et Ostende, et ont avarié la gare. A Anvers, à Bruxelles et à Gand, des hangars d'aviation

---

(1) Voir notre ouvrage sur l'*Aéronautique Navale*.

et d'aérostation ont pu être édifiés avec succès par les vainqueurs momentanés de la Belgique.

Mais on a toutes raisons de croire que, dans les deux dernières villes au moins, ces hangars ont été endommagés deux ou trois fois par les bombes des avions alliés.

Nos braves aviateurs, partant de Dunkerque ou d'Ypres, ont fait des reconnaissances énormes, survolant toute la Belgique et allant même par deux fois en Allemagne, une fois à Cologne et une fois à Dusseldorf.

Nos aviateurs de Nancy, eux aussi, ont fait des raids équivalents. Le 13 octobre, il survolèrent toute la Lorraine, franchirent le Rhin, et allèrent reconnaître les ouvrages allemands jusqu'à Baden-Baden et Carlsruhe.

A la même époque, d'ailleurs (simple échange de politesse), un « Taube » survola la Suisse, sans se faire scrupule de violer l'atmosphère des neutres, et vint près de Belfort avec l'intention évidente de jeter des bombes. Mais il fut chassé par notre vaillante escadrille de Belfort et par nos canons.

RAID DE FRIEDRICHSHAFEN

Objectif : Attaque des usines Zeppelin.

Le 24 octobre, une nouvelle de source hollandaise apprit aux alliés que, sur les rives du lac de Constance, dans les usines Zeppelin de Friedrichshafen, on commençait la construction de 55 nouveaux dirigeables.

N'écoutant que leur courage, trois aviateurs anglais détachés au centre d'aviation de Belfort, les commandants Briggs et Babington et le lieutenant Sippe formèrent l'audacieux projet d'aller bombarder les usines Zeppelin.

La distance à couvrir par voie des airs dépassait 200 kilomètres. L'aller et le retour constituaient donc un voyage aérien énorme et plein d'aléas puisqu'on survolait constamment le territoire ennemi.

Néanmoins, le 25 octobre, les trois braves aviateurs partirent en ligne de file. Il firent un crochet pour éviter le territoire suisse et suivirent la route *a b* indiquée sur notre croquis. Malheureusement, le vent les fit dériver de deux ou trois kilomètres vers le sud, et leur route aérienne passa au zénith des villages de Taegerwilen, Emmishofen et Mammern. Ces villages sont sur la frontière suisse, et l'empiétement des aviateurs anglais sur le territoire helvétique fut de moins d'un kilomètre. Néanmoins, le gouvernement suisse protesta. Mais, comme les aviateurs étaient de bonne foi et que, volant à plus de 2.000 mètres, ils pouvaient parfaitement se croire au-dessus du territoire allemand, le cas de force majeure fut admis, et l'incident n'eut aucune suite.

Il y a d'ailleurs lieu de remarquer que, le 22 octobre, un « Taube » traversa complètement la pointe du territoire suisse qui s'avance vers la frontière française, de Porrentruy à Delle, et que, le 23 octobre, cet avion allemand s'en vint au-dessus de Belfort, d'où il fut chassé par nos canons et nos avions. Bien que cet avion allemand ait traversé le territoire suisse pour une opération militaire, foulant, de parti pris, le droit des neutres, la Confédération helvétique n'éleva cependant aucune protestation.

La protestation contre la légère et momentanée erreur de route (absolument involontaire) des aviateurs alliés ne pouvait donc être que platonique.

Il faut noter d'ailleurs qu'à l'aller les aviateurs survolèrent rigoureusement le territoire ennemi, et ce n'est qu'au retour que, le vent ayant augmenté, ils furent légèrement déportés en dehors de leur route. Ce fait, reconnu par les autorités suisses, prouve bien, comme nous le disons plus haut, que les pilotes britanniques avaient pris toutes les précautions possibles pour éviter de sillonner l'atmosphère des

neutres. Quoi qu'il en soit, ce magnifique raid, de plus de
400 kilomètres, fut très fructueux.

Contrairement aux résultats des tentatives analogues
faites au-dessus de Cologne, Dusseldorf, Bruxelles, etc...,
résultats qui furent médiocres, il est avéré qu'un zeppelin
fut démoli complètement, à Friedrichshafen, par les bombes
des aviateurs anglais, et qu'un des ateliers mécaniques fut
gravement avarié.

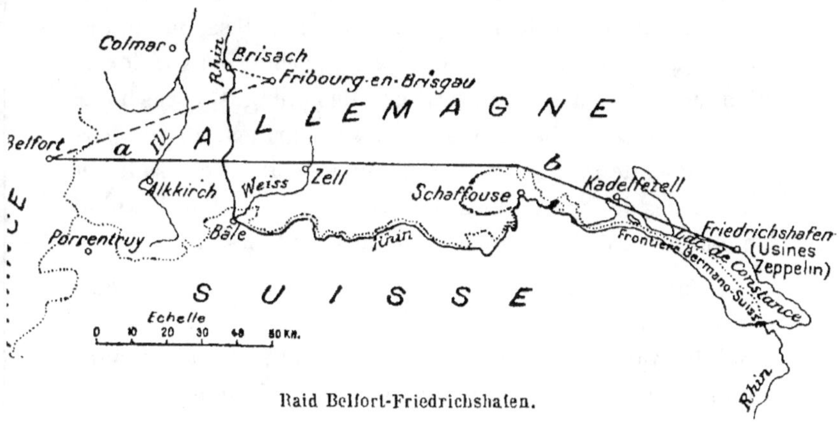

Raid Belfort-Friedrichshafen.

Mais si ce raid fut fructueux, c'est parce que les aviateurs
n'hésitèrent pas à *voler très bas au-dessus des objectifs*. De
2.000 mètres, ils piquèrent jusqu'à 300 mètres au moment
de lancer leurs bombes. Certes, ils s'exposaient beaucoup,
mais, comme je le dis dans le courant du chapitre Ier, si l'on
veut obtenir des résultats sérieux en avion, il ne faut pas
hésiter, dans certains cas, à *voler bas*, précaution qu'on ne
prend peut-être pas assez souvent, surtout lorsqu'il s'agit du
jet de projectiles.

Dans la petite escadrille anglaise, seul, le commandant
Briggs eut une panne causée par les projectiles ennemis, ce
qui le força à atterrir à Friedrichshafen, non sans se blesser.
Là, se déroula une scène ignoble. Le brave aviateur mit

hors de combat, à coups de revolver, plusieurs soldats allemands qui s'approchaient pour s'emparer de lui.

Décidé à vendre chèrement sa vie, Briggs mit ensuite en joue un lieutenant ennemi qui voulait le tuer. L'officier allemand eut peur et promit à Briggs de lui sauver la vie s'il rendait ses armes. L'héroïque aviateur accepta et tendit à l'officier teuton son revolver... vide. Furieux d'avoir été joué, le lieutenant allemand fit maintenir Briggs par ses hommes et le frappa au visage. Il faut que le commandant Briggs, qui sera relâché après la guerre, fasse connaître au monde entier le nom du drôle qui, porteur d'un uniforme d'officier allemand (il est vrai que des pillages, assassinats et viols sans nombre ont été commis par des bandits porteurs de cette tenue) a assez de lâcheté d'âme pour se livrer à des voies de fait contre un héros désarmé et dont l'exploit commandait l'admiration même de ses adversaires.

Le commandant Briggs, transporté à l'hôpital de Weingarten, y fut correctement soigné. Le sympathique pilote anglais, aujourd'hui complètement rétabli, est détenu dans la forteresse d'Ingolstadt jusqu'à la fin de la guerre.

A la suite de cette brillante attaque, la rive allemande du lac de Constance reste plongée dans l'obscurité toute la nuit. Un signal d'alarme est toujours prêt à fonctionner. A ce signal, tous les habitants doivent rentrer chez eux.

Ce raid n'a pas encore été renouvelé, car les usines Zeppelin sont réellement trop loin des centres aéronautiques français. Mais quand, dans quelques mois, nos braves soldats de l'armée des Vosges seront arrivés au Rhin, les raids au-dessus de Friedrichshafen, la grande cité allemande, seront fréquents.

AUTRES RAIDS

Les aviateurs français se sont montrés, pendant cette période de la guerre, aussi actifs que leurs camarades anglais.

Notre escadrille de Belfort a bombardé les hangars d'aviation de Fribourg-en-Brisgau, et la simple inspection de la figure 5 montre qu'il s'agit là d'un beau raid de plus de 150 kilomètres.

Le 1er novembre, deux de nos braves aviateurs ont, à bord d'un seul appareil, contribué dans une large mesure à la prise de Tracy-le-Val.

Les Allemands, débouchant du bois de Carlepont, près Sempigny, avaient refoulé quelque peu nos troupes, menaçant ainsi nos communications vers Chaulne et Péronne, si nos soldats étaient contraints d'abandonner Sempigny.

Les aviateurs français s'efforcèrent de gêner l'ennemi en lançant quelques bombes. Ils partirent au jour et montèrent à 1.500 mètres. De là, ils reconnurent l'Oise, qui divise Sempigny en deux parties.

Ils virent les Allemands s'emparer de la rive droite du fleuve (nord du village), et nos troupes se retirer sur la rive gauche. Pour éviter la poursuite, qui eût pu être favorable aux Teutons, nos braves aviateurs jetèrent plusieurs bombes sur le pont de Sempigny et eurent la chance de le faire sauter.

Le fort contingent allemand qui avait attaqué nos troupes, beaucoup plus faibles numériquement, fut ainsi arrêté dans sa marche. Quelque temps après, d'ailleurs, nos zouaves, appelés en renforts, établirent un pont de bateaux sur la rivière, chassèrent les Allemands de Sempigny, et, poursuivant leurs avantages, s'emparèrent à la baïonnette de Tracy-le-Val.

Ce jour-là, nos aviateurs, en donnant immédiatement tous

renseignements sur la marche *en force* des Allemands et en coupant le pont, ont rendu un service signalé à nos troupes. Pendant cette reconnaissance, un feu nourri des troupes allemandes accueillit nos héros de l'air. Fort heureusement, le tir des canons allemands contre aéronefs était mal réglé.

Si ces canons, bien étudiés, il faut le reconnaître, étaient servis par nos habiles artilleurs français, leurs schrapnells atteindraient bien souvent les buts aériens.

Les Allemands disposent, contre les aéronefs, de quatre types de canons : le 65, le 70, le 75 et le 105 centimètres. Ces canons sont généralement montés sur des automobiles blindées. Mais on peut, au moyen de rails démontables, les enlever de l'auto et les monter sur terre. Ils sont, à cet effet, munis d'un affût spécial sur roues démontables. Ces roues pivotent de façon à former, avec la bêche, trois points fixes pour le châssis.

La pièce de 65 peut tirer à une hauteur de 5.800 mètres (*max.*) sous un angle de 75 degrés. Distance maxima : 8.500 mètres, avec flèche de 3.200 mètres.

Le 75 peut tirer à une hauteur de 6.200 mètres sous l'angle de 75 degrés. Distance maxima : 9.000 mètres, avec flèche de 3.300 mètres.

Le 105 peut tirer jusqu'à 10.000 mètres de hauteur sous l'angle de 75 degrés. La portée maxima est de 13.500 mètres, avec flèche de 5.000 mètres.

Ces canons sont bons, et, bien que les artilleurs allemands ne soient pas très adroits, plus d'une fois nos avions ont été atteints par les schrapnells (1).

Au-dessous de 2.000 mètres (et il faut des circonstances

---

(1) Je dois reconnaître qu'après une année de guerre, les artilleurs boches contre avions ont fait d'énormes progrès dans leurs méthodes de tir. Il y a fréquemment trois batteries qui tirent simultanément sur nos avions, et les emplacements de ces batteries forment approximativement les sommets d'un triangle équilatéral. Chaque batterie fait un tir de barrage en avant de l'avion qui se trouve ainsi emprisonné dans un triangle dessiné par les schrapnells.

de temps exceptionnelles pour qu'on puisse observer à des altitudes supérieures), les aviateurs peuvent même être atteints par les balles des fusils. C'est ainsi que, le 22 octobre, le docteur Reymond, sénateur, effectua, comme observateur, une reconnaissance aérienne au-dessus de Saint-Mihiel avec le brigadier Clamadieu comme pilote.

Ils partirent sur un Blériot-tandem, et furent atteints par plusieurs balles et schrapnells. Le pilote fut tué sur le coup, et le sénateur Reymond blessé mortellement au ventre.

Cependant, le courageux observateur eut l'énergie de saisir la cloche pour atténuer un peu la vitesse de chute. L'appareil tomba brutalement entre les tranchées allemandes et françaises.

Un terrible corps à corps s'engagea entre les troupes ennemies pour la possession de l'avion. Finalement, les nôtres eurent le dessus, et l'on put transporter à l'ambulance l'héroïque blessé, qui eut le courage de rendre compte de sa mission avant de mourir.

Si les Allemands nous ont ainsi abattu quelques appareils, nos alliés anglais, qui possèdent un grand nombre d'engins de tir contre aéronefs, et ont plus étudié cette question que nous en temps de paix (comme je l'ai indiqué dans mon ouvrage sur l'aéronautique navale), ont descendu un nombre considérable d'oiseaux teutons. C'est ainsi qu'au début de novembre, deux aéros allemands ont été abattus dans le voisinage d'Ypres. Les troupes françaises ont également enregistré des succès à cet égard, et cela, avec des dispositifs souvent improvisés.

Pendant la même période, en effet, nous avons abattu, à coups de canon, deux avions allemands venant de Lille et qui observaient nos troupes à Armentières.

Le 19 novembre, nous fûmes moins heureux, et deux « Tauben » qui vinrent survoler Amiens, tuant deux personnes et faisant des dégâts d'une certaine importance dans le parc d'artillerie, ne purent être abattus. De même, pendant

cette période, un « Taube » survolant Compiègne eut la
lâcheté de laisser tomber des bombes sur un hôpital temporaire, et les misérables aviateurs ne purent recevoir le juste
châtiment de leur attentat odieux.

Il semble que les Allemands possèdent plus d'avions
à grande capacité de transport que n'en ont les alliés (1), car
le nombre des bombes jetées par les aéroplanes teutons est
très considérable.

Par contre, ces aéros sont moins maniables, en général,
que les nôtres.

Les résultats atteints, au point de vue destructif, sont à
peu près équivalents (assez peu considérables) de part et
d'autre. Il y a une grande partie de chance et d'aléa dans la
réussite des opérations de lancement de projectiles. Ceux-ci
étant très peu nombreux, on ne peut *arroser une zone déter-
minée* comme on le fait avec des feux d'infanterie ou d'artillerie, car la loi des grands nombres ne joue plus.

Nous avons essayé de remédier à cet inconvénient en nous
servant, dans certains cas, de projectiles très légers, ce qui
permet d'en lancer un *très grand nombre à la fois*. Il s'agit
de fléchettes d'acier, très pointues et qui, maintenues ver-
ticales par le jeu d'une petite hélice, traversent un cavalier
ou un fantassin en dépit de leur extrême légèreté, grâce à
la vitesse énorme qu'elles ont en arrivant au sol. Mais ces
projectiles ne donnent de bons résultats que contre les for-
mations serrées. Les troupes en ordre dispersé (ce qui est le
cas général) n'ont que quelques hommes atteints, de-ci de-
là, par ces fléchettes que les Allemands se sont, d'ailleurs,
empressés de copier.

Tout cela, comme nous le disons plus haut, ne vaut pas le
travail d'un bon 75, ni même d'une section de mitrailleuses
bien exercée.

Cependant, l'effet moral, dont il faut tenir compte énor-

---

(1) Rappelons qu'il est question des mois de guerre de 1914.

mément à la guerre, est considérable. Il semble que les soldats allemands aient plus peur d'être tués par un aéro que par un canon ou un fusil. C'est une impression curieuse, et dont nous devons profiter pour jeter le trouble dans les rangs de nos adversaires.

Aussi est-il utile d'avoir des escadrilles d'avions tout le long de notre front de 600 kilomètres.

D'ailleurs, si le pouvoir offensif des aéroplanes est très discutable, il n'en est pas de même de leur utilité au point de vue du repérage des troupes et batteries ennemies. Les avions sont devenus indispensables à une bonne conduite du tir.

Malheureusement, il y a de nombreuses batteries qui ne disposent pas d'observateurs aériens, car le terrain, trop accidenté, ne permet pas l'installation de champs d'atterrissage dans le voisinage.

Dans ces régions, il eût été peut-être avantageux d'essayer du système d'accrochage des avions sous câbles aériens, système que nous préconisons depuis cinq ans et qui serait utile partout où la surface d'atterrissage *n'est pas plane* (c'est le cas de la haute mer aussi bien que des régions montagneuses).

Dès 1911, et, par conséquent, trois ans avant quelques constructeurs d'avions qui ont repris ces expériences, tant en France qu'à l'étranger, j'avais demandé à l'ingénieur Levavasseur de me disposer, au camp de Châ'ons, deux portiques avec un câble permettant de suspendre les avions en vol.

Les constructions furent enlevées, au bout de quelques expériences, pour permettre à l'autorité militaire d'effectuer diverses manœuvres.

Néanmoins, certains périodiques bien informés ont rendu compte à leurs lecteurs de ces essais tout à fait nouveaux à l'époque.

Le *Moniteur de la Flotte* du 17 septembre 1910 renferme

notamment, dans la chronique hebdomadaire, la note suivante :

« L'enseigne de vaisseau Lafon s'exerce actuellement, à Mourmelon, à accrocher l'appareil Antoinette à un chariot spécial courant le long d'une vergue.

» Ces expériences, qui, jusqu'à présent, réussissent parfaitement, ont pour but de permettre l'envol sur vergues et le retour dans les mêmes conditions.

» On conçoit tout l'intérêt qu'offrent ces essais et la portée de leur application dans la marine... »

Depuis, instruit par une longue expérience, j'ai fait un plan complet de dispositif d'accrochage, spécialement étudié pour les navires, mais qui peut aussi bien être construit au-dessus du sol.

J'ai communiqué mes plans en haut lieu, et peut-être mon dispositif est-il appelé à rendre quelques services soit à la Guerre, soit à la Marine.

En tout cas, je le souhaite vivement.

Les Allemands, dont les avions sont peut-être un peu moins maniables en vol que les nôtres, ont cherché plutôt la robustesse que la légèreté (1). Leurs châssis d'atterrissage sont tellement solides qu'on a vu des appareils dont le pilote était tué et l'observateur, ignorant de l'aéronautique, atterrir, très lourdement assurément, mais avec des dégâts minimes. Le temps était évidemment calme, sans quoi l'appareil eût pu être retourné par un remous, mais le fait n'en est pas moins très remarquable.

Nous croyons cependant savoir que les Teutons sont, eux aussi, à la recherche d'un mode de lancement des avions en terrain accidenté.

---

(1) En avril 1915, combattant dans la brigade des fusiliers marins, j'ai causé avec un aviateur allemand qui venait d'être abattu près de Rosebruge.

Ce jeune lieutenant teuton, décoré de la Croix de fer, m'expliqua que son pilote avait été tué dans les airs par une balle, et que lui-même, bien qu'ignorant de la manœuvre de l'aéroplane, avait réussi à atterrir, en abîmant l'appareil, mais sans se blesser, à cause de la robustesse de l'avion.

Reprenons ici, après cette courte étude sur différents progrès à réaliser, l'examen rapide des raids intéressants accomplis aux armées pendant les deux derniers mois de 1914.

A la fin de novembre, quatre « Tauben » survolèrent Soissons et, lançant de nombreuses bombes, tuèrent quelques personnes et causèrent des dégâts à un parc d'artillerie.

Pendant la même période, deux « Tauben » tentèrent de survoler Armentières, mais furent abattus par les artilleurs britanniques.

Enfin un « Taube », qui planait au-dessus de Soissons, fut descendu par un avion anglais. Les trois aviateurs teutons (officier pilote, officier observateur et soldat mécanicien) furent carbonisés.

L'importance de l'équipage de certains « Tauben » (dans un autre avion allemand brûlé on a trouvé les corps de cinq passagers, y compris le pilote) montre combien grande est la capacité de transport de la plupart des avions allemands, ainsi que nous l'avons indiqué plus haut.

Il n'est pas étonnant que de tels autobus aériens n'aient pas la légèreté et la maniabilité de nos gracieux oiseaux. Toutefois, leur grande puissance leur permet de supporter de robustes moteurs fixes à circulation d'eau, autrement moins délicats que nos légers moteurs rotatifs à refroidissement par l'air.

Les Allemands ont, avec leur méthode et leur ténacité habituelles, non seulement étudié à fond le problème de l'avion, mais aussi, comme nous l'avons dit plus haut, celui de la destruction de l'avion ennemi.

Nous avons donné quelques caractéristiques des canons allemands antiaéroplanes. Voici comment nos ennemis s'en servent :

Les canons, rangés par batteries de six, sont sur une ligne sensiblement perpendiculaire à la trace, sur le sol, de la trajectoire probable des avions ou dirigeables dont on redoute l'arrivée.

Chaque canon tire sur l'aéronef de telle sorte que la batterie envoie un chapelet continu d'obus, toutes les secondes environ, et ces obus éclatent à intervalles réguliers sur le chemin de l'avion.

Le réglage du tir est délicat et consiste à trouver, sur l'avant de l'aéronef, le point à viser, point variable suivant la hauteur et la vitesse de l'aéroplane.

Nos alliés anglais, quoique moins bien pourvus en canons contre avions que ne le sont les Teutons, sont maitres passés dans l'art de régler ce tir delicat, et leurs quelques batteries spéciales contre aéronefs ont fait, depuis le début de la guerre, du travail excellent, ainsi que nous l'avons montré par plusieurs exemples ci-dessus.

Nos amis britanniques ont d'ailleurs une aviation moins nombreuse que la nôtre, mais fort bien organisée, et leurs pilotes sont très hardis. Un bon nombre d'entre eux sont morts au champ d'honneur, et il convient de saluer notamment la mémoire de lord Annesley et du lieutenant Beevor.

Ces excellents aviateurs faisaient partie de la petite escadrille anglaise qui observa les lignes allemandes pendant les batailles d'Ypres et Poperinghe et qui rendirent tant de services, comme nous l'avons indiqué plus haut.

Les courageux héros de l'air furent « descendus » à Poperinghe, et, se trouvant indemnes, prirent un autre appareil et continuèrent leur mission !

Ils prirent également part à la défense d'Anvers.

Pendant cette mission, les aviateurs vécurent des minutes terribles. Exposés pendant trente minutes au feu bien réglé d'un *maxim* allemand, ils reçurent trente-deux balles qui perforèrent l'avion en plusieurs endroits, mais dont aucune, heureusement, ne les atteignit.

Dans une reconnaissance poussée jusqu'à Liége, Beevor dut descendre assez bas pour sortir d'une zone intenable de schrapnells. Au moment où les Boches croyaient l'avoir abattu et se précipitaient déjà après avoir cessé le feu, il fit un *looping* et reprit de la hauteur !

Enfin, leur héroïque mais malheureusement trop courte épopée se termina le 12 novembre. Partis ce jour-là de l'aérodrome anglais d'Eastchurch (1) pour conduire un nouvel appareil sur le continent, au front, les deux brillants aviateurs furent surpris par le brouillard et s'égarèrent. Leur appareil fut perdu corps et biens, et l'on n'en retrouva jamais trace.

A la même époque, les escadrilles anglaises et belges, partant d'Ypres et Dunkerque, donnèrent la chasse à des avions allemands qui observaient les troupes alliées près de Blankenberghe. Un aviateur teuton fut atteint, mais put rentrer dans ses lignes.

Un zeppelin, également manqué par les avions alliés et qui, depuis deux jours, faisait des observations au-dessus de Brumel, refusa le combat et s'empressa de rebrousser chemin de fort loin.

L'atmosphère étant nettoyée, un hardi aviateur anglais alla jeter des bombes sur Bruges et Ostende.

Les Allemands ne parlant que rarement de leurs pertes, on ne sait si ce raid a eu des résultats.

Pendant ce temps, les Français n'étaient pas inactifs.

Un de nos avions aperçut, en survolant l'Yser, un régiment ennemi qui avait commencé à passer de la rive droite à la rive gauche de la rivière, en traversant un pont dissimulé par des oseraies. Notre pilote eut la chance inespérée de pouvoir faire sauter ce pont léger au moyen de bombes. Puis il alla à tire d'aile prévenir nos troupes, qui s'installèrent sur la rive gauche de l'Yser, en cet endroit. La partie du détachement allemand qui avait réussi à s'implanter sur la rive située de notre côté fut anéantie.

---

(1) Consulter notre ouvrage sur l'*Aéronautique navale*.

Il faut d'ailleurs rendre justice, non seulement à nos aviateurs mais aussi à nos ballonniers. Certes, nos dirigeables n'ont fait que peu de chose durant cette guerre, car, comme nous l'avons rappelé plus haut, nos croiseurs aériens ne sont ni compartimentés ni protégés et sont par conséquent à la merci du moindre éclat d'obus. La plus petite déchirure, en effet, entraine une perte de gaz de bout en bout de l'enveloppe, et par conséquent une *déformation* de la forme de carène. D'où perte des qualités de pénétration et d'évolution dans l'air; par conséquent, plus de dirigeabilité.

Seuls, les grands croiseurs aériens de 25.000 mètres cubes pourront donner quelques résultats. Mais ils coûtent horriblement cher, et, pendant les sept premiers mois de guerre, on n'a pu terminer aucun de ces engins dont l'utilité, de jour, est discutable, mais qui, la nuit, peuvent rendre des services, grâce à leur grand rayon d'action. Ces dreadnoughts de l'air n'ont malheureusement qu'un compartimentage très insuffisant, mais ils ont un armement qui leur donne quelque valeur au point de vue militaire, alors que les ballons des types précédents n'étaient que des engins de tourisme.

Si les dirigeables français n'ont pas rendu de grands services, on ne peut en dire autant des captifs.

Ces ballons sphériques ont suppléé, dans une notable mesure, à l'insuffisance du nombre des escadrilles d'avions d'artillerie. D'autre part, la nuit, alors que les reconnaissances d'aéroplanes étaient presque impossibles, on a, maintes fois, campé des captifs pour observer les cantonnements ennemis.

Il en a été de même dans les régions où le terrain ne se prêtait pas à l'envol des avions dans le voisinage des batteries françaises, qui, cependant, avaient besoin d'observateurs susceptibles de les renseigner *immédiatement* sur la position de l'ennemi et l'efficacité du tir.

C'est ainsi que, sur les hauts de Meuse, pendant le mois de novembre, notre artillerie n'a cessé de canonner vigoureusement les Allemands pour les empêcher de progresser du côté de Saint-Mihiel et Sampigny.

Notre tir a causé des pertes énormes à l'ennemi, grâce à la présence dans les airs de ballons captifs qui repéraient exactement les positions des troupes, malgré le tir des canons teutons contre aéronefs, tir qui obligeait l'équipage de manœuvre du ballon à se tenir à plat ventre et à ramper, ou presque, pour déplacer l'aéronef.

A huit kilomètres des positions ennemies, on a remarqué que le captif pouvait donner des renseignements très précis, même la nuit (et le travail des aéronautes est alors à peu près sans danger).

Néanmoins, ces ascensions sont toujours périlleuses, car il est fréquent de voir le ballon atteint par quelques projectiles qui causent un dégonflement lent de l'enveloppe et écourtent ainsi l'ascension. Parfois même, les observateurs sont atteints.

Il en est d'ailleurs ainsi de temps en temps en aéroplane, et cela n'empêche pas les aviateurs des armées ennemies d'accomplir leurs prouesses.

Du côté des Teutons, à signaler un officier observateur qui, parti de Sedan pour survoler nos lignes, eut son pilote tué par des balles françaises qui atteignirent celui-ci au ventre et au front.

Le courageux officier observateur enjamba le cadavre de son collègue et, tant bien que mal, réussit, alors que le moteur était arrêté par suite d'avaries, à atterrir, très doucement d'ailleurs (la course du levier, bloqué par le cadavre du pilote, était très faible), au milieu de nos troupes.

Etourdi par le choc, l'aviateur allemand fut fait prisonnier; mais, réussissant à échapper à notre surveillance, quand il eut repris ses sens, il trouva le moyen de regagner en rampant les tranchées de ses compatriotes.

Du côté français, à signaler, le 6 décembre, la destruction d'approvisionnements militaires dans le Hainaut, par un de nos avions qui survola cette région.

A la même époque, un autre aviateur français eut la chance de tuer le général allemand von Meyer au moyen des fléchettes d'avions dont nous avons parlé plus haut.

Un docteur bavarois déclara, à ce sujet, que ces flèches causaient des blessures terribles, car elles étaient susceptibles de traverser le crâne d'un homme ou de clouer un cheval et son cavalier, traversés de part en part, au sol.

Malheureusement, comme nous l'avons dit, une troupe qui combat en ordre dispersé n'a que peu de chose à craindre de ces flèches. Le pourcentage d'hommes atteints est extrêmement faible.

Pendant la première décade de décembre, un « Taube », qui avait survolé Hazebrouck, a été abattu à Chaumont-sur-Oise. L'appareil fut entièrement détruit et brûlé, et on retrouva cinq casques allemands dans le fuselage, ce qui montre la capacité de transport de certains avions teutons.

Pendant la même période, un de nos aviateurs réussit à incendier un train allemand en gare de Pagny-sur-Meuse.

Comme faits intéressants, citons également, pendant les premiers jours de décembre, des reconnaissances presque quotidiennes de notre escadrille de Belfort au-dessus de Mulhouse et de Sunggau. Dans cette escadrille se trouve mon vaillant ami, le lieutenant Escot, cité à l'ordre du jour de l'armée pour les merveilleuses reconnaissances qu'il a effectuées comme pilote d'avion.

Les mêmes aviateurs, décidément infatigables, et très entraînés, d'ailleurs, en temps de paix, réussirent encore, le 15 décembre, à bombarder la ligne ferrée de Brisach à Fribourg, la gare centrale de Fribourg-en-Brisgau et les hangars de la Société Aviatik.

Nos courageux pilotes furent reconnus par les batteries spéciales contre aéronefs, mais on les prit (ce qui sauva peut-être leur vie) pour des aviateurs allemands. De pareilles erreurs se sont d'ailleurs produites également en France, où l'on a pris, au-dessus de Paris même, des aéroplanes boches pour des avions français.

Les Allemands, de leur côté, n'ont pas été inactifs pendant cette décade, mais leurs procédés de guerre aérienne ont, comme toujours, frisé la piraterie. Un « Taube », survolant Hazebrouck et ayant peut-être la gare pour objectif, a, soit par maladresse, soit sciemment, tué six civils, dont trois enfants, outre sept soldats anglais qui, eux, du moins, constituaient une cible autorisée par les rudes lois de la guerre. Après cet attentat, l'avion a bombardé la gare de Steenbecque et a fait, en outre, des victimes parmi la population civile de cette ville.

Il semble que, pour les Teutons, le massacre des non-combattants soit une des méthodes indispensables de la guerre. Les treize conventions de la Haye, qu'ils ont signées et qui rappellent en de nombreux passages que les combattants s'engagent à respecter la vie des non-combattants, ces prescriptions sont lettre morte pour eux, ainsi que les traités internationaux : les Allemands considèrent sans doute ces conventions comme des *chiffons de papier*.

Souvent, d'ailleurs, ces tentatives criminelles, faites pour terroriser la population paisible des villes et créer un mouvement d'opinion en faveur de la paix, n'aboutissent à aucun résultat, heureusement.

C'est ainsi qu'à la mi-décembre, un hydravion allemand bombarda Calais sans causer aucun dommage. Pendant ce temps, accomplissant scrupuleusement leur devoir militaire, deux aviateurs alliés bombardaient la forêt d'Houthulst où se trouvaient des *troupes* allemandes, et non des vieillards, des femmes ou des enfants inoffensifs.

Quelques jours plus tard, nos aviateurs de Nancy bombardaient les casernes de Sarrebourg, en Lorraine annexée, ainsi que les gares de Herny et Riedling.

Pendant ce temps, les aviateurs anglais d'Ypres et Dunkerque bombardaient de nouveaux hangars pour zeppelins, édifiés à Bruxelles, ainsi que les cantonnements des troupes et des chantiers de construction, à Ostende.

Quelques jours après, deux aviateurs anglais lancèrent des bombes sur Essen et réussirent, croit-on, à avarier une fonderie de canons.

Cela ne découragea pas les Allemands, dont le rêve a toujours été de créer es stations aéronautiques formidables dans le voisinage des côtes anglaises, afin de terroriser les Iles Britanniques. La côte belge est, évidemment, assez bien choisie pour cela, puisqu'elle se trouve à moins de 100 kilomètres de la côte anglaise.

Aussi, malgré les dégâts que les aviateurs alliés réussirent à causer à leurs constructions aéronautiques, les Teutons s'obstinèrent à construire à Zeebrugge des hangars pour aéroplanes. Un nombreux personnel, composé en majorité de marins. arriva, en fin décembre, pour mettre au point ces installations.

D'autre part, à Douai, ville française occupée par eux, les Boches profitèrent de l'installation très parfaite de l'aérodrome militaire, pour créer un centre de « Tauben » très important, point de départ de nombreux raids au-dessus de nos villes. En fin décembre, un raid allemand eut lieu au-dessus d'Amiens, mais les bombes ne causèrent pas de dégâts.

D'ailleurs ces nombreux déplacements d'avions et de dirigeables allemands n'allèrent pas sans occasionner à nos ennemis des pertes sérieuses, tout comme leurs fameuses attaques d'infanterie dites *en force*.

A la fin de décembre, nos adversaires avaient perdu 55 aéroplanes et 8 zeppelins (sans compter ceux qui ont été avariés dans leurs lignes par simple accident de navigation aérienne).

La plupart des dirigeables abattus l'ont été par les Russes, comme nous le verrons plus loin.

Le nombre des aviateurs militaires allemands tués ou faits prisonniers dépassait, à la même époque, 90.

Nous avons dit plus haut que nos ennemis avaient décidé de prendre Zeebrugge (terrain de Hyest), Anvers et plusieurs villes belges, comme centres de stations aéronavales ayant pour but de dépêcher des aéronefs au-dessus de l'Angleterre qui, on le sait, n'a jamais aimé être troublée dans son *splendide isolement*.

Effectivement, le 23 et le 25 décembre, les Anglais reçurent la visite des « Tauben », et plus tard, comme nous le verrons, une escadre de zeppelins-dreadnoughts leur envoya des cartes de visite nombreuses sous forme de bombes.

Le 23 décembre, vers 11 heures, un aéroplane allemand survola Douvres à très grande hauteur et jeta une bombe qui explosa dans un jardin sans causer de dégâts. Pris en chasse par une escadrille anglaise, l'avion ennemi s'échappa avec la plus grande facilité, ses adversaires ne pouvant gagner les très hautes zones (au-dessus des nuages par moments) qu'il occupait sans décrire de nombreuses orbes pendant la durée desquelles l'intrus avait tout le temps de s'enfuir.

Le 25 décembre, vers 13 heures, on aperçut, au-dessus de Sheerness, à l'estuaire de la Tamise, un *Albatros*. Comme son confrère, l'avion du 23 décembre, cet aéroplane volait à environ neuf mille pieds de hauteur et, par suite, les avions anglais de Hendon, près Londres, lancés à sa poursuite, ne purent arriver à portée de tir avant qu'il eût disparu.

Les canons protecteurs anglais tirèrent neuf projectiles sur lui, et l'on croit qu'il fut légèrement atteint, car son vol sembla plus irrégulier, lors de sa fuite.

C'est ici le lieu de donner au lecteur quelques renseignements sur le type d'avions *Albatros* qui a effectué ce raid, de même que nous avons donné plus haut les principales caractéristiques du type *Aviatik*. Le type *Albatros* est d'ailleurs très répandu en Allemagne. Le nom de « Taube » (pigeon) est donné communément aux monoplans *Albatros* comme aux Rumpler-Etrich. On sait que M. Etrich est l'inventeur de la forme « Taube ».

Avions militaires « Albatros ».

La firme *Albatros* construit des biplans et des monoplans. Ces derniers sont les plus employés par l'autorité militaire allemande.

L'ingénieur Hirth, qui jeta des bombes sur Paris en septembre, a doté l'armée de nos ennemis d'un excellent mono rapide (taube), dont la vitesse est de 120 kilomètres à l'heure et ayant 8^m, 50 de longueur et 12^m, 60 d'envergure. Le poids est de 500 kilogrammes, ce qui est peu pour un avion allemand.

La surface portante est de 30 mètres carrés. Le moteur est un Mercédès de 100 HP, 6 cylindres.

L'appareil est bi-place (sièges latéraux accolés).

La forme de la queue (semblable pour le monoplan et le biplan) rappelle la queue du pigeon.

Le biplan militaire, moins répandu depuis quelques mois, car les rencontres d'avions ont démontré la nécessité des vitesses de 100 à 120 kilomètres à l'heure (1), a une envergure de 16^m,40 (les anciennes envergures de 20 mètres ayant été abandonnées, tout comme en France). Le moment d'inertie latérale de l'avion de 20 mètres est beaucoup trop grand, et sa manœuvre très fatigante.

---

(1) Des avions plus lents, comme le biplan type militaire *Albatros*, qui ne fait que du 90, peuvent cependant rendre des services s'ils ne s'éloignent pas des lignes et se bornent aux reconnaissances de terrain.

La longueur du biplan *Albatros* est de 10 mètres, et sa surface de 52 mètres carrés.

Le plan inférieur n'a que 13 mètres d'envergure. Les extrémités de la cellule sont donc décalées latéralement, le plan supérieur étant prépondérant. Cette disposition donne, pour le redressement latéral, les avantages des ailes monoplanes (mais le moment d'inertie est toujours plus grand, évidemment).

Suite des opérations aériennes.

Les petits raids allemands (au-dessus de Douvres et Sheerness) n'étaient que le prélude de la grande croisière aérienne du 19 janvier 1915, que nous étudierons plus loin. Cependant les Anglais furent quelque peu énervés, bien que leurs gouvernants sussent parfaitement que des raids d'aéronefs n'ont aucune importance militaire sérieuse si ces raids n'ont pas pour but l'observation ou le réglage des tirs.

Mais il y a la perpétuelle question d'effet moral, qui n'est pas du tout négligeable en temps de guerre, comme nous l'avons dit maintes fois.

Donc, diverses mesures assurant la sécurité aérienne de Londres furent prises, dès le mois décembre. L'autorité militaire ordonna d'éteindre, après le coucher du soleil, toute lumière servant à l'éclairage extérieur des magasins. Les tableaux les plus précieux des musées ont été descendus dans les caves. Des postes d'incendie ont été établis un peu partout pour éteindre rapidement les foyers qui pourraient être allumés par les bombes incendiaires des aéronefs ennemis. Enfin, les personnes fortunées ont fait établir de solides treillages métalliques à fines mailles au-dessus de leur habitation, afin d'arrêter les projectiles aériens.

Ces précautions auraient été plus utiles dans les villes anglaises du littoral de la mer du Nord qu'à Londres même.

Il est évident que les aéronefs ont toujours intérêt à opérer le plus près possible de leur base, à moins de nécessité militaire primordiale. Et, comme nous l'avons dit plus haut, si les Allemands tiennent à bombarder les villes britanniques, c'est uniquement afin de chercher à semer la terreur dans la population civile, et non dans le but d'attaquer des forteresses ou des troupes.

Les raids aériens seront donc dirigés principalement contre les villes de la côte, et les aéronefs se soucieront médiocrement d'allonger leur voyage de 160 kilomètres (au risque d'avoir une panne à l'aller ou au retour), pour le plaisir de survoler Londres, sans but militaire bien défini.

Les raids des Allemands au-dessus de Paris, qui n'était qu'à une centaine de kilomètres des stations aériennes établies chez nous par l'ennemi, n'étaient rien à côté des voyages aériens d'Anvers ou Zeebrugge à Londres.

Quoi qu'il en soit, il n'y eut pas d'attaque des villes anglaises, de la part des Teutons, du 26 décembre au 19 janvier.

Mais, pendant cette période, nos villes de l'Est reçurent, au contraire, de fréquentes visites d'aéronefs ennemis.

Le 25 décembre, à 5 heures du matin, c'est-à-dire *en pleine obscurité*, un zeppelin, que *personne n'aperçut avant le jet de projectiles*, lança quatorze bombes sur Nancy. Un pareil nombre de projectiles commence évidemment à faire des dégâts : plusieurs maisons furent endommagées, et quatre habitants atteints (dont deux tués).

Une politesse en valant une autre, les fortifications de Strasbourg reçurent la visite d'un de nos aviateurs, à peu de jours d'intervalle.

En Belgique, les aviateurs ennemis survolèrent Ypres, pendant cette décade. L'un d'eux lança, suivant les habitudes teutonnes, une bombe sur l'hôpital. Il n'y eut pas de dégâts, mais une traînée de fumée, visible de fort loin, indiqua immédiatement à l'artillerie allemande l'objectif à

viser, et les obus commencèrent à pleuvoir sur l'établissement hospitalier. Vingt-quatre malades furent blessés,
notamment des femmes et des enfants.

Dans l'Ile-de-France, les aviateurs allemands survolèrent
Crépy-en-Valois et ne lancèrent pas de bombes, mais
jetèrent sur la petite ville de l'Oise des banderoles préten-
tieuses et ridicules affirmant les succès, aussi hypothétiques
que formidables, de l'armée allemande. D'après ces inscriptions, destinées à impressionner les populations, nos adversaires avaient nettement vaincu la France à fin décembre
1914 ; on conseillait donc aux soldats français de se rendre
en masse afin de hâter la fin de cette triste guerre, et on
leur affirmait que leurs collègues prisonniers en Allemagne
(lesquels étaient nourris à la boule de son et au pain K. K.)
se trouvaient très satisfaits de leur sort !

Ce factum grotesque n'eut pour effet, on le devine, que
d'égayer la population aux dépens des stupides aviateurs.

Le même jour, d'autres avions allemands s'aventurèrent
au-dessus du Pas-de-Calais, et l'un d'eux eut la hardiesse
d'aller jeter sur Douvres une bombe qui tomba dans le
jardin historique de cette ville. Il n'y eut aucun dégât causé.

Pendant ce temps, les aviateurs britanniques faisaient
du bon ouvrage militaire, à tel point que le gouvernement
allemand mit à prix la tête de certains d'entre eux.

Le commandant Samson (1), qui, dès le temps de paix,
avait puissamment contribué à développer l'aviation navale
anglaise, vit le prix de sa tête fixé à 25.000 francs, ce qui
n'était pas cher pour un cerveau de cette envergure.

Ce brave officier supérieur aviateur avait accompli, en
partant de Dunkerque, un raid nocturne magnifique au-
dessus d'Ostende, Zeebrugge, Gand et Bruxelles. Il réussit
à incendier les hangars d'aviation allemands d'Etterbeck.

---

(1) Voir, dans notre ouvrage sur l'*Aéronautique navale* (Angleterre),
le labeur aéronautique de cet officier aviateur en temps de paix.

C'est à la suite de ce raid que l'état-major teuton décida de transférer son principal établissement aéronautique de Belgique, plus loin de la côte, à Anvers où d'importantes installations furent faites. Pour cela, les Allemands prirent le procédé, malhonnête mais simple, qui consiste à s'emparer des fabriques d'aéroplanes civiles, et cela sans indemnité, comme toujours.

La manufacture d'avions de Bollekins et les ateliers Farman furent réquisitionnés par l'armée d'invasion, qui installa ses services de fabrication et réparation aéronautiques dans ces usines, et n'eut plus, dès lors, qu'à édifier de vastes hangars à proximité, pour les aéronefs nouvellement construits.

Si les Allemands se préparaient à l'invasion aérienne de l'Angleterre, nos alliés ne perdaient pas leur temps pour attaquer, par mer et par les airs, les ports allemands.

Raid de Cuxhaven (25 décembre 1914).

Une escadre de bâtiments légers anglais, parmi lesquels se trouvaient l'*Arethuse* et l'*Undaunted* (navires de 5.000 tonnes lancés en 1912 et possédant 9 canons de 152^{mm} comme artillerie principale), se présenta devant l'île allemande d'Héligoland et lâcha sept hydravions qui se dirigèrent vers les côtes du Schleswig.

Cette escadrille d'aéroplanes, placée sous le commandement du capitaine de corvette Hewlet (1), avait pour but de rechercher les navires de guerre allemands qui pouvaient être mouillés dans la rade de Schilling, près Cuxhaven, et de les bombarder.

Des que les sentinelles d'Héligoland eurent signalé l'escadrille ennemie, deux zeppelins et quatre hydravions alle-

---

(1) Qui était encore enseigne de vaisseau en 1911 (voir mon ouvrage sur l'*Aéronautique navale*).

mands s'élancèrent au-devant des aéronefs anglais. Pendant ce temps, des sous-marins partaient d'Héligoland avec mission de torpiller l'*Arethuse* et l'*Undaunted* ainsi que les bâtiments plus faibles qui les accompagnaient. Ces attaques contre l'escadre anglaise furent vaines, grâce à la présence de nombreux contre-torpilleurs britanniques, qui formaient un rideau protecteur autour des grosses unités, et obligeaient les lents sous-marins ennemis à modifier perpétuellement leur route sans pouvoir attaquer dans de bonnes conditions. Les Anglais avaient d'ailleurs emmené des sous-marins d'escadre qui essayèrent, sans succès, eux aussi, de couler des navires allemands.

Par contre, les canons contre aéronefs de l'*Undaunted* et de l'*Arethuse* mirent en fuite les zeppelins.

Quant aux avions britanniques, après avoir passé sur Cuxhaven et lancé quelques bombes, ils revinrent sur Héligoland, où ils trouvèrent la majeure partie de la flotte allemande de la mer du Nord.

Le commandant Hewlett lança deux ou trois bombes sur de gros vaisseaux ennemis, et crut avoir atteint un navire, mais sans pouvoir l'affirmer.

En résumé, au point de vue offensif, les résultats du raid de Cuxhaven furent médiocres, mais cette hardie tentative impressionna vivement les autorités maritimes allemandes qui, dès lors, surmenèrent le personnel en exigant une veille de tous les instants, ce qui est, d'ailleurs, le meilleur moyen de n'obtenir aucun résultat efficace, les sentinelles trop fatiguées faisant leur service automatiquement, mais sans être capables d'une surveillance effective.

Tous les avions allemands purent rentrer au port sans avaries, convaincus qu'ils avaient mis en fuite les appareils anglais.

Ceux-ci étaient revenus vers leurs navires après avoir épuisé leurs projectiles. Malheureusement, par suite de la fusillade allemande, l'appareil du commandant Hewlett fut avarié et obligé d'amerrir au large. Recueilli par une barque hollandaise, Hewlett fut débarqué huit jours plus tard à Ymuiden (Hollande).

Trois autres avions britanniques eurent des pannes et coulèrent en se posant brusquement sur la mer.

Les aviateurs furent recueillis par les sous-marins anglais.

Enfin, les trois autres hydravions britanniques rentrèrent à leurs bords respectifs dans de bonnes conditions.

Quant aux navires anglais, ils n'avaient éprouvé aucune perte et avaient mis en fuite les zeppelins, dont un parut être avarié.

En somme, le but, qui était d'effrayer les équipages des navires de guerre allemands et les troupes de forteresse du littoral (*but militaire*), fut atteint, mais coûta à la flotte britannique 4 avions sur 7.

L'Angleterre doit d'ailleurs se féliciter que les Hollandais aient eu la courtoisie de libérer le commandant Hewlett au lieu de l'interner pendant la durée des hostilités, comme ç'eût été leur droit. Pendant la guerre, l'absence du vaillant officier aviateur, un des pionniers de l'aéronautique navale anglaise, eût été déplorable au point de vue de l'organisation des entreprises aériennes ultérieures.

Autres raids.

Désirant se venger du raid de Cuxhaven, les aviateurs teutons se donnèrent beaucoup de mal pendant les derniers jours de l'année. Nous avons déjà parlé du bombardement de Nancy par un zeppelin, le 26 décembre : voici quelques renseignements complémentaires qui montreront au lecteur toute l'atrocité des attaques germaniques contre nos populations inoffensives.

Le croiseur aérien survola notre bonne ville lorraine avant le jour (entre 5 h. 15 et 5 h. 30) et fit route de l'ouest à l'est, traversant la ville dans le sens du plus grand diamètre. Seul le bruit des moteurs permit de se rendre compte, trop tard d'ailleurs, de l'itinéraire de l'aéronef et de braquer sur lui des projecteurs qui ne l'éclairèrent que très mal, alors qu'il était déjà pratiquement hors de portée. Trois maisons furent sérieusement atteintes, ainsi que la magnifique église de Saint-Epvre, dont les vitraux, très renommés pour leur beauté, furent entièrement détruits.

Une dizaine d'autres maisons furent endommagées, et les magasins qui se trouvaient au rez-de-chaussée plus ou moins détériorés.

Dans les deux premières maisons atteintes, il y eut trois victimes : une (tuée) dans un édifice du quai Claude-le-Lorrain et deux (un tué, une blessée) dans une maison du cours Léopold.

Une autre maison atteinte, 35, rue de la Source, était habitée par le général de Lavilléon. Il n'y eut aucun accident de personnes.

Sur le cours Léopold, plusieurs arbres ont été renversés par la force de l'explosion.

En quittant Nancy, les corsaires aériens qui pilotaient le dirigeable ennemi envoyèrent leurs photographies à la population, avec une dédicace grotesque, comme tous les factums lancés du haut des airs par les Boches.

Une des photographies portait l'inscription suivante : « Souvenir d'aviateurs allemands, de la part du Kaiser »; l'autre portait la spirituelle dédicace suivante, digne du lourd esprit teuton : « Bon Noël, aimable envoi du kaiser Guillaume. »

Après avoir opéré sur Nancy, le gros aéronat allemand piqua sur Lunéville où, faute de projectiles probablement, il ne se livra à aucune attaque.

La cité nancéenne reçut, dès le 29 décembre, la visite de nouveaux oiseaux ennemis. Cette fois, leurs dimensions étaient plus modestes; c'étaient trois « Tauben », qui lancèrent quelques bombes seulement (la capacité de transport des meilleurs avions étant très limitée relativement à celle des aéronats, comme nous l'avons indiqué plus haut). Il n'y eut aucun dommage causé.

Pendant ce temps, nos aviateurs bombardaient les gares de Vic, Château-Salins, Remilly, Arnaville, Thiaucourt, Heudicourt.

Ils bombardaient à nouveau la gare de Metz le 27, jetant également des bombes sur les hangars d'aviation de Frascati. Enfin la gare de Saint-Privat, à Metz, reçut encore 6 projectiles de nos aviateurs, le 31.

Dans la soirée du 25, deux aviateurs français, partis à 19 heures, c'est-à-dire en pleine nuit, purent découvrir, grâce aux lumières, les cantonnements ennemis et jeter quelques obus sur les Allemands qui éteignirent précipitamment tous les feux.

Le même jour, nos guerriers de l'air bombardèrent des troupes allemandes à Cercourt, à Dontrien, au bois Saint-Mard, à Nampoël. et lancèrent de nombreuses fléchettes sur des convois.

Le 26, dix bombes et 3.000 fléchettes furent lancées dans la même région.

Le 27, un ballon captif allemand, élevé à bonne hauteur au-dessus des rives de la Meuse, et qui indiquait à l'ennemi tous les mouvements de nos troupes, fut bombardé par nos avions. Le ballon fut redescendu rapidement, mais on ne sut s'il avait été atteint. En tout cas, on fut débarrassé d'un observateur gênant.

Le 29, un détachement allemand passant à Dontrien fut l'objectif de nos aviateurs qui lui lancèrent 2.000 fléchettes.

Le 31, dans la même région de la Marne, à Saint-Hilaire, nos avions attaquèrent une troupe ennemie et lui lancèrent 1.000 fléchettes.

On ne connaît pas le résultat de ces attaques, car les

Allemands gardent toujours un silence prudent sur leurs pertes.

Cependant, bien que nous soyons assez sceptiques sur le pouvoir destructeur de l'avion offensif, il semble qu'un tel nombre de fléchettes lancées ont dû causer des pertes assez sensibles à l'ennemi, d'autant plus que, s'il est vrai que les fléchettes manquent souvent leur but, surtout lorsqu'elles sont tirées sur des troupes marchant en ordre tant soit peu dispersé, il faut noter que, lorsqu'un homme est atteint, c'est presque toujours mortellement, car la blessure est étroite mais *très profonde*. L'homme est souvent même traversé de part en part.

Pendant les mêmes dernières journées de l'année, nos aviateurs de Belgique se signalaient par de beaux raids tantôt au-dessus de Menin et Courtrai, tantôt au-dessus de Saint-Georges, Slype, Lombaertzyde et Westende, menaçant ainsi les chantiers et établissements que les Allemands tentent d'établir dans la région d'Ostende.

Pendant un raid au-dessus de Menin, un de nos aviateurs a eu une panne, à 2.400 mètres de hauteur, et n'a pu malheureusement regagner Ypres qu'il apercevait presque au-dessous de lui. Assailli par un détachement allemand, il put, avec l'aide de son observateur, mettre le feu à l'appareil et, bien qu'ayant reçu de nombreux coups de feu à bout portant, les deux voyageurs aériens se retrouvèrent sains et saufs, mais prisonniers.

Le 5 janvier, les Allemands, voulant se venger de nos raids récents, envoyèrent, de Lille, des avions au-dessus de plusieurs villes du Nord et de la Somme. Strazeele, Hazebrouck, Armentières, Abbeville, furent bombardées, sans grands dégâts d'ailleurs. Des avions anglais s'élevèrent d'Hazebrouck et donnèrent la chasse aux sinistres oiseaux teutons, qui réintégrèrent leurs nids.

Le 6 janvier, trois zeppelins survolèrent la côte française, entre Calais et Gravelines. D'autre part, des avions ennemis, du type *Aviatik*, servant d'éclaireurs aux dreadnoughts aériens, bombardèrent les faubourgs de Dunkerque sans causer aucun dégât. Les habitants étaient rentrés chez eux dès l'apparition des oiseaux allemands. Par suite de cette sage mesure de précaution, édictée par la municipalité, on n'eut aucun accident de personne à déplorer.

Les canons protecteurs de Dunkerque tirèrent sur les *Aviatik*, mais un seul avion sembla touché. On crut qu'il était abattu, mais, après une descente très piquée et plusieurs pivotements sur les ailes, il se redressa et put continuer sa route cahin-caha.

On sut que l'escadrille aérienne ennemie avait été prévenue, par les espions qui pullulent encore en France, de la venue de M. Poincaré à Dunkerque, et qu'elle espérait causer quelques accidents impressionnants dans la suite du Président. Ce fut encore un raid manqué.

Tous ces avions étaient partis de Ghistelles, au sud-est d'Ostende. C'est à Ghistelles, en effet, qu'après bien des tâtonnements, les Allemands avaient transporté leur grand centre d'avions destinés à opérer contre les côtes de France et d'Angleterre. Aussi, sans perdre de temps, dès le 11 janvier, des aéroplanes alliés allèrent bombarder les hangars d'aviation de Ghistelles, et l'on est certain qu'au moins un des 15 hangars fut incendié, bien que les Teutons eussent pris des précautions contre les bombes aériennes en couvrant leurs hangars de toits de fer revêtus de sacs de sable. De nombreux canons spéciaux contre aéronefs protégeaient en outre ces installations aéronautiques, mais aucun obus n'atteignit nos aviateurs.

Le 12, deux aviateurs anglais allèrent survoler Anvers et réussirent à mettre le feu à des huileries.

Le 14 janvier, on signala les sorties de nouveaux zeppelins qui, récemment construits à Friedrichshafen, faisaient leurs essais au-dessus du grand-duché de Bade. Ces croiseurs aériens devaient participer au grand raid projeté contre les villes anglaises et, peut-être aussi, contre Paris, que les « Tauben » avaient des difficultés à atteindre depuis le recul des Allemands qui se voyaient forcés d'établir, à leur grand regret, leurs centres aéronautiques loin de notre capitale.

Dès lors, les dreadnoughts de l'air, grâce à leur plus grande capacité de transport, semblaient mieux désignés que les avions pour venir, à l'improviste et en pleine nuit, bombarder soit Paris soit Londres.

Pour parer à toute éventualité, le Préfet de police, sur mandat du gouverneur militaire, prit, le 16 janvier, l'arrêté suivant :

ARTICLE PREMIER. — A dater de l'affichage et de la publication du présent arrêté, les mesures de précaution ci-après seront appliquées jusqu'à nouvel avis à Paris et dans les communes du département de la Seine :

Dès la chute du jour jusqu'au matin, dans les appartements éclairés, les doubles-rideaux seront tirés ou les persiennes seront fermées sur la façade ou sur la cour. A leur défaut, la clarté de l'appartement sera voilée pour l'extérieur par toutes dispositions efficaces.

L'éclairage des établissements publics ou privés, des usines, des magasins, et, en général, de tous bâtiments qui projettent une vive lumière au dehors par des fenêtres, devantures ou baies vitrées, en façade ou sur cour, sera réduit au strict nécessaire et voilé également dans toute la mesure du possible.

L'éclairage extérieur des terrasses et des établissements sera supprimé. Il est indispensable, dans un intérêt de sécurité, de conserver une partie de cet éclairage; il y sera pourvu par des autorisations spéciales.

Les aéronefs allemands ne vinrent pas à Paris au mois de janvier comme on le craignait. Toutefois, deux avions ennemis, venant de la région de Laon (nos adversaires ayant utilisé, avec leur méthode habituelle, le champ d'aviation militaire que nous avions créé à Sissonne), furent aperçus au-dessus de Crépy-en-Valois, se dirigeant vers la capitale, le 18 janvier.

Des avions français et un tir bien ajusté de canons spéciaux les obligèrent à rebrousser chemin et à retourner vers Sissonne.

Le 9 janvier, un avion britannique fit également du bon

travail. L'aéroplane allié survola la partie nord de la Belgique et reconnut d'importantes forces allemandes près de Knocke.

Le même jour, deux avions allemands, essayant également de gagner la capitale, avaient été mis en fuite, entre Montdidier et Pontoise, par une escadrille d'aéroplanes du camp retranché de Paris. Les aréonefs ennemis venaient de Douai.

Sur les côtes de la mer du Nord, les aviateurs teutons furent actifs pendant cette deuxième décade de janvier. Ils firent cinq victimes (civiles comme toujours) dans la population de Malo-les-Bains, près Dunkerque. Les pirates de l'air purent s'enfuir sans être inquiétés. Il n'en fut pas de même d'un avion ennemi qui survola Amiens à la même époque. Poursuivi par un de nos Morane, il dut atterrir brusquement. Le pilote fut tué d'une balle, en plein vol. L'observateur, qui était en même temps deuxième pilote, fut blessé dans le choc d'atterrissage.

Tout aussi malheureux fut un aviateur allemand, parti de Cuxhaven en hydravion, à bord de l'*Erna*-84, pour aller sans doute observer une division légère anglaise opérant près d'Héligoland. Il fut entraîné par le vent sur les côtes de Jutland où il capota. Les autorités danoises recueillirent l'appareil très endommagé, dont l'équipage avait disparu.

Le 19 janvier, l'aéronautique allemande enregistra, au contraire, un de ses plus beaux raids de la guerre 1914-1915.

Raid allemand sur les côtes anglaises.

Dès le 9 janvier, un zeppelin et trois aviatiks avaient survolé Calais, se dirigeant à grande hauteur vers Douvres avec l'intention de se livrer à un attentat sur les villes anglaises.

Cette escadrille ennemie, venue de Belgique, avait survolé Furnes et Dunkerque. Arrivée au-dessus du Pas-de-Calais, elle rebroussa chemin. Il en fut de même d'une douzaine d'autres avions allemands qui furent aperçus sur la Manche. Le vent les empêcha de poursuivre leur raid vers la côte anglaise.

Cette tentative fut donc remise aux premiers jours favorables.

Le 19 janvier, une escadre de 6 croiseurs aériens partit de Wilhemshafen de grand matin. Les Hollandais aperçurent nettement les aéronats survolant les iles de l'archipel situé au nord du Zuiderzée.

C'est ainsi que trois dirigeables allemands furent reconnus au-dessus de Hees (île Ameland) et trois autres au-dessus de l'île Tershelling. Cette puissante force aérienne de six dreadnoughts aériens se composait de zeppelins du dernier type naval (L-4) dont nous allons donner les principales caractéristiques.

La longueur de ces aéronefs monstrueux est de 160 mètres. Leur diamètre est de 20 mètres et leur tonnage de 26.000 mètres cubes. Leur vitesse propre est de 80 kilomètres à l'heure, mais cette allure n'est obtenue (par rapport à l'air, bien entendu) que si *l'air est calme.* Autrement dit, un vent de 30 kilomètres, *s'il est irrégulier,* réduit la vitesse de l'aéronat non pas à 50 kilomètres, mais à une valeur moins grande, à cause des remous.

De même qu'un navire perd de la vitesse quand il fait des embardées sous l'action de la houle ou par suite de la maladresse de l'homme de barre, de même, le dirigeable, embardant (non seulement latéralement, comme le navire, mais aussi en hauteur) sous l'effet des remous, perd beaucoup de sa vitesse. Cette perte est d'autant plus grande, à tonnage égal, que le rapport du diamètre à la longueur est plus grand.

La force ascensionnelle des zeppelins du type marin dernier modèle est de 6.000 kilogs, et non de 1.500 kilogs comme l'ont avancé certains prétendus spécialistes dont quelques journaux ont publié les déclarations au moment du raid du 19 janvier 1915.

Rien n'empêche les Allemands de partir pour leurs expéditions aéro-guerrières avec 5.000 à 6.000 kilogs d'explosifs qui leur servent au besoin à délester le ballon s'il y a des contractions (dues à la température) ou des fuites de gaz, ou encore s'il est nécessaire de s'élever rapidement.

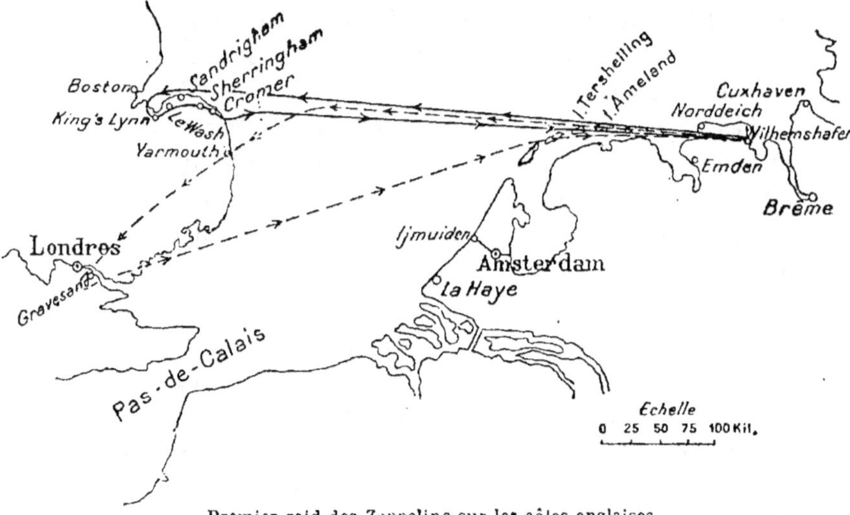

Premier raid des Zeppelins sur les côtes anglaises.

Les scrupules n'ayant jamais étouffé les Teutons, peu leur importe, en partant de Wilhemshafen, de survoler les îles hollandaises pour piquer directement sur le continent anglais, et de jeter sur des terres neutres quelques bombes en guise de lest, bombes qui, d'ailleurs, ont neuf chances sur dix de tomber dans la mer, étant donnée l'exiguïté des îles.

La forme des zeppelins (modèle L-3, type raid d'Angleterre) est ogivale à l'avant et effilée à l'arrière. Le fuseau est cylindrique et formé de 18 anneaux réunis les uns aux autres par des supports longitudinaux.

Chaque anneau a la forme d'un polygone à 16 côtés, formés par des barres à section triangulaire rivées les unes aux autres. Des rayons réunissent les côtés au centre du polygone. On a ainsi 17 compartiments contenant chacun une enveloppe de gaz en tissu caoutchouté et renfermée dans un filet. Une carcasse en aluminium, munie au-dessous d'une quille triangulaire, recouvre le tout.

Les deux nacelles, voisines des extrémités du ballon, sont fixées sous la quille. On les a mises (depuis le terrible accident du L-2, incendié par ses moteurs en 1913) bien en dessous de la quille, dans laquelle elles étaient encastrées sur les types précédents.

La propulsion des gros aéronats, qui ont effectué le raid du 19 janvier 1915, est assurée par trois moteurs Maybach de 170 HP de force moyenne. Les moteurs peuvent tourner à 1.300 tours à la minute, vitesse limite. A 1.100 tours, bonne vitesse de route, chaque moteur développe une puissance de 165 HP ; à 1.300 tours, la puissance est de 190 HP. Les hélices du croiseur aérien, au nombre de quatre, ont deux pales en acier.

L'armement de chacun de ces dreadnoughts de l'air se compose de sept mitrailleuses, dont deux, situées sur une plate-forme supérieure, au-dessus de la carcasse, sont spécialement destinées à combattre les aéroplanes.

Maintenant que nous avons donné quelques détails sur ces engins de guerre, examinons ce qu'ils ont fait pendant la journée du 19 janvier.

Partis de Wilhemshafen avant l'aurore, ils passèrent de grand matin au-dessus des îles Tershelling, Ameland et Vlieland. La flotte aérienne se composait de deux escadrilles de 3 zeppelins chacune. Les deux divisions se suivaient à quelques kilomètres d'intervalle en faisant des routes parallèles, cap à l'ouest.

Arrivées au large des côtes anglaises, c'est-à-dire après

un beau voyage de 450 kilomètres environ, les deux escadrilles se séparèrent.

La première, pénétrant dans le golfe de Wash, arriva au-dessus de King's Lynn, dans le comté de Norfolk, à 20 heures, et laissa tomber cinq bombes. Trois maisons furent démolies. Dans l'une d'elles, un jeune homme fut tué et son père grièvement blessé. Dans une autre maison, une femme et un enfant reçurent de graves blessures.

Après cet exploit peu reluisant, les aéronautes, pensant sans doute que le roi et la reine d'Angleterre se trouvaient encore à Sandringham, où ils avaient passé la journée, se dirigèrent vers la résidence royale et y jetèrent plusieurs projectiles.

De là, les trois aéronats, dont il faut admirer la sûreté de vol, mais non l'action de guerre, peu glorieuse parce qu'exercée aux dépens d'inoffensives populations, firent route sur Sherringham, Beeston et Cromer, villes situées sur la côte du Norfolk. Les bombes ne causèrent que des dégâts matériels.

Pendant ce temps, la deuxième division de la flotte des zeppelins, obliquant vers le sud-ouest, se dirigeait sur Yarmouth (1), et lançait des bombes sur divers quartiers de la ville. Un projectile tomba dans le square Norfolk, un autre sur le quai du Sud, et un troisième sur le manège militaire. Enfin une quatrième bombe tomba sur le dépôt de Trinity. Il y eut, en tout, deux tués et quatre blessés.

Cette escadrille de trois zeppelins continua la série de ses méfaits en poursuivant son raid, qu'il convient d'admirer au point de vue purement sportif.

Vers 10 heures du soir, les trois aéronats, en ligne de file, passèrent au-dessus de Gravesend, à l'estuaire de la Tamise. On croit que ces croiseurs voulaient gagner Londres, mais ils firent brusquement demi-tour et s'éloignèrent

---

(1) Voir le croquis du voyage aérien, page 250.

pour traverser à nouveau la mer du Nord et rentrer en Allemagne.

On croit qu'ils trouvèrent du vent d'ouest et des remous violents au-dessus de la Tamise et que, voyant leur lest disponible diminuer sensiblement, ils estimèrent que leur voyage devait se borner là.

Quoi qu'il en soit, les 6 dirigeables rentrèrent sains et saufs à leurs hangars, après un voyage de 1.025 kilomètres, pour la premiere escadrille, et de 1.200 pour la deuxième, ce qui est très remarquable. Ils suivirent des routes différentes, indiquées sur notre croquis.

A leur retour, ceux de ces dirigeables qui avaient suivi la route la plus « nord » furent légèrement déportés par le vent, et, faisant un crochet pour regagner l'embouchure de l'Elbe, survolèrent la frontière danoise.

Après avoir violé la neutralité hollandaise, en survolant Ameland, Tershelling, Vlieland, les Teutons ne se faisaient certes aucun scrupule de violer pareillement la neutralité danoise.

Autres raids.

Les avions allemands, pendant ce mois de janvier, ne réussirent pas toujours leurs raids comme les zeppelins avaient accompli le leur.

Le 11 janvier, un *Albatros*, volant à très grande hauteur (près de 3.000 mètres) au-dessus d'Arras, fut chassé par nos avions qui le forcèrent à rentrer à Douai, d'où il venait (ancien aérodrome militaire français, occupé provisoirement par les Allemands).

Dans la nuit du 12 au 13 janvier, une escadrille d'avions français bombarda la gare de Noyon, en y lançant quatorze obus. Les « Tauben » et autres avions teutons se tinrent cois.

Le 13, deux de nos avions bombardèrent la voie ferrée

d'Altkirch à Karspach, en Alsace, ainsi que la gare de Remilly, en Lorraine. Quelques jours après, on apprit que plusieurs soldats teutons avaient été tués entre Remilly et Beaudrecourt et que les rails de la voie avaient été endommagés en plusieurs endroits.

Décidément infatigable pendant ce mois de janvier, la flotte aérienne allemande, le 22, donnait à nos dépens une nouvelle preuve de sa vitalité en bombardant Dunkerque : 80 projectiles furent jetés par des avions teutons. Ces pirates de l'air tuèrent sept personnes et en blessèrent treize autres. Ils reçurent cependant un châtiment, car, pris en chasse par des avions français et anglais, ils essuyèrent un nombre respectable de coups de feu. Un aéroplane boche fut même descendu, sans avaries importantes d'ailleurs, et les deux aviateurs ennemis, qui n'étaient que légèrement blessés par le choc, furent faits prisonniers à Bray-dunes.

Le 29 janvier, deux « Tauben » survolèrent Lunéville. Mais des schrapnells de notre fameux 75 crevèrent le réservoir d'essence de l'un d'eux et l'obligèrent à atterrir précipitamment. Les deux officiers qui montaient ce « Taube » furent faits prisonniers.

La veille, un autre « Taube » avait survolé Magnières et avait lancé des bombes dans la campagne, sans aucun résultat.

Le 30 janvier, vers midi, deux avions ennemis survolèrent Pont-à-Mousson et lancèrent des bombes et des fléchettes qui tuèrent un vieillard de 66 ans.

Le 30 et le 31 janvier, quatre aéroplanes allemands évoluèrent au-dessus de Dunkerque et jetèrent plusieurs bombes dans la zone des fortifications, dans le quartier de l'hôpital militaire ainsi que dans le quartier de l'hôtel de ville. Il y eut plusieurs victimes, des femmes pour la plupart.

Après leur raid du 30 janvier, au-dessus de Dunkerque,

les avions allemands jetèrent des bombes sur Coudekerque
et Furnes.

Comme d'ordinaire, ces lâches attentats n'atteignirent
aucun combattant, mais firent des victimes parmi les
femmes et les enfants. Les projectiles allemands, garnis de
schrapnells, trouèrent les murs de plusieurs maisons, déca-
pitèrent une vieille femme et un enfant et arrachèrent un
bras à un autre enfant.

Quel bel exploit militaire !

De leur côté, nos aéroplanes ne restaient pas inactifs.
Le 20 janvier, plusieurs avions français effectuèrent une
reconnaissance de nuit entre Laon et La Fère. Apercevant
les cantonnements ennemis (ceux-ci étaient éclairés à
profusion, faute impardonnable dans la guerre moderne),
ils déversèrent sur eux 18 obus de 90 ‰. Nos aviateurs
avaient eu la bonne précaution de voler bas (500 mètres).
C'est en effet entre 300 et 500 mètres que se sont tenus les
avions qui ont obtenu les meilleurs résultats au point de
vue du lancement des bombes. Nous savons très bien,
comme nous l'avons d'ailleurs expliqué dans le chapitre Ier,
que, pour être à peu près invulnérable, il faut monter
beaucoup plus haut ; mais, à la guerre, pour obtenir des
résultats importants, il faut s'exposer beaucoup. Nos
fantassins ne refoulent pas, pied à pied, l'ennemi du sol
français, sans courir d'énormes risques, très supérieurs à
ceux que court un avion volant à 1.800 mètres.

Un aviateur qui survole l'ennemi, le jour, à 300 mètres,
a une chance sur deux d'y rester ; mais, s'il est chargé
d'effectuer un lancement de bombes, il est presque sûr
d'atteindre le but, alors qu'à 3.000 mètres il serait presque
certain de le manquer. C'est cette manœuvre hardie de
descente à très faible altitude, qui a permis aux aviateurs
anglais d'incendier des hangars de zeppelins, à Friedrichshafen et Dusseldorf.

Le 27 janvier, nos avions bombardèrent un parc et un

important rassemblement ennemis au nord de Lille. On sait qu'il y eut des dégâts, mais on ne put avoir aucune précision.

Le 29 janvier, en pleine nuit (10 heures du soir), un aéroplane français jeta quatre bombes sur des états-majors allemands qui se trouvaient à Ostende. On sut, quelques jours plus tard, que trois officiers ennemis avaient été tués.

Le 30 janvier, nos avions lancent huit obus de 19 sur la gare du Bois de Honnenbruch et quatre sur le château de Hombourg, siège du quartier général allemand.

Le 31 janvier, un de nos avions, pour se rendre invisible à l'ennemi, monte au-dessus des nuages. Cette précaution est très bonne quand les nuages sont bas, car les risques à courir, du fait du tir de l'ennemi, deviennent nuls au lieu d'être très grands. Mais cette méthode de voyage au-dessus de la mer de nuages ne permet d'observer l'ennemi et de le bombarder que s'il y a, de temps à autre, des éclaircies dans le ciel. Ce fut précisément le cas, en Argonne, le 31 janvier. Profitant d'une crevasse dans les nuages, trouée qui était, par chance, au zénith d'un rassemblement prussien, un de nos avions lança des bombes sur le détachement, tandis qu'un autre aéroplane français, qui préférait survoler plus bas et passer au-dessous des nuages, observait l'ennemi. à 700 mètres d'altitude seulement.

Le même jour, dans la région d'Hartmannswiller-Kopf, un avion français, craignant de se trouver égaré dans les nuages. très bas et très épais (nimbus) ce jour-là, n'hésita pas à descendre à 150 mètres au-dessous des nuées, et put, malgré une vive fusillade, rejoindre les lignes françaises dans les vallées de la Thur; ce qui prouve que, malgré les opinions émises par certains techniciens, ce n'est pas folie que de voler au-dessous de 1.800 mètres. Un pilote habile qui survole très bas, pour mieux observer l'ennemi ou jeter des bombes à coup sûr, ne doit pas être taxé de témérité ni considéré comme perdu. Il peut parfaitement se tirer d'affaire, comme l'expérience l'a prouvé plus d'une fois. En outre, son tir est très précis et les renseignements qu'il rapporte, fort complets et détaillés : il voit bien des choses qui ont échappé à des pilotes survolant plus haut.

C'est seulement à la fin de janvier que les grands dirigeables français, seuls aéronats que nous puissions opposer dans des conditions de lutte acceptables aux zeppelins, commencèrent à sortir des usines des constructeurs.

Le 28 janvier, à 13 heures, le *Pilâtre de Rozier*, ballon *Astra* de 24.000 mètres cubes, évolua pour la première fois. L'ascension eut lieu au-dessus de Paris. Ce beau dreadnought aérien est muni de 4 moteurs de 230 HP Chenu et peut donner une vitesse de 80 kilomètres à l'heure. Il est muni de mitrailleuses et d'un poste de T. S. F.

TITRE II

FRONT DE COMBAT ORIENTAL

Comme nous l'avons exposé dans le chapitre II de cet ouvrage, l'armée russe avait fait, avant la guerre, un grand effort pour l'organisation de son service aéronautique. Nous allons voir que cet effort n'a pas été inutile, mais a donné, au contraire, d'excellents résultats. Si nos fidèles alliés, limités comme nous par la question des dépenses, avaient pu faire le même effort pour le développement de leurs voies ferrées, de leur artillerie lourde et surtout de leur *approvisionnement en munitions*, il est probable qu'ils seraient venus plus vite à bout des Allemands dont l'offensive les obligea à évacuer temporairement la Prusse orientale et la Pologne.

Le 5 septembre, pendant la bataille de Lemberg, un aéroplane allemand a été abattu, à Zvolen, par le tir des canons et des avions russes.

Le 6, à Serodoz, un zeppelin a été capturé avec tout son

équipage, soit 30 hommes. Ceux-ci, qui avaient jeté des bombes sur des villages russes et savaient que leurs procédés d'attaques contre des populations inoffensives étaient plutôt actes de piraterie qu'actes de guerre, craignaient d'être fusillés comme espions. On les rassura, et leurs magnanimes vainqueurs les traitèrent avec tous les égards dus aux prisonniers de guerre.

Le même jour, dans la région de Serodoz, un capitaine aviateur russe, apercevant un aéroplane autrichien, se précipita dessus : ce fut la chute foudroyante des deux ennemis dont les appareils étaient emmêlés étroitement.

Cette mort héroïque de l'aviateur russe n'était pas nécessaire à notre avis. Elle priva l'armée alliée d'un pilote admirable qui aurait peut-être pu abattre *par les armes* dix ou vingt adversaires aériens. C'est trop peu que la vie d'un seul adversaire pour payer l'existence d'un admirable pilote comme Nosteroff (1).

Au mois d'octobre, les aviateurs allemands s'acharnèrent sur la Pologne russe et jetèrent à plusieurs reprises des bombes sur la population de Varsovie. En une seule journée, 62 habitants (*dont aucun militaire*) furent atteints. Parmi eux se trouvaient beaucoup d'enfants. Un autre jour, 44 personnes furent tuées ou blessées. Parmi elles, il n'y avait que 9 militaires.

De leur côté, les Russes se défendirent vaillamment et atteignirent plusieurs fois les appareils ennemis.

Le 21 octobre, alors que nos alliés investissaient déjà Przemysl, un aviateur autrichien connu, Hans Wanneck, tentait de porter des ordres de Tarnof à Przemysl quand, en survolant Jandornici, il fut atteint par des schrapnells habilement tirés. Tombant aussitôt dans les lignes russes, Wanneck, grièvement blessé, fut fait prisonnier.

---

(1) Nosteroff était le premier aviateur militaire qui eût réussi le « looping the loop ». Il fut d'ailleurs puni par ses chefs pour son excès de hardiesse, qui dénotait cependant une adresse peu commune.

Au mois de novembre, le principal effort de l'aéronau-tique allemande se porta contre la France, qui, après la victoire de la Marne, continuait à repousser peu à peu la vermine allemande de son territoire. C'était le moment où le kaiser, après avoir donné, sans aucun résultat, la consigne de *prendre Paris*, avait modifié sa formule et ordonnait de *prendre Calais*.

Ses ordres n'ayant pas été exécutés, et pour cause, il ordonna, en décembre, de *prendre Varsovie*, tandis que lui-même, semblant atteint de folie ambulatoire, se déplaçait sans cesse du front occidental au front oriental et *vice-versa*.

En décembre, donc, on devait anéantir Varsovie. Les zeppelins et les avions contribuèrent à ce but (seuls, d'ailleurs, les engins aériens purent y contribuer) dans une mesure modeste, mais qui n'en constituait pas moins une honteuse violation des lois de la guerre. A la mi-décembre, un croiseur aérien allemand lança 18 bombes sur la capitale de la Pologne russe, tuant 90 personnes et en blessant 50. Quelques jours plus tard, ce furent des avions qui lancèrent des bombes, causant des dégâts infiniment moins importants que ceux causés par les zeppelins.

Pendant ce temps, à Mutno, les Allemands abattaient un de leurs propres aéroplanes qu'ils prenaient pour un avion russe! Les deux officiers teutons qui le montaient furent tués, et l'appareil mis en miettes dans la chute.

Ces erreurs sont, d'ailleurs, possibles à la guerre, et à Reims, un de nos plus beaux dirigeables fut abattu, au mois d'août, par des mitrailleuses françaises postées sur la gare pour abattre les aéronefs allemands.

Le 24 décembre, cinq aéroplanes allemands survolèrent Sokhatchoff et jetèrent quarante bombes. Une centaine de personnes furent tuées ou blessées. La plupart des victimes furent, d'ailleurs, étouffées, lors de la panique qui se produisit dans le marché, qui fut atteint par des bombes et incendié. 34 personnes ont été réellement atteintes par des éclats de projectiles et 8 ont succombé aussitôt. Plusieurs maisons ont été endommagées.

Le 31 décembre, un détachement russe abattit un biplan autrichien qui tentait d'aller ravitailler la ville assiégée de Przemysl.

Les aviateurs ennemis, qui purent atterrir avant que les avaries causées par le tir de nos alliés n'eussent compromis la solidité de l'appareil, furent trouvés sains et saufs et faits prisonniers.

Dans l'avion, nos alliés trouvèrent une quantité de conserves relativement abondante.

L'aviation autrichienne, dont nous avons indiqué le beau développement en temps de paix, dans le chapitre Ier, ne resta pas inactive pendant cette période, il faut le reconnaître. C'est ainsi qu'en fin décembre, un aéroplane austro-hongrois survola Belgrade et jeta sur la population quelques bombes, qui, heureusement, ne causèrent pas de dégâts. Les aviateurs lancèrent en outre, pour se conformer sans doute à la coutume allemande, des placards adjurant la population de demander la paix. Les Germains et leurs alliés n'ont pas encore pu comprendre que ces libellés n'ont aucune influence sur le moral d'une population qui défend son territoire contre un envahisseur.

De leur côté, les aviateurs russes, dont le nombre fut décuplé dès les premiers mois de guerre, — ce qui n'a rien d'étonnant étant donnée l'énorme population de l'empire de Russie, — bombardèrent, pendant les derniers jours de janvier, des troupes et des convois ennemis.

A Rava, à Rzsczice, à Boguszice, des trains allemands et divers rassemblements ennemis furent atteints par les bombes des aéroplanes russes.

TITRE III

SUR LES COTES DE MÉDITERRANÉE

Au début d'octobre, la flotte franco-anglaise, qui, depuis le début de la guerre, avait surtout coopéré au passage de nos troupes d'Algérie-Tunisie en France, et fait la chasse, sans grand succès d'ailleurs, aux quelques navires allemands épars en Méditerranée, commença à bloquer très sévèrement les côtes de Dalmatie.

Des forces navales puissantes sillonnèrent l'Adriatique et bombardèrent Cattaro. De nombreuses pièces d'artillerie françaises furent transportées sur le mont Lovcen, qui domine Cattaro.

L'aviation autrichienne, bien organisée dès le temps de paix, commença alors à observer nos mouvements sur terre ou sur mer.

Au début, les avions autrichiens ne furent pas heureux. Nos batteries atteignirent un aéroplane qui, gravement avarié par les schrapnells, tomba aussitôt.

Le 17 octobre, le croiseur-cuirassé français *Waldeck-Rousseau,* se trouvant près de Cattaro, fut attaqué par un hydroaéroplane autrichien qui lança plusieurs bombes sur le navire, le manquant d'ailleurs.

Le même jour, un autre avion autrichien jeta deux bombes sur Antivari, sans résultats également. Ce même aéroplane attaqua le *Liamone* et manqua de peu le pont du navire. L'avion ennemi fut mis en fuite (mais non atteint) par les canons contre aéronefs d'une batterie monténégrine.

Le 26 octobre, un avion autrichien muni d'une mitrailleuse vint survoler à nouveau le mont Lovcen, et tira sur la station radiotélégraphique et sur nos troupes. Un détachement monténégrin riposta vigoureusement, et l'avion s'enfuit. Résultat nul de part et d'autre.

Le 4 novembre, Antivari fut encore bombardée par un aéroplane autrichien. Cette fois, les projectiles, lancés d'ailleurs d'assez faible hauteur et par conséquent à peu près à coup sûr, occasionnèrent quelques dégâts. La jetée du port fut légèrement endommagée, et un magasin de la compagnie d'Antivari fut détruit.

Le 2 novembre, trois avions autrichiens lancèrent plusieurs bombes sur un transport français apportant du matériel à Antivari et sur les torpilleurs escortant le navire. Aucun bateau ne fut atteint, mais les projectiles manquèrent de peu leur but.

Les torpilleurs français tirèrent, sans aucun succès d'ailleurs, sur les aéronefs qui essuyèrent également le feu de canons et de fusils monténégrins. Les avions s'enfuirent sains et saufs.

Pendant les premiers jours de décembre, plusieurs aéroplanes autrichiens lancèrent encore des bombes sur les navires français mouillés dans la rade d'Antivari : aucun bâtiment ne fut atteint.

A Cettigné, d'autres avions lancèrent également des projectiles qui firent quelques dégâts matériels.

Il y a lieu d'admirer ici l'activité des hydroaéroplanes autrichiens, qui tinrent l'air presque continuellement pendant ces premiers mois de guerre, effectuant, outre les raids importants que nous signalons, de quotidiennes observations de troupes.

L'aviation maritime des alliés, français et anglais, malgré la disproportion des forces en présence, ne témoigna pas d'une activité aussi grande. On se rappelle, à ce sujet, que, dans le chapitre Ier, nous avons signalé la bonne organisation de l'aviation maritime autrichienne en temps de paix. Malgré un nombre d'appareils relativement restreint, le service aéro-naval de notre ennemie avait fait ses preuves l'année qui précéda la guerre.

Le 15 janvier, un aéroplane autrichien lança quatre

bombes sur Cettigné. Les batteries monténégrines ripostèrent et, ni d'un côté ni de l'autre, il n'y eut de dégât causé.

A la fin de janvier, l'escadre franco-anglaise commença à attaquer sérieusement les Dardanelles et à réduire les forts un par un afin de tâcher de remonter jusqu'à Constantinople. Le 1er février, deux hydravions de cette escadre effectuèrent une reconnaissance au-dessus des forts des Dardanelles et de Gallipoli.

Pendant ce temps, dans l'Adriatique, l'Italie se préparait à entrer en guerre aux côtés de la Triple-Entente, si celle-ci semblait devoir être victorieuse.

Aussi l'armée aérienne italienne, qui ne fut jamais négligée en temps de paix, comme nous l'avons montré plus haut, reçut-elle une vigoureuse impulsion, sous l'habile direction du major Barbieri, technicien consommé, chargé du commandement de l'aéronautique militaire italienne.

Pendant les derniers mois de 1914, le dirigeable *M. 3* fut chargé de rechercher les mines dispersées dans l'Adriatique et rendit de grands services.

D'autre part, le célèbre ingénieur-aéronaute Caproni expérimenta, vers la fin de décembre, à l'aérodrome militaire de Vizzola-Ticino, un avion à grande capacité de transport. Bien que je ne sois pas très partisan de ces gros appareils, dont la conduite est pénible dans les remous, et qui n'ont pas donné de brillants résultats pendant ces deux dernières années, je reconnais qu'il y a des idées intéressantes dans l'avion de Caproni.

Le fuselage est *complètement blindé* et muni à l'avant d'un canon à tir rapide. Ce fuselage se trouve *au-dessus des ailes*, dont l'envergure est de 22 mètres.

La propulsion est assurée par 3 moteurs rotatifs de 100 HP chacun, qui impriment à l'avion une vitesse maxima de 120 kilomètres à l'heure.

Le gros appareil, piloté par l'aviateur Pensutti, a, jusqu'à présent, donné de bons résultats, enlevant aisément une charge utile de 500 kilogs. Mais l'avion Caproni ne s'est encore élevé qu'aux hauteurs moyennes, et il convient de savoir s'il pourra atteindre les grandes hauteurs et y transporter *rapidement* son énorme masse. Cette faculté est indispensable à un bon avion militaire. Il n'est pas utile, ni même habile, au point de vue militaire, de *toujours voler très haut*, mais il faut pouvoir gagner de la hauteur rapidement, à un moment donné, soit pour échapper à un adversaire, soit pour le dominer et l'attaquer dans de bonnes conditions (1).

TITRE IV

EN EXTRÊME-ORIENT

Nous avons très peu de chose à signaler sur le théâtre extrême-oriental des hostilités. On sait, en effet, que tout s'est borné à la prise de la colonie allemande de Tsing-Tao, opération menée rondement par nos alliés Japonais.

Au début de septembre, deux dirigeables nippons lancèrent des bombes sur une caserne et sur la station radiotélégraphique de Tsing-Tao. Un de ces aéronats reçut de nombreuses balles dans ses plans de profondeur, ce qui ne l'empêcha pas de rentrer dans de bonnes conditions à son hangar.

On exagère en effet souvent la vulnérabilité des dirigeables. Dernièrement, un de nos croiseurs aériens fut traversé de part en part par un obus de 77^{mm} allemand et put cependant, *quoique non cloisonné*, rentrer à son hangar, à 40 kilomètres du lieu du combat.

---

(1) L'aviation militaire italienne a fait ses preuves pendant la guerre européenne, ainsi que nous le montrerons dans le tome II de cet ouvrage.

Des dirigeables bien compartimentés peuvent certainement manœuvrer pendant une heure avec plusieurs trous d'obus dans la coque. La seule chose à craindre est l'inflammation du gaz, si le passage du projectile ou son éclatement produisent une chaleur suffisante.

CONCLUSIONS

Nous avons étudié les faits les plus intéressants de l'aviation pendant les six premiers mois de la guerre européenne de 1914-1915. Dans le tome II de cet ouvrage, nous expliquerons et commenterons les opérations aériennes qui ont eu lieu jusqu'à la fin de la guerre.

Plusieurs pronostics importants faits par nous, dans nos ouvrages antérieurs à la guerre et même dans les deux premiers chapitres de ce volume, chapitres écrits avant les hostilités, se sont trouvés vérifiés. C'est ainsi notamment que, dans mon ouvrage sur l'*Aéronautique navale* et dans de nombreux articles parus dans les revues aéronautiques, je n'ai cessé de crier « Alerte ! » au sujet des préparatifs énormes que l'Allemagne faisait contre nous dans le domaine aérien. Je disais que cette nation, quoique faisant moins parler d'elle que la France, au point de vue aéronautique, formait en secret un très grand nombre de pilotes et équipait une quantité énorme d'aéronefs. Nous avons bien vu les résultats de tous ces préparatifs de nos ennemis dès le début de la guerre. L'armée aérienne allemande s'est en effet montrée l'égale des corps aériens français, anglais et belges et a tenu tête à toutes les escadrilles alliées, rendant coup pour coup. Les raids franco-anglais au-dessus de Friedrichshafen, Fribourg-en-Brisgau, Coblentz, Cologne, Dusseldorf, Bruxelles etc., ont été très beaux, mais non pas plus difficiles que les raids allemands au-dessus de Paris et des côtes anglaises. Nous ne parlons pas des procédés d'attaque qui, purement militaires chez nous, revêtent un caractère odieux d'attentats contre les populations civiles, chez les Teutons.

Depuis le début de 1915, il faut le reconnaître, les aviateurs français et alliés ont pris nettement l'avantage sur les aviateurs allemands, tant au point de vue du nombre des reconnaissances aériennes qu'au point de vue de l'importance des raids. Mais l'effort énorme qu'ont dû fournir deux grands pays alliés pour dominer, dans les airs, la puissance aéronautique allemande montre que mes craintes du temps de paix étaient justifiées et qu'il y avait d'intéressantes réformes à faire dans l'aéronautique, aussi bien en France qu'en d'autres pays. Je me félicite, par ailleurs, d'avoir toujours combattu avec énergie l'opinion des incorrigibles optimistes qui affirmaient encore, quelques jours avant la guerre, qu'au point de vue aviation *l'Allemagne n'existait pas !*

FIN.

TABLE DES MATIÈRES

CHAPITRE II

CHAPITRE III

TITRE I

TITRE II

TITRE III

TITRE IV

PARIS ET LIMOGES. — IMPRIMERIE ET LIBRAIRIE MILITAIRES CHARLES-LAVAUZELLE.

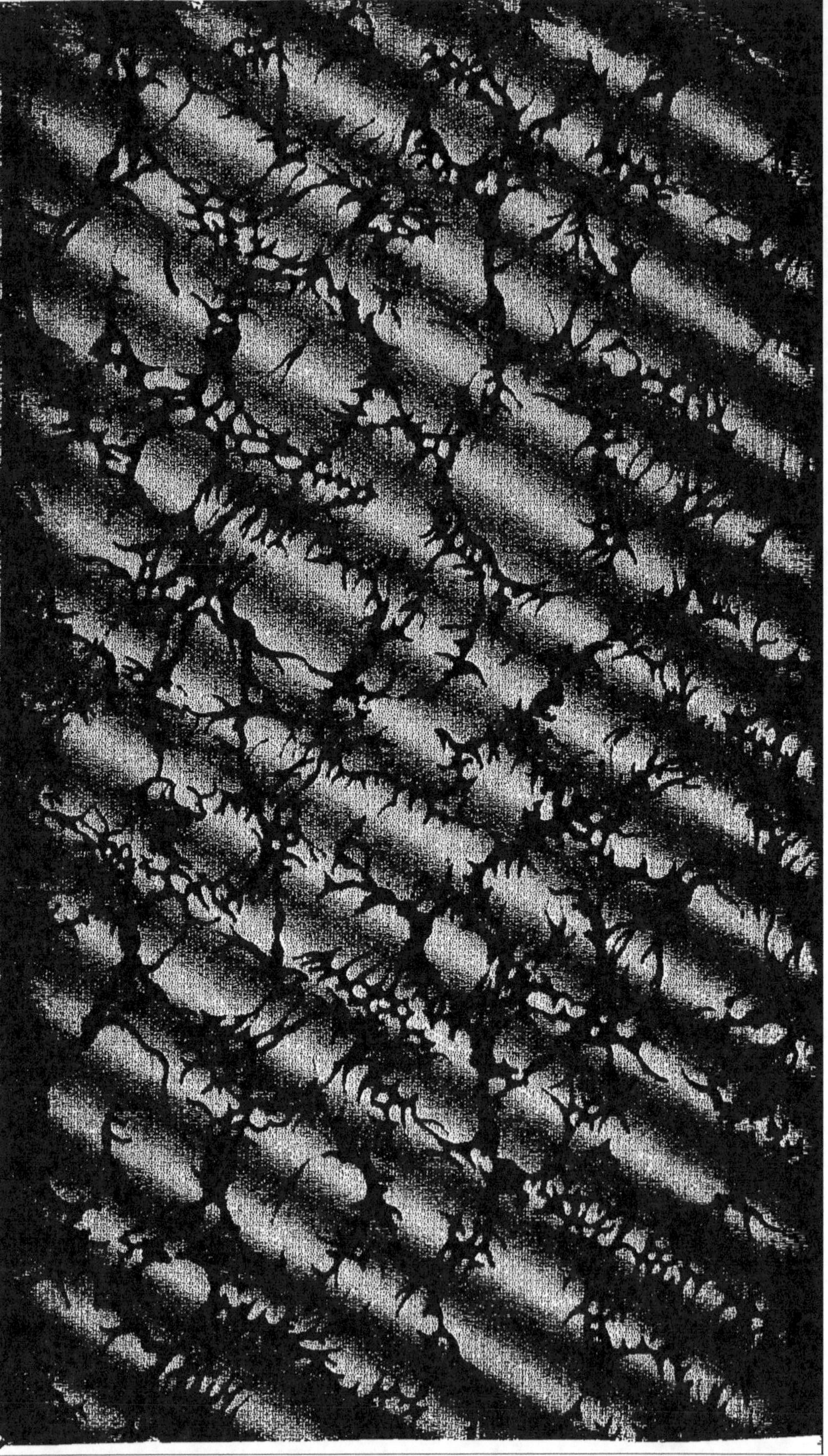

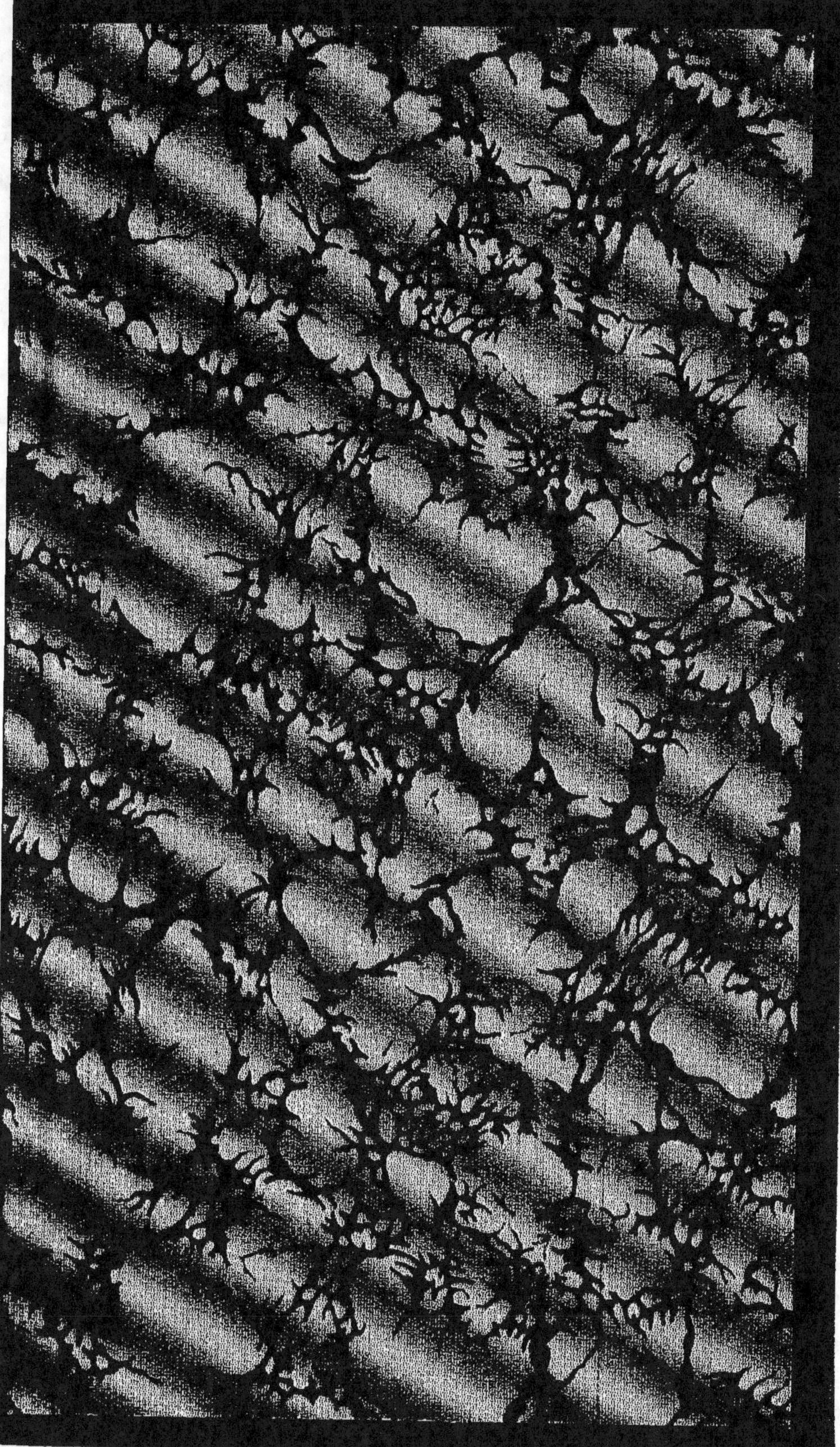